简明教育学教程

◆ 主　编　郑志辉

◆ 副主编　吴云鹏　赵新云

华东师范大学出版社
·上海·

图书在版编目(CIP)数据

简明教育学教程/郑志辉主编. —上海:华东师范大学
出版社,2016
ISBN 978 - 7 - 5675 - 6017 - 8

Ⅰ.①简… Ⅱ.①郑… Ⅲ.①教育学-高等学校-教
材 Ⅳ.①G40

中国版本图书馆 CIP 数据核字(2016)第 324272 号

简明教育学教程

主　　编　郑志辉
项目编辑　皮瑞光
特约审读　邓华琼
责任校对　周跃新
装帧设计　俞　越

出版发行　华东师范大学出版社
社　　址　上海市中山北路 3663 号　邮编 200062
网　　址　www. ecnupress. com. cn
电　　话　021 - 60821666　行政传真 021 - 62572105
客服电话　021 - 62865537　门市(邮购)电话 021 - 62869887
地　　址　上海市中山北路 3663 号华东师范大学校内先锋路口
网　　店　http://hdsdcbs.tmall.com

印 刷 者　常熟市大宏印刷有限公司
开　　本　787×1092　16 开
印　　张　12.75
字　　数　327 千字
版　　次　2017 年 1 月第 1 版
印　　次　2021 年 1 月第 7 次
书　　号　ISBN 978 - 7 - 5675 - 6017 - 8/G·10028
定　　价　27.80 元

出 版 人　王　焰

(如发现本版图书有印订质量问题,请寄回本社客服中心调换或电话 021 - 62865537 联系)

前　言

　　百年大计,教育为本;教育大计,教师为本。教师的素质决定了国家的兴衰和民族的未来。加强教师队伍建设成为我国教育体制改革重点之一。教师队伍建设是一个系统工程,建立新型教师资格准入制度就是其中一个方面。为此,2011 年 9 月,教育部下发了《关于开展中小学和幼儿园教师资格考试改革试点的指导意见》(教师函〔2011〕6 号),决定在湖北、浙江开展试点工作;2011 年 10 月,颁布了《中小学教师和幼儿园教师资格考试大纲(试行)》,确定教师资格考试幼儿园学段的笔试科目为综合素质以及保教知识与能力两科,小学为综合素质以及教育教学知识与能力两科,初中、高中为综合素质、教育知识与能力、学科知识与教学能力三科;2012 年 4 月,教育部办公厅印发《关于 2012 年扩大中小学教师资格考试改革和定期注册制度试点工作的通知》,决定在浙江、湖北两省的基础上,新增河北、上海、广西、海南四个省份;2013 年 8 月印发《关于扩大中小学教师资格考试与定期注册制度改革试点的通知》和《关于印发〈中小学教师资格考试暂行办法〉〈中小学教师资格定期注册暂行办法〉的通知》,决定从 2013 年下半年起,向全国推广中小学教师资格考试;2014 参加改革试点的省份达到 13 个,2015 年改革试点地区扩大到 20 个省(自治区、直辖市)。湖南省的教师资格考试于 2015 年启动。2015 年 8 月,湖南省教育厅颁布了《湖南省中小学教师资格考试改革工作实施方案》、《湖南省〈中小学教师资格考试暂行办法〉实施细则》等系列配套改革实施措施。根据《湖南省中小学教师资格考试改革工作实施方案》的文件规定,湖南省所有非师范教育类专业毕业人员及 2016 年 1 月 1 日以后入学的师范教育类专业学生,申请中小学教师资格都需参加中小学教师资格考试。

　　为了更好地迎接教师资格考试,我们决定编写一本实用而又简洁的教育学教材。我们的教材编写基本指导思想是:实用、专业、简洁。适应教师资格认证考试的需要,这是本教材编写的一个主要动机,为此,在本教材编写过程中,编者们分工合作,认真研读考纲,确定每一章节知识要点,多次召开会议研讨书稿提纲,确保考点内容的基本覆盖。与此同时,我们也清晰地认识到,现行的教师资格考试也还存在一定的局限性,如知识的系统性、前瞻性不够,因此,我们决定,本教材编写既要依托考纲又要超越考纲,我们从教育学本身的知识逻辑体系出发,力图给学生一个完整的知识体系框架;其次,通过知识拓展等材料,给学生一种宽阔的教育学视野;再次,通过课后的练习,培养学生的探究意识和理论联系实际能力。另外,为了让学生清晰把握每一章节的内容,我们在编写体例上做了调整,我们在每一章之前设置了内容提要、学习目标。相信读者们在学习完本教材后,不仅能对教育学体系有一个清晰的了解,而且能够更好地应对教师资格考试中教育学相关内容。

　　参与本教材的编写人员有:梁文明(第一章、第四章),吴云鹏(第二章、第三章),赵新云(第五章、第九章),王江南(第六章),郑志辉(第七章),唐卫平(第八章),肖炬元(第十章)。全书统稿工作由郑志辉完成。

　　本教材在编写过程中,参考、借鉴了许多相关教材、著作,我们在书中尽可能注明,同时也对这些专家、学者表示诚挚的感谢! 未及注明的,也敬请见谅!

由于时间仓促、水平有限，加之要兼顾教育学体系和考纲要求，因此，本教材肯定存在疏漏和不足之处，恳请使用者、阅读者及各位专家、同仁提出宝贵意见，我们一定会在大家的意见基础上不断总结、不断完善，尽快出版本教材的修订本。

郑志辉

2016 年 10 月

目录

目

录

第一章　教育的产生与发展

【内容摘要】

本章作为教育学最基本的理论和面临的首要问题,主要回答教育是什么,教育有哪几种基本形态,教育由哪些要素构成,教育是如何产生和发展的;同时,阐明教育学作为一门学科的性质是什么,它主要研究什么,它是如何演进的。

【学习目标】

本章要求了解教育与教育学联系与区别,了解教育学学科发展的轨迹,理解教育的质的规定性与教育学学科性质,掌握教育的基本形态以及教育的构成要素之间的辩证关系,能够应用教育的性质和特点解答教育实践中遇到的各种教育现象和教育问题。

自有人类便有教育,教育是人类历史发展的产物,是人类特有的社会现象。教育的产生和发展与人类社会共始终。教育不仅对人类的文明进步具有深远意义,对一个国家和民族的经济社会发展具有基础性、先导性和战略性意义,而且对个体的成长发展具有深刻的现实意义。要深刻理解这一点,就必须系统、全面、深刻地学习、了解和掌握教育和教育学的基本知识。对于想从事教育事业的人而言,尤其需要高度认真学习这方面的理论知识。

第一节　教育的概念及构成要素

一、教育的概念

教育是什么? 这是教育学必须首先回答的基本问题。因此,了解教育的概念就成了叩开教育的本质和教育学学科性质大门的第一把钥匙。

(一) 教育的涵义

在现实生活中,每个人似乎都能从自己的角度对教育是什么作出回答。历史上,众多的教育家、思想家、政治家、战略家、学者都回答过这个问题。例如,我国古代最早论述教育教学问题的《学记》这样给教育下定义:"教也者,长善而救其失者也"。而儒家人性修养散文《中庸》则认为"修道之谓教"。荀子则认为"以善先者谓之教"。东汉著名经学家、文字学家许慎在《说文解字》中指出:"教,上所施,下所效也;育,养子使作善也"。19 世纪瑞士著名的民主主义教育家裴斯泰洛齐认为教育是对人的一切天赋能力或能量的和谐发展的一种促进,同一时期的英国哲学家、社会学家斯宾塞则认为教育是为美好生活作准备。20 世纪初美国进步主义教育家杜威则认为教育即生活,教育即生长,教育是对"人的经验的改造"。这些观点说明,人们是基于不同的哲学立场对教育的涵义作出回答的,它们都在一定程度上或者从某个侧面反映了教育的本质属性。那么,究竟怎样理解教育的涵义? 有没有比较公认的定义? 答案是肯定的。

随着人类社会的进步发展,人们对教育的认识也不断加深,把教育分为广义的教育和狭义的教育。《中国大百科全书·教育》中这样界定:"现在一般认为,教育是培养人的一种社会活动,它同社会的发展、人的发展有着密切的联系。从广义说,凡是增进人们的知识技能、影响人们的思想品德的活动,都是教育。狭义的教育,主要是指学校教育,其涵义是教育者根据一定社会(或阶级)的要求,有目的、有计划、有组织地对受教育者的身心施加影响,把他们培养成为一定社会(或阶级)所需要的人的活动。教育这个词,有时候还作为思想品德教育的同义词使用。"事实上,广义的教育自有人类社会以来就已产生,这种教育广泛存在于人们的生产生活中,属于非专门的教育活动。随着社会分工不断深化,教育活动逐渐脱离融合于生产生活之中的教育而独立成为一种特殊社会活动,即教育越来越体现出作为培养人的社会活动所具有的专业性,例如专门的教育机构和场地(学校、教室)、专职的教育人员(教师、教育管理人员)、相对固定的受教育者(各年龄段的学生)、越来越系统化和专业化的教育组织形式(如班级)和手段(如专门的教育途径和设备仪器)等等。可以说,社会的分工造就了现代教育的专业化,而广义的教育过于笼统而无法体现出现代教育的专业性。

因此,狭义的教育是更能体现现代教育的本质,也就是说,教育者按照一定社会要求,对受教育者的身心施加有目的、有计划、有组织的影响,以使受教育者发生预期变化的活动。在本书和普通教育学中,狭义的教育是指学校教育。

(二) 教育的特性

本质特性即反映事物发展规律的稳定的、普遍的特性。教育的本质特性贯穿于一切教育之中,从古至今乃至未来,只要教育活动存在就永久起作用的特性。这种特性不管社会发展、时代变迁还是教育自身的逐渐完善,都无法使其有所改变。教育的特性包括教育的本质属性与教育的社会属性。

1. 教育的本质属性

教育的本质特性是从各种教育现象中抽象出来的,它永恒地贯穿于一切教育现象之中。事实上,任何一种教育,其根本目的都是为了培养所需要的个体。因此,从本质上说,教育是一种培养人的社会活动,培养人是教育的本质属性,也就是教育的质的规定性。它有四个方面的特点:(1)教育是人类所特有的一种有意识的社会活动,是个体在社会的生存需要;(2)教育是有意识、有目的、自觉的传递社会经验的活动;(3)教育是以人的培养为直接目的的社会实践活动;(4)在教育这种培养人的活动中,始终存在着教育者、受教育者及教育媒介(有的教材成为教育影响或教育环境与资源)三种要素之间的矛盾运动。

2. 教育的社会属性

作为人类特有的社会活动,教育具有深刻的社会属性。

(1) 教育具有永恒性。只要人类社会存在,教育就存在,教育与人类社会共始终。教育不能离开人类社会实践而存在,只有服从、参与人类社会实践,特别是与生产劳动相结合,才能真正体现教育的社会本质属性。

(2) 教育具有历史性。在不同的社会或同一社会的不同历史阶段,教育的性质、目的、内容等各不相同,每个时期的教育具有自己的特点。例如,古代社会的教育内容简单,手段单一,而现代社会教育内容丰富,手段越越来越现代化,等等。

(3) 教育具有相对独立性。教育受到一定的社会政治经济等因素制约,但教育作为一种培养人的社会活动,又具有相对独立性,主要表现为三个方面:

① 教育具有继承性。教育不能脱离社会物质条件而凭空产生,但同时又是从以往教育发展而来的,都与以往教育有着渊源关系,正因为教育的这种继承性,在同样的政治经济制度和

生产力发展水平的国家,会有不同特色的教育;不同民族的教育会表现出不同的传统和特点。例如西方发达资本主义国家的教育更加重视教育的个体本位功能,更加重视鼓励学生个性的培养,而我国的教育具有鲜明的社会本位色彩,如我们非常重视集体主义教育。

② 教育受社会意识形态的影响。教育不仅受到政治经济制度与生产力发展水平的制约,同时又和上层建筑中的意识形态相关,主要表现为与政治思想、道德观念、哲学思想、宗教、文学、艺术、法律等发生密切的联系,受到这些意识形态的影响,主要表现在教育观点和教育内容上。

③ 教育与社会政治经济发展存在不平衡性。这种不平衡主要表现为:一方面教育落后于一定政治经济发展水平,这时教育对政治经济发展起阻碍作用。例如,教育思想、目的、内容、手段等落后于国家政治经济发展需求,则其所培养的人才一定不能满足国家经济社会发展需要。另一方面是教育超前于一定的政治经济发展水平,这时教育对新的政治经济起着催生和促进作用。比如,我国"五四运动"时期提出的民主和科学的教育思想促进了当时中国社会的加速变革。

教育的属性启示我们:不管社会阶级如何变化,不管社会关系和国家关系如何呈现,教育与人类社会共始终;教育始终是按照人类社会发展的需要在不断地"生产"人类和"塑造"社会个体,并以此影响人类社会发展;教育始终受到社会生产力水平和政治经济制度的制约;教育始终要承担起人类文化和文明传承的神圣使命。

(三) 教育的基本形态

根据所承担的社会职能的不同,教育可以分为家庭教育、学校教育、社会教育三种基本形态。

1. 家庭教育

家庭教育是指父母或其他年长者在家庭生活中对下一代和其他家庭成员所进行的教育。家庭教育有广义和狭义之分。广义的家庭教育主要是指一个人在一生中接受的来自家庭其他成员的有目的、有意识的影响。狭义的家庭教育实质是指一个人从出生到成年之前,由父母或其他家庭年长者对其所施加的有意识的教育。家庭教育具有以下特点:①家庭教育是人生接受教育的初始,是个体社会化最初的摇篮;②家庭教育是一种寓于日常生活中的养育,在内容上具有零散性,在方式上一般具有一定的随意性;③家庭教育具有先导性、感染性、权威性、灵活性、针对性和终身性等特点。

历史上看,家庭教育是最典型的教育形态。在学校教育和社会教育还不发达的情况下,家庭是教育子女和其他家庭成员的主体。随着学校教育在影响人的发展中的主导地位的确立,家庭教育逐渐退居次要地位,成为学校教育的重要补充,但仍然是不可或缺的重要教育形式。事实上,良好的家庭教育是造就健康、乐观、积极向上的个体的重要因素,而良好的家风是良好家庭教育的基础。

2. 学校教育

学校教育是相对于家庭教育和社会教育而言的,它是个体一生中所受教育最重要的组成部分。学校教育出现于奴隶社会,自诞生以来它所具有的目的性、计划性、组织性、系统性、专门性,使得它在整个教育体系中居于核心地位。学校是教育专门化、制度化的必然结果,现代学校教育是一种有制度保障的专门性教育。

学校教育具有三个特点:①目的明确,无论是教学还是其他教育活动都有明确的教育目的;②组织严密,学校教育有专门受过训练的教师来承担教育任务和管理职责,学生相对稳定,具有较为严密的教育工作计划和较为完善的学校教育制度；③环境和条件优越，学校是培养人的专门场所，具有比较齐全的教学设施、设备、图书资料和活动场所。正是这些特点，使得其他形式的教育不可与学校教育比拟。

3. 社会教育

社会教育也有广义和狭义之分。广义的社会教育与上述广义的教育非常接近，用以指称有意识地培养人，有益于个体的身心发展的各种社会活动。狭义的社会教育用以指称学校和家庭之外的社会文化机构以及有关的社会团体或组织对社会成员所进行的教育，它是现代社会教育体系中不可忽略的部分。社会教育具有以下四个特点：①补偿性。社会教育直接面向社会，以社会政治、经济、文化为背景，比学校教育和家庭教育具有更广阔的活动空间，影响面更为广泛，是对学校教育和家庭教育的补充。②开放性与群众性。社会教育的对象不分年龄、性别、身份、地位，任何社会成员都可以成为社会教育的对象，都可能受到社会教育的影响。③灵活性与多样性。与学校教育相比，社会教育没有严格的制度约束性，在教育内容、方法、形式上具有一定的灵活性与多样性，例如新闻媒体报道、社会偶发事件等都可能成为社会教育的内容、途径和形式。④融合性与社会性。社会教育与学校教育和家庭教育共同构成了现代教育的联合体，且在个体社会化方面发挥着不可代替的作用。

二、教育的构成要素及其关系

作为一种复杂的社会现象，教育涉及多方面的因素，如目的、内容、制度、方法、手段等等，但无论多么复杂，构成教育的基本要素的只有教育者、受教育者和教育媒介。

（一）教育的构成要素

1. 教育者

从广义的教育看，凡是对受教育者在知识、技能、思想、品德的各方面施加影响和发挥作用的人都可称为教育者，正所谓"三人行必有我师"。可见教育者包括学校教师、兼职教师、教育管理人员以及校外教育机构的工作人员和家长（长辈）。从狭义的教育看，教育者只限于学校教育中具有一定资格的专任教师和相对固定的教学辅导人员。教师是教育者的主体和代表，是直接面对受教育者的专业人员，在整个教育过程中起到主导作用，是学生身心发展的主要影响者。现代学校教育更强调教师的教书育人的专业性，只有取得教师资格的人员才能从事教育职业。也就是说，教育者必须具有资格，必须有明确的教育目的、教育理念、教育专业理论和技能，必须了解个体身心发展的规律和特征，必须理解教育对个体发展和社会发展的重要意义。教育者只有终身学习，不断提高专业化水平才能适应现代教育发展提出的更高要求。

2. 受教育者

在教育活动中承担学习责任的人和作为教育对象的人都是称为受教育者。受教育者既包括学校中学习的儿童和青少年学生，也包括各种形式的成人教育中的学生。受教育者是学习和发展的主体，没有受教育者的积极主动参与，教育活动就无法进行，也难以取得好的效果。因此，只有发挥受教育者的主观能动性，才能将一定的外在的教育内容和活动方式内化为受教育者的智慧、才能、思想、观点和品质。

3. 教育媒介

教育媒介是指将教育者和受教育者联系起来的中介，包括教育内容和教育手段。教育内容就是对受教育者身心发展产生作用的影响物，主要包括各种教科书、教学参考书、其他形式的信息载体(如广播、电视、电影、报刊等)以及教育者自身拥有的知识、经验、言谈举止、思想品质和工作作风,还包括教育环境,如校园、教室、阅览室等。教育者的任务就是要把这些教育媒介以适合的方式呈现给受教育者,影响受教育者。教育手段就是教育活动中所采用的方式和方法,包括教育途径、教育组织形式、教育策略与技巧、教学方法(如讲解、阅读、演示、练习、参观、实习等)、教学设备与器材等。教育媒介往往与一定的教育环境相关联,也与教育者个人的认知和态度密切相关。

(二) 教育基本构成要素间的关系

教育者、受教育者和教育媒介尽管相对独立,但在教育活动中构成了互相影响、互相制约的有机整体,三者缺一不可。在这个"铁三角"中,教育者起到主导性作用,他是教育活动的组织者、领导者、参与者和评价者,没有教育者的参与就没有教育者的发展,教育媒介也就不可能自动地对教育者产生积极影响;教育者是教育的根本出发点和落脚点,没有其参与,教育工作就是去了对象,脱离教育者的身心发展规律和实际需要,教育者和教育媒介无论如何都将失去其应有的价值;教育媒介是教育者施教的载体,也是受教育者学习和认知的重要载体,良好的教育媒介是实现良好教育的重要因素。

第二节　教育的起源与发展

教育产生于何时何地,它源于何物,又是如何产生和发展的,这是教育学和教育史历来所重视的问题。深刻认识这一问题有助于了解教育的本质、教育的价值和更好地认识教育发展的方向和趋势。

一、教育的起源

教育是人类社会和教育实践活动发展到一定历史阶段的产物。但关于教育的起源,人们却有不同的认识。概括起来主要有神话起源论、生物起源论、心理起源论、劳动起源论和需要起源论。

(一) 神话起源论

神话起源论是关于教育起源最古老的观点。这种观点认为,教育与其他万事万物一样,都是由人格化的神(上帝或天)创造的,教育的目的就是体现神或天的意志,使人皈依于神或顺从于天。几乎所有的宗教都持有这种观点。我国古代的思想家也有人持有这种观点。宋代朱熹在《〈大学章句〉序》中认为,人天生就被赋予仁、义、理、智等本性,但个人气质不同,有的人不能明白并保全自己的本性,一旦有聪明睿智并能保全自己本性的人出现,上天就会派他做众人的教师,以帮助众人恢复本性,这就是伏羲、神农、黄帝、尧舜等人以及司徒、典乐等职位出现的原因,即教师的出现、教育的产生,都体现了上天的意志。西方也有与东方相同的认识,认为教育起源于神话,如《圣经》中的创世纪和诺亚方舟济人等神话都体现了上帝的道德伦理教育意志。

但无论如何,神话起源论是根本错误的,是非科学的,之所以如此,主要是受到当时人类社会起源问题上认识水平的局限,不能科学认识包括教育在内的各种问题,往往把这些不能解释的现象归结于神。

(二) 生物起源论

这种观点是把人类教育的起源归结于动物的本能行为,归结于天生的生物行为,认为教育是一种普遍存在的生物现象而非一种特殊的社会现象,教育过程是按生物学规律进行的本能的传授活动。这种观点的主要代表人物有法国哲学家、社会学家利托诺尔以及英国教育学者沛西·能。利托诺尔认为,母鸭带雏鸭,母熊教幼熊等都是教育,其基础是生存竞争。跟动物一样,人为了保存、延续其种类的存在,都会出于通过遗传所获得的本能,将"知识、技能、技巧"传授给下一代,教育是人和动物所共有的活动。在本质上,动物的教育与人的教育是一样的。英国教育学者沛西·能在 1923 年大不列颠协会教育科学组大会上,发表了题为《人民的教育》的演说,他认为:"从起源上讲,教育是一个生物学过程。不仅一切人类社会有教育,甚至在高等动物中也有低级形式的教育。我之所以把教育称之为生物学的过程,意思就是说,教育是为跟种族需要相应的种族生活所天生的,而不是获得的表现形式;教育既无待周密的考虑使它产生,也无需科学予以指导,它是扎根于本能的不可避免的行为"。他将教育的产生完全归结于动物的本能,认为教育是种族发展的本能需要,人的教育也不例外。生物起源论者都认为在动物界与人类之中都存在着"教师"和"学生",存在着"知识"和"技巧"的学习,而且,人类社会教育是对动物界教育的继承、改善和发展。

教育生物起源论以达尔文生物进化论和近代以来的自然教育思想为指导的,并且看到了人类教育与动物界类似教育行为之间的相似性,否定了教育的神话起源说,其开创性值得肯定。但是,它没有把握人类教育目的性和社会性,没能区分出、甚至否认了人类教育行为与动物教育行为之间的差别,否认了人与动物之间的区别,这是其缺陷之处。

(三)心理起源论

心理起源论认为,教育起源于儿童对成人的无意识模仿。美国教育家孟禄认为,"原始社会的教育普遍采用的方法是简单的无意识的模仿。儿童对年长成员的无意识的模仿就是最初的教育的发展"。实质上,这种观点与生物起源说有相似性。因为如果教育起源于原始社会儿童对成人行为的"无意识模仿",那么这种"无意识模仿"就肯定不是获得性的,而是遗传性的,是先天的而不是后天的;也就是说,是本能的,而不是文化的和社会的。只不过这种本能是人类的类本能,而不是动物的类本能,这是孟禄比利托诺尔和沛西·能进步的地方,但他没有给出人类的类本能与动物的类本能的界限。

作为一种心理现象和一种学习方式,模仿不失为教育的途径之一。由此可见,教育心理起源论有一定的可取之处。但是这种观点把全部教育归于无意识状态下产生的模仿行为,从而把有意识的和在无意识支配下产生的目的性行为排除在教育之外,走向了极端。

(四)劳动起源论

教育劳动起源论以历史唯物主义为指导,对生物起源论和心理起源论进行了批判而产生的一种教育起源学说。它的理论依据和方法论基础是恩格斯的《劳动在从猿到人的转变过程中的作用》。在恩格斯看来,劳动是整个人类生活的第一基本条件,劳动创造了人本身;劳动是教育产生的基础。据此,这种观点认为,人类教育起源于劳动过程中所产生的需要,而以制造和利用工具为标志的人类的劳动不同于动物的本能活动,前者是社会性的,因而教育是人类特有的一种社会活动;教育产生于劳动是以人类语言意识的发展为条件的;教育从产生之日起其职能就是传递劳动过程中形成与积淀的社会生产和生活经验;教育范畴是历史性与阶段性的统一,而不是如一些资产阶级教育学者所说的是永恒不变的范畴,自人类教育产生之日起,它就一直在随着社会和人的发展而发生着变革。

教育劳动起源论认识到了推动人类教育起源的直接动因是劳动过程中人们传递生产经验和生活经验的社会实际需要,它克服了教育生物起源论的心理起源论在教育社会属性上的缺陷，承认"人只有通过教育才能成为一个人，人是教育的产物"的观点，认识到了社会性是教育起源的关键问题。

（五）需要起源论

需要起源论是劳动起源论的逻辑延伸，其主要观点认为：教育源于生产劳动、社会生产生活和人类自身发展的需要。一方面，教育是因生产劳动的需要而产生，因而教育从一开始便既与生产力、又与生产关系有密切联系。另一方面，教育起源还与人类赖以生存的物质生活有关，也就是社会生产和生活的需要产生了教育。再者，从微观方面看到，教育是出于个体发展的需要。孙培青主编的《中国教育史》中指出："人类社会特有的教育活动是起源于人类参与社会生活的需要和人类自身身心发展的需要。"

事实上，需要起源论离开了教育起源本身来谈教育起源，从人类教育的发展及其职能上来寻找关于教育起源的解释，因而所得出的结论，也是难以令人信服的。

探讨教育的起源问题，不是要证明哪一种理论更科学，而是要通过探讨各种理论的谬误及其合理性以便更好地认识教育的本质和教育的价值。关于教育的起源，我们必须坚持辩证唯物主义和历史唯物主义的立场。教育是人类历史发展必然的结果，是人类特有的社会现象，与人类社会共始终。因此，教育的起源只能是人类自身客观存在的需要，这种需要是人类作为一种特有物种的生存与发展的需要，这种需要既是本能的需要，也是意识的需要。换言之，教育起源于人类本能与意识的辩证统一的需要。上述的所提及的人类劳动生产、社会生产生活和身心发展无不统一于作为类的人和作为个体的人的生存发展需要的范畴，同时它们也是人类教育存在和发展的条件和目的。

二、教育的发展形态

虽然教育与人类社会发展共始终，但人类社会发展的不同阶段的教育有各自的形态和特点。以生产力发展水平、社会生产关系和政治制度的不同来划分，教育的发展形态可分为原始社会的教育、古代社会的教育、现代社会的教育和当代的教育四种形态。

（一）原始社会的教育

原始社会的低下生产力水平决定了原始社会的生产关系，也决定了原始社会教育的"原始"的特点。在原始社会中，生产力水平很低，社会没有剩余产品，生产资料共有共享，没有剥削，没有阶级。教育也没有从生产生活中分化出来，没有专门的教育机构和教育人员，教育是在生产生活中进行的，与生产生活紧密结合在一起，是一种自然状态下的教育。因此，原始社会教育的主要特点是：①内容简单。教育是在生产劳动和社会生活中进行的，没有分化为专门的事业；以向年轻人传授生产生活与斗争经验、技能（如捕猎、采集、制造工具、骑射打斗经验、建筑房屋、种养经验等）和风俗礼仪及行为习惯（如礼节仪式、音乐、舞蹈、宗教）为主要内容。②形式单一。以口耳相传、身教示范为主要形式。③条件手段简陋。原始社会没有文字、书籍，也没有专门的教育机构和专职教师，更没有完备的教育体系、模式与制度。④机会均等。由于原始社会没有阶级分化，教育也没有阶级性，教育面向全体儿童。

总之，原始社会的教育具有原始性。但我们不能用现在现代人的眼光来把原始社会教育的"无阶级性"理想化。

（二）古代社会的教育

随着生产力的发展，人类社会进入了古代文明社会，即进入了有产品剩余与占有的阶级社会——奴隶社会和封建社会，出现了阶级与体脑分工，生产资料私有制的社会关系已经出现。

尽管奴隶社会和封建社会在教育目的、内容、制度和组织规模等方面有所不同,但有许多相同的特点。因此,我们把这两个社会阶段的教育统称为古代社会的教育,即学校产生以后至工业革命以前的教育。

1. 奴隶社会的教育

奴隶社会是人类进入阶级社会的开始。由于生产力的发展,出现了社会剩余产品,从而导致了脑力劳动与体力劳动分工,专门的社会分工也随之出现。社会分工不仅推动了生产,而且使文字等语言符号的出现成为了可能,文化科学活动开始萌芽,奴隶制也逐渐形成。正是在这样的背景下,奴隶社会出现了专门从事教育工作的专职人员和专门机构——教师和学校,标志着教育从社会生产生活中独立出来,形成了专门的学校教育。这一阶段的教育并没有培养生产工作者的任务,学校教育基本上与生产劳动脱离,且被奴隶主阶级占有,学校成为培养统治阶级人才的场所,而奴隶阶级没有进入学校接受教育的权利和机会,学校教育打上了阶级的烙印。

相比于原始社会的教育,奴隶社会的教育内容更加丰富了,例如我国奴隶社会的学校教育以礼、乐、射、御、书、数六艺等为主要内容。奴隶主阶级子弟在学校中既学习奴隶社会等级制度、典章制度和道德规范,又学习音乐和舞蹈;既学习骑射和驾驭技术,又学习语言文字的读写和文学历史方面的知识;既学习计算、历法天文等自然科学方面的知识,又要学习管理社会的知识。但目的都是为维护奴隶主阶级的统治服务。又如,欧洲的斯巴达和雅典的教育,斯巴达儿童从小就要接受军事体操训练,培养其奴役奴隶的意志品性,培养出效忠国家镇压奴隶的武士;雅典的奴隶主子弟7岁起则可以到文法学校、琴弦学校和体操学校学习,接受军事体操训练,同时学习读、写、算、音乐、文学、政治和哲学。

2. 封建社会的教育

进入铁器时代,特别是铁制农具的使用和推广,促进了生产力水平的飞跃,也导致了新社会关系的出现,即地主阶级和农民阶级的出现,也标志着封建社会出现了。这一阶段的教育,也出现了新的特点。例如我国封建社会,与奴隶社会相比,学校教育规模逐渐扩大,学校类型逐渐增多,学校制度也进一步完备,出现了官学与私学,教育内容也进一步丰富,教育方法以个别教学为主,要求学生唯书为上,死记硬背,师道尊严。但学校教育主要为地主阶级所垄断,为培养封建统治阶级人才服务,平民子弟也没有接受教育的机会,教育基本上也是与生产劳动相脱节。欧洲封建社会的教育大体与我国封建社会的教育相似,宗教成为了统治人民的工具,僧侣封建主和世俗封建主两个封建阶级把持了学校教育,他们分别利用教会学校、宫廷教育和骑士教育培养封建统治人才,尽管学生在这些学校中也学习"七艺"(文法、修辞、辩证法、算术、几何、天文、音乐)等社会科学和自然科学方面的知识。

总之,古代社会的教育具有以下特点:①出现了专门的教育机构和专职的教育人员;②鲜明的阶级性和严格的等级性;③教育与生产劳动分离;④教育内容的日渐丰富,提高了教育职能;⑤教育方法崇尚书本,呆读死记,强迫体罚,棍棒纪律;⑥教学组织形式主要是个别施教;⑦没有形成系统的学校教育制度。

(三) 现代社会的教育

现代社会实质上就是通常所说的工业社会(industrial society)。它是指以工业生产为经济主导的社会,是继农业社会或传统社会之后的社会发展阶段。工业革命的爆发,标志着人类社会进入了现代社会,最终诞生了资本主义社会和社会主义社会。由于工业革命是以机器大生产为基础的商业社会,现代社会需要大量的高素质的、掌握科学文化知识的劳动者。这样,现代的教育就具有了与之前的两种教育形态完全不同的特点。

第一，教育过程与生产劳动紧密结合。一方面，机器大生产要求劳动者将智力因素和非智力因素相结合，以提高生产效率和质量；另一方面，机器大生产又为劳动者的体脑结合创造了条件。尤其是科学技术在机器大生产中广泛应用，促使教育必须面向工业社会培养人才，紧密对接生产过程。

第二，教育内容逐渐现代化。科学技术的发展，要求教育内容必须现代化，把自然科学特别是新兴学科知识纳入学校教育内容，增加实科教育，对接现代生产工艺和流程。

第三，课堂教学组织形式出现（班级授课制出现）。工业革命需要大量的有科学文化知识与技术的劳动者，以往的个别教育无法满足这种需要，必须扩大教育规模和教育效率。于是课堂教学组织形式出现了，这种以年龄为基础、以班级为单位统一组织教学的形式，不仅使学生能够在较短的时空中获得系统的科学文化知识和技能，也有利于教师发挥主导作用，发挥班集体的教育功能，很好地适应了社会发展的需要。

第四，教育逐渐走向开放。学校教育与社会的关系更加密切，逐渐对社会开放，对不同的学习者开放，教育教学形式也出现了多样化，如业余函授教育、刊授教育、广播电视教育等现代教育形态纷纷出现。

第五，教育民主化要求凸显。随着人权平等思想的普及，教育民主、教育机会平等的思想和呼声逐渐高涨，成为现代教育的一大亮点。工业革命前后，发达国家先后制定了义务教育法，以法律形式保证国民基本的受教育权，同时呼吁消除种族歧视和社会歧视，构建机会公平教育体制。

（四）当代社会的教育

新兴科学与技术的发展应用，将人类社会推进了当代。进入 21 世纪以来，人类社会发展到了前所未有的高度，全球化、网络化、信息化加剧快速发展，引发了更为广泛而深远的影响。这一时期的教育也呈现了新的特征。

第一，培养全面发展的劳动者和具有全球视野公民被作为教育的理想和实践主题，世界各国和组织（如联合国教科文组织）等都强调科学教育与人文教育紧密结合，呼吁实施素质教育，不断提高教育质量，满足人全面发展的需要，并出台了不少新的教育发展报告、战略规划和重要举措，指导各国的教育实践。

第二，教育与生产劳动相结合的范围、程度、意义进一步扩大，校企合作、产教融合、产学研用政相结合等一系列口号正在付诸实践。

第三，教育的普及性和公益性、公平性得到增强，并通过加强立法来加以落实。如美国出台了《不让一个孩子掉队法》，中国近几年也对教育法、义务教育法、高等教育法等多部教育法规进行了与时俱进的修订和完善，目的都是强化教育在国家发展中的基础性、先导性和战略性作用，保证公民的公平教育权。

第四，教育内容和教育手段更加现代化。电子技术和网络技术的发展，为教育将最新的科学技术知识在最短的时间内成为教育内容和手段提供了最便捷的技术和途径。可以说，今天的教育达到了人类有史以来最高的现代化程度。

第五，教育制度的弹性和开放性更高，多种的教育方式和形式可以满足不同学习者的需要，教育终身化进一步加强，同时教育国际化与合作不断加深。

第六，教育变革加速，教育科学理论与教育实践之间的联系更为密切。

第三节　教育学及其发展历程

什么是教育学,教育学是研究什么的,它是怎样产生和发展的,这是每一位从事教师职业者和教育管理工作者必须了解的重要问题。

一、教育学的概念及其研究对象

从起源上看,英语国家的"pedagogy"、法语国家的"pedagogy"和德语国家的"pedagogik"(教育学)均源于希腊的"pedagogue"(教仆)一词,意为照看、管理和教育儿童的方法。19世纪末,英语国家的人们先后用"education"和"pedagogy"。在我国,"教育学"是一个译名,是从日文转译过来的,时间大约在20世纪初。从内涵上看,"教育学"在我国基本上有三种涵义,一是指所有教育学科门类的总称,二是指一种课程的名称,三是指一种教材的名称。在这里,我们主要探讨作为学科门类的教育学是什么。

我们认为,教育学是研究教育现象、教育问题,揭示教育规律的一门实践性很强的社会科学。任何学科都是系统化、理论化的知识体系,都有其独特的研究对象和研究任务。作为学科的教育学必然以教育现象、教育问题为研究对象,以归纳总结人类教育活动的科学理论与实践和不断探索解决教育活动产生、发展过程中遇到的实际教育问题为任务,其研究逻辑要遵循"实践——理论——实践——理论"这样的路径,最终揭示教育规律。教育现象是教育活动外在的、表面的特征,包括教育社会现象和教育认识现象。教育社会现象是反映教育与社会关系的现象,教育认识现象是反映教育与学生认知活动的现象。教育问题是人们从大量的教育现象中提出来的并作为认识和研究对象的课题。通过研究这些现象和问题,揭示教育背后存在的客观规律。教育问题是推动教育学发展的内在动力。教育规律是教育内部诸因素(如师生、教材、设备、教学、德育、管理等)之间、教育与教育之外其他事物(如学校与社会、教育与人口、教育与经济发展、教育与政治改革等)之间的内在的、必然的联系。教育学的研究任务就是要阐明教育的基础知识和基本理论,揭示教育规律,为教育理论工作者和实践工作者提供理论支撑,为培养符合社会需要的人才服务。

二、教育学的发展历程

教育学作为专门研究教育的学科知识体系,经历了漫长的发展时期,先后经历了萌芽阶段、创立阶段、多元发展阶段和理论深化阶段四个阶段。

(一) 教育学的萌芽阶段

1. 教育学萌芽阶段的特点

所谓萌芽,是指在这一阶段的教育学还没有形成体系化的知识,只是出现了一些关于教育现象、教育问题的深刻思想和精辟论述。这些教育思想和论述散见于有关政治、哲学、文学、伦理、宗教等著作之中,教育学还没有从哲学、政治、宗教中独立出来。所论述内容以习俗认知为主,论述的方式以机械类比、比喻、寓言等为主,论述往往夹杂在哲学论述和道德伦理著作之中。所以,古代许多著名的教育家往往也是思想家、政治家、文学家。例如我国古代的孔子、孟子、荀子、韩愈、朱熹,古希腊的苏格拉底、柏拉图、亚里士多德,古罗马的昆体良,等等,都在其著作中阐述了相当成熟的教育思想。

这一阶段的特点是：出现了精辟的教育思想，但体系化的教育学理论没有形成，教育思想没有从哲学、伦理学、政治学、宗教等独立出来，对教育认知和论述形式缺乏严密的科学推理和论证。

2. 萌芽阶段的教育思想

（1）中国古代的主要教育思想

① 儒家的教育思想。我国古代关于教育的论著如《论语》和《学记》精辟记载了以孔子为代表的儒家教育思想。其中，《论语》记载了孔子主张的"学而时习之"、"温故而知新"、"举一反三"、"不愤不启，不悱不发"等光辉的教育思想，至今仍具有指导意义。《学记》对中国先秦儒家学派的经验进行了总结，对教育的作用、目的、制度、方法、学校管理、师生关系、教和学的关系等进行了总结概括，其提出的"教学相长"、"不陵节而施"、"长善救失"、"导而弗牵，强而弗抑，开而弗达"等精辟观点已经触及了教育教学活动的基本方法和规律。因此，《学记》是目前发现的世界上最早的教育学论著。孔子还主张"有教无类"，强调学而知之，学思结合，重视因材施教，培养"君子"和"贤人"。孔子的教育思想影响广泛而深远，目前我国在世界范围内开设有几百家孔子学院。

② 墨家的教育思想。墨家代表人物墨子主张"兼爱"、"非攻"，认为人与人之间不应有严格的等级秩序，反对侵略、战争，要求人们维护和谐的社会关系。墨子注重文史知识的学习和逻辑思维能力的培养，注重技术的传习。他认为应通过"亲知"、"闻知"、"说知"等三种途径来获取知识，其中"说知"强调依靠推理来追求理性知识。

（2）西方古代的主要教育思想

① 苏格拉底的教育思想。古希腊的哲学家苏格拉底强调引导学生自己思索，得出结论，认为教育就像助产婆一样，其目的是将人的天赋和智慧引导出来。他的这种教学方法被称为"产婆术"。

② 柏拉图的教育思想。柏拉图的教育思想主要体现在他的著作《理想国》一书中，他认为人类要从"现实世界"走向"理想世界"，要通过教育来获得真知才能实现。他认识到了教育与政治有密切联系，认为理想的国家应由充满智慧的"哲学王"来统治和管理，因此教育要培养"哲学王"。柏拉图还认识到了学习与游戏关系，他是"寓学于游戏"的最早提倡者。

③ 亚里士多德的教育思想。亚里士多德是古希腊著名哲学家，他认为教育的最高目的在于追求理性和美德。他在其《政治学》一书中主张教育应由国家来办，除奴隶外，所有的城邦公民都应接受同样的教育。他首次提出"教育遵循自然"的原则，主张按照儿童心理发展的特点和规律对儿童进行分阶段教育，这就是后来强调教育要重视人的发展的思想渊源。

④ 昆体良的教育思想。古罗马的演说家昆体良著的《论演说家的教育》（又称为《论演说家的培养》、《雄辩术原理》）被认为古代西方第一部系统论述教育法方法的著作，但它的出现比《学记》晚了300多年。在这部著作中，他将学习过程概括为"模仿—理论—练习"三个阶段。

（二）教育学的创立阶段

1. 教育学的创立阶段的特点

萌芽阶段的教育思想为教育学成为一门独立的学科奠定了基础。但教育学独立的标志的出现前后经历了约两百多年的时间。因此，教育学的独立有一个历史过程。17世纪以后，也就是欧洲文艺复兴以后，教育学发展进入了新的阶段，出现了真正把学校教育的现象和规律作为研究的体系较为完整的教育教学论著，例如捷克教育家夸美纽斯1632年写成的《大教学论》以及其后英国洛克的《教育漫话》、斯宾塞的《教育论》、法国卢梭的《爱弥尔》、瑞士裴斯泰洛齐的

《林哈德和葛笃德》和德国福禄贝尔的《人的教育》，都是体系较为完整的教育理论体系。尤其是《大教学论》，从理论上概括了欧洲文艺复兴以来的教育经验，首次提出了班级授课制、学年制，论述了教育的目的、作用、教学的内容、原则和方法，奠定了教育学的学科基础，它的出现，标志着教育学开始走向独立。但事实上，直到19世纪初，教育学才成为一门相对独立的学科。1806年德国教育家赫尔巴特出版的《普通教育学》和1835年出版的《教育学讲授提纲》，标志着教育学真正成为了一门独立规范的学科。赫尔巴特率先主张教育学成为科学，主张将心理学、伦理学作为教育学的学科基础，为教育学的科学化、体系化建设付出了不懈努力。赫尔巴特因此也被西方认为是近代教育学的创立者、科学教育学的奠基者和传统教育学的代表。后来，美国教育家杜威也出版了《民主主义与教育》的教育学专著，概述了教育的社会职能和效应，指出了当代社会教育的缺陷，论述了民主社会教育的本质，强调用实用主义哲学来理顺长期以来存在的兴趣和努力、经验和思想、劳作与休闲、个人与自然界和职业等的矛盾，并赋予课程、教材教法新的解释。

总之，这一阶段的特点是：教育问题和现象已成为一个专门的研究领域，出现了专门的教育概念或概念体系，有了科学的研究方法，出现了系统的教育学著作，产生了专门的教育研究机构。

2. 创立阶段的教育思想

(1) 培根的教育思想。英国哲学家、自然学家培根，首次把教育学作为一门独立的学科提出来，与其他学科并列，为教育学的独立作出了重要贡献。

培根　　　　　　　　　　夸美纽斯

(2) 夸美纽斯的教育思想。夸美纽斯因《大教学论》被誉为"教育学之父"，他将教师比喻为"太阳底下最光辉的职业"。他强调"把一切事物""教给一切人"，要求教育要遵循人的自然发展的原则，他最早提出并系统论述了班级授课制及其教学原则和方法；他首次提出并论证了直观性、系统性、量力性、巩固性和自觉性教学原则；他还规定了百科全书式的课程。

(3) 卢梭的教育思想。卢梭倡导自然教育和儿童本位的教育观，认为人的本性是善的，但现存的环境和教育给破坏了，要教育儿童，并遵循儿童的天性。

卢梭　　　　　　　　　　康德

(4) 康德的教育思想。德国哲学家康德是第一位在大学讲授教育学的人，他认为人的自然禀赋有待于发展，"人是唯一需要教育的动物"，教育的根本任务是充分发展的人自然天赋，使人人成为"本我"(本来的自我)和"自我"(完善的自我)。

　　(5) 裴斯泰洛齐的教育思想。裴斯泰洛齐是瑞士著名教育家,他倡导自然主义教育,主张教育心理学化,要求教育适应自然原则,使人固有的、内在的能力得到培养和开发。因此,他要求教育教学要与儿童心理发展的特点和规律协调一致,使儿童在获取知识、发展智力和道德情感等诸方面都处于自然主动的地位。他强调爱的教育,提倡情感教育。此外,他还是西方教育史上第一位将"教育与生产劳动相结合"这一教育观付诸实践的教育家。

裴斯泰洛齐　　　　　　　　洛克

　　(6) 洛克的教育思想。洛克是英国哲学家,著名的"白板说"创立者。他认为,人的心灵如同白板,观念和知识都来自后天,并且得出结论,上天赋予每一个人的智力是平等的,"人类之所以千差万别,便是由于教育之故"。洛克主张在家庭进行绅士教育,并把德行放在绅士教育的首位。

　　(7) 赫尔巴特的教育思想。赫尔巴特是19世纪德国著名的教育家,被誉为"现代教育之父"。他主张的教育目的是培养良好社会公民,主张将伦理学和心理学作为教育学的理论基础,强调教师的权威和中心地位,形成了教育中教师中心、教材中心和课程中心三中心论;他提出教学过程四阶段论:明了(明确讲述新的教材)、联想(通过师生谈话嫁接学生的新旧观念)、系统(学生在新旧观念联合的基础上寻找结论、定义和规律)和方法(把已学知识应用于实践,培养逻辑思维的技能);他提出了教育性教学原则,认为不存在任何无教学的教育和无教育教学;强调教学过程知、情、意的有机统一。

赫尔巴特　　　　　　　　杜威

（8）杜威的教育思想。美国教育家杜威是20世纪初实用主义教育学的代表人物,被誉为"进步主义教育之父"。他认为教育的目的是它本身,"教育即生活","教育即生长","教育即改造经验","学校即社会"。他主张教育教学要以儿童的需要和已有的经验为出发点,以活动为主要教学形式,强调儿童"在做中学",在问题中学习。教学最重要的不是教给学生科学的结论,而是要促进和激发学生的思维,使他们掌握发展真理、解决问题的科学方法。杜威还提出了五步教学法:创设疑难情景—确定疑难所在—提出解决问题的种种假设—推断哪个假设能解决这个困难—验证这个假设。

（三）教育学的多元发展阶段

1. 教育学多元化发展阶段的特点

1806年赫尔巴特的《普通教育学》出版之后,西方教育学理论一直在科学化运动中向前发展,出现了多元化发展的特点。不仅出现了以自然科学实验、统计、比较等实证研究方法来研究教育问题的"实验教育学"(1901年),代表人是德国的梅伊曼和拉伊;在批判教师中心论和学科中心论基础上主张让教育回归生活的"实用主义教育学"(20世纪初),代表人是美国的教育哲学家杜威;还出现了将教育学建成社会学的科学的"教育的科学",代表人是法国的社会学家迪尔凯姆;同时还出现了只研究教育事实的建立纯教育学的"教育科学",代表人是德国教育家克里克。此外,还出现了马克思主义教育学、文化教育学派和元教育学派等。马克思主义教育学的主要代表人有苏联的克普斯卡娅、凯洛夫、马卡连柯和中国的杨贤江等。

19世纪初到20世纪50年代之前这一时期的教育学发展等特点是:在自然科学、社会科学、现象学、文化学、马克思主义哲学等蓬勃快速发展的背景下,这些学科的研究方法和理论被借鉴和应用于教育学研究,教育学出现了多样化的研究范式,从而走向了多元化发展阶段。

2. 教育学多元化发展阶段的教育观点

（1）实验教育学的主要观点。梅伊曼和拉伊主张积极借鉴19世纪末以来的自然科学研究方法来研究儿童身心发展和教育问题,提出借助生理学、解剖学、精神病理学和实验心理学的研究成果和方法对儿童生活及学习活动进行实验。主张把教育与现代社会联系起来,强调教育过程就是学习系统科学知识的过程,教育内容应以具有实用价值的科学知识为主,强调知识的学习必须考虑儿童的实际情况。

（2）实用主义教育学的主要观点。美国教育哲学家杜威从实用主义哲学出发,批判了教育的纯粹实证论,认为借用自然科学实验研究方法来研究教育,并不意味着其研究结果具有科学价值,主张扩大教育理论的科学基础,既要注意到事物本身的客观实在性,也要注意到人类对客观事物的认识的重要性。他强调教育是一种为了生活同时又与生活相伴随的活动,认为课程设置应与儿童的生活紧密联系。

（3）"教育的科学"学派的基本观点。法国社会学家迪尔凯姆主张建立"教育的科学",强调以作为社会事实的教育现象的客观性、实证性为研究内容。

（4）"教育科学"学派的主要观点。德国的克里克主张建立以教育事实和法则为认识目标的"教育科学",认为纯粹的"教育科学"不否定以往存在的"规范教育学",教育科学应该同社会学相结合,将现象学的本质直观的方法作为教育研究的最好方法。

（5）马克思主义教育学派的主要观点。主张运用马克思主义世界观和方法论阐述教育问题,其中凯洛夫论述了全面发展的教育目的,马卡连柯则主张集体主义教育的重要性和实施途径与方法。

(四) 教育学的理论深化阶段

1. 教育学理论深化阶段的特点

自 20 世纪 50 年代以来,由于世界各国都把主要精力投入到发展本国的经济和技术上,科学与技术迅速地显示出它们的威力和潜力。再加上控制论、信息论、系统论的产生与发展,突变论、协调论、耗散结构理论的创建与推广,为教育学的研究提供了新的思路与方法,也标志着教育学研究走向深化阶段。其主要特点是:教育学呈现出更加注重对学习主体发展的研究,以教学过程、教学原则、教学方法以及儿童认知与发展为重点领域,出现了一批著名的教育学家,提出了一系列深入探讨促进学生有效发展的新教学理论。

2. 教育学理论深化阶段的教育思想

(1) 布鲁姆的"掌握学习"理论

1956 年以来,美国著名教育家布鲁姆提出了"教育目标的分类系统"和"掌握学习"理论。他把教育目标分为认知目标、情感目标、动作技能目标三大类,每类目标又分成不同层次,排列成由低到高的阶梯。"掌握学习"理论以教育目标为导向,以教育评价为调控手段,认为只要提供最佳的教学并给予足够的时间,多数学习者能够获得良好的学习成绩。

(2) 布鲁纳的"发现学习"理论

1963 年,美国教育心理学家和教育改革家布鲁纳发表了他的《教育过程》,在这本著作中,他提出了结构主义教学论,即掌握"学科基本结构"的教学观点,强调学生学习学科基本结构的重要性,倡导发现学习法,主张培养学生的直觉思维、科学兴趣和创造力。

(3) 赞科夫的"发展性教学"理论

1975 年苏联出版了心理学家、教育家赞科夫的《教学与发展》一书,这是对他 17 年的教学改革实验进行的总结,提出了发展性教学理论的原则,即高难度、高速度、理论知识起主导作用、理解学习过程、使所有学生都得到一般发展的原则,他强调教学应走在学生发展的前面,"以最好的教学效果使学生达到最理想的发展水平"。

(4) 以瓦根舍因为代表的"范例教学"理论

在 1949 年德国 H·海姆佩尔在历史教学中提出的"示范教学的原理"的基础上,M·瓦根舍因 1950 年在物理教学中提出了"范例教学原理",被认为是最早的范例教学理论。范例教学论者主张从日常生活中选取蕴含着本质因素、根本因素、基础因素的典型事例和范例,使学生透过这种范例,掌握科学知识和科学方法,并把科学的系统性与学习者的主动性统一起来。范例教学在内容上,强调基本性、基础性和范例性三条原则。基本性原则,要求教给学生基本的知识结构,包括基本概念、基本科学规律和学科的基本结构。基础性原则,要求教学内容适应学生的智力发展水平,接近他们的生活经验和切合他们的生活实际,并且对于一定年龄发展阶段的青少年来说,这些教学内容是打基础的东西。范例性原则,要求教给学生的内容是经过精选的、能起示范作用的基本知识,这种精选出来的范例性教学内容将有助于学习者举一反三。

(5) 皮亚杰的儿童认知发展理论

瑞士教育学家、心理学家皮亚杰在《教育科学与儿童心理学》论著中论述了儿童认知发展的四阶段理论,强调活动的动作教学方法,认为教育的主要目的在于发展学生的智力,对现代教育产生了重大影响。

理解·反思·探究

1. 如何理解教育的涵义、教育的质的规定性以及教育学的学科性质。
2. 请反思当前教育实践中如何看待教育"三要素"之间以及三种教育形态之间的关系。
3. 探究教育对人的发展的意义以及当代教育发展的特点和趋势。

拓展阅读导航

1. 《中国教育史》(修订本),孙培青主编,华东师范大学出版社,2000 年。
2. 《大教学论》,[捷克]夸美纽斯,人民教育出版社,1957 年。
3. 《普通教育学》,[德]赫尔巴特,李其龙译,人民教育出版社,1998 年。
4. 《教育论》,[英]斯宾塞,胡毅译,人民教育出版社,1962 年。
5. 《教育漫话》(汉译世界教育名著丛书),[英]约翰·洛克著,徐诚、杨汉麟译,河北人民出版社,1999 年。
6. 《人的教育》,[德]福禄倍尔,孙祖复译,人民教育出版社,1991 年。
7. 《爱弥尔》,[法]卢梭,李平沤译,商务印书馆,1978 年。
8. 《明日之学校》,杜威著,赵祥麟、王承绪编译,华东师范大学出版社,1981 年。
9. 《民主主义与教育》(1916),[美]杜威,王承绪译,人民教育出版社,1990 年。
10. 《终身教育引论》,[法]保罗·郎格朗著,周南照、陈树清译,中国对外翻译出版公司,1985 年。
11. 《教育过程》,[美国]布鲁纳著,邵瑞珍译,文化教育出版社,1982 年。
12. 《教育过程最优化》,[苏]巴班斯基著,吴文侃等译,教育科学出版社,2001 年。
13. 《和老师的谈话》,[苏]赞科夫著,杜殿坤译,教育科学出版社出版,1980 年。
14. 《苏霍姆林斯基选集》,[苏]苏霍姆林斯基著,蔡汀译,王义高、祖晶主编,科学出版社出版,2001 年。

参考文献

1. 南京师范大学教育系.教育学[M].人民教育出版社,1984 年。
2. 王道俊,王汉澜.教育学(新编本)[M].人民教育出版社,1999 年。
3. 叶澜.教育概论[M].人民教育出版社,1999 年。
4. 全国十二所重点师范大学联合编写.教育学基础[M].教育科学出版社,2002 年。

第二章　教育与社会发展

【内容摘要】

社会生产力的发展制约着教育事业发展的规模和速度、人才培养的规格、教育结构、教育内容和教育方法;政治经济决定着教育的领导权、受教育权利和教育目的的制定;社会文化影响教育目的的确立、教育内容的选择和教学方法的使用。同时,教育反过来又对社会生产力、社会政治经济制度及社会文化的发展起着巨大的影响作用,具有明显的经济功能、政治功能和文化功能。不仅如此,教育又具有相对的独立性,作为一种培养人的社会活动的教育,相对于其他社会现象,具有自身的规律和能动性。

【学习目标】

本章要求了解社会生产力发展水平、社会政治经济制度、社会文化分别对教育的制约、决定和影响,理解教育的相对独立性及其表现,掌握教育的经济功能、政治功能和文化功能,能运用教育的社会功能的原理说明教育在我国社会主义现代化建设中的作用和地位。

第一节　教育的社会制约性

社会亦称人类社会。它是以共同的物质生产活动为基础而相互联系的人类生活有机体,是人与自然之间及人与人之间双重关系的统一。社会是一个复杂的整体系统,教育作为一种培养人的社会活动是社会的一个子系统,教育与社会发展之间存在着必然的联系。因此,教育的发展要受到社会生产力、政治经济制度、社会文化等社会现象的制约。

一、生产力对教育的制约

历史唯物主义告诉我们,物质资料的生产是人类社会存在和发展的基础。在物质资料的生产中,生产力是最活跃、最革命的因素。生产力的发展迟早会引起生产关系的变化和一切社会关系的变化,推动和制约着整个社会的发展,因而也推动着教育的发展。具体来说,生产力对教育发展的制约主要为以下几方面。

(一) 生产力水平决定教育事业发展的规模和速度

办教育需要一定的人力和物力,办多少学校,能吸收多少人受教育,学习多长的时间,必须有一定的物质条件作保证。早在两千多年以前,孔子就提出,首先要使国家富裕起来,然后再对人民施以教化。毛泽东同志曾经指出:“我们不能饿着肚子去‘正谊明道’,我们必须弄饭吃,我们必须注意经济工作。离开经济工作而谈教育或学习,不过是多余的空话。”[①]

---

① 毛泽东选集[M].哈尔滨:东北书店,1984:852.

当一个社会的生产力发展水平还很低的时候,所能提供的物质资料很少,劳动者除了本身所需要的基本生活资料外只能提供微小的剩余时,这个社会中可能接受教育的人口就必然是很少的。如古代社会,由于手工生产,社会没有多少剩余产品,因此,教育规模不大,发展的速度也低。到了资本主义社会,生产力有了较大的发展,生产率大大提高了,社会就有可能拿出比以前更多的钱来办教育,使教育的发展规模和速度不断增加。进入现代社会,生产力高度发展,社会所提供的剩余劳动数量使得教育经费的支付能力大大提升,教育经费的支付能力直接影响到校舍设备、师资条件等方面的教育能力,而教育能力是决定教育事业发展规模和速度的主要因素。由此可见,教育的发展规模和速度要受社会生产力发展水平为其提供的物质条件所制约。

(二)生产力发展水平影响着教育目的的制定

教育的根本任务是培养人。教育所要培养的人进入直接的生产过程时,又构成社会生产力的要素,这是因为,生产力是由生产过程中所使用的生产资料和具有一定生产经验、劳动技能的劳动者所构成的。生产力的发展,对于人所提出的要求,必然制约着教育目的的制定。

在奴隶社会和封建社会中,学校教育没有培养生产劳动者的任务,到了资本主义社会,学校教育开始承担培养生产劳动者的任务,这都是受生产力发展水平的影响。从工业发展史来看,文盲只能从事手工业劳动;进入蒸汽机生产时代,要求工人要有初等教育的文化水平;电气生产的时代,要求工人要有中等教育的文化水平;现代利用核技术、电子技术等进行自动化生产的时代,要求工人要具有高中和高等专科以上的文化水平。这说明生产力发展的水平对人才的培养规格,提出一定的要求,要求受教育者必须具有某种程度的文化水平和生产上所需要的知识技能。

当前,整个世界已进入新技术革命的时代。这一时代的显著特点是:在量子电子学、分子生物学、系统科学、海洋学、空间科学等交互作用下,微电子技术、遗传工程、合成材料、海洋工程、新能源技术等大力发展,知识密集型和技术密集型产业大量涌现。此时,既需要大批高级人才,又对劳动者的科学文化素质提出了更高的要求,这就要求教育要培养具有高度科学文化知识的人才,迎接新技术革命的挑战。我国经济社会发展所需要的人才规格,要依据社会生产力与科学技术水平发展的实际,既要培养大量的高级专门人才,也要培养大量的初级、中级人才。

学校的教育目的必然要反映生产力的要求,生产力的要求终究要在学校的教育目的中得到反映。随着生产力和科学技术的飞速发展,社会生产力对于教育目的的影响和作用将会更为明显地表现出来。

(三)生产力水平制约着教育结构的变化

所谓教育结构就是指构成教育体系的各个部分之间的比例关系及其结合方式。这里的教育结构主要是指学校教育结构,主要包括各级学校的比例构成、各类学校的比例构成、各级教育内部各类教育之间的比例构成、学校系科的专业设置以及学校的布局结构等。生产力、政治经济制度、文化传统和人口结构,这些都影响教育结构的形成和变化。但主要的是受生产力发展水平以及在这个基础上形成的社会经济结构所制约。特别是国民经济各部门之间的比例关系、产业结构、技术结构和地区结构对教育结构的制约更为明显。在古代社会,生产力水平低下,教育的结构和形式都极其简单。资本主义社会出现了各级各类的学校,这是由于资本主义生产对各种人才的需要而产生的。18世纪英国工业革命后,大机器生产代替手工业劳动,出现了中等职业教育。同时,高等教育发生了变化,开始建立技术学校,更加重视科学知识、技术人才的培养。特别是"二战"以后,工农业比重的升降,整个产业结构都发生了巨大变化,尤其是电子学的应用,企业内部分工越来越细,专业性加强,教育结构发生了很大变化。当前,随着科学技术的发展而发展起来的生产力,使社会经济结构发生了深刻变化,趋于复杂化、明细化、智能化,因此,社会所需要人才的类型以及各类型人才的比例随之变动,这就需要依据生产力发展水平和社会经济结构的要求合理调整教育结构,以使教育能够满足社会发展的需求而促进社会生产力水平的提高。

专业是根据科学分工或生产部门的分工把学校的学业分成的门类。专业的出现,既以一定的社会分工为前提,又与一定的学科基础相对应,分工的变化和科学技术的发展与专业的起伏消长息息相关。科技的发展和社会的进步,总是不断引起社会结构的调整变化,进而引起对各类专门人才的需求。这些需求总是通过市场对人才的需求反映出来,学校专业的设置及结构调整,必须依据人才市场所需要的专门人才的规格及数量而进行,即学校的专业设置受制于社会生产力发展状况。如果物质生产的水平不高,社会不能提供充足的教育经费,专业就不能大量设置;即使勉强设置了,也不能保证应有的质量,很难巩固下去。因此学校的专业设置要依据生产力发展状况对人才培养提出的要求。要以相应的学科为基础,要有足够的物质条件作保证。

(四)生产力水平制约着教育内容的选择

教育内容是根据学校培养目标的要求,经过选择和加工,通过教育者作用于受教育者的教育影响物。学校所设置的各门课程都是教育内容的表现形式,课程的多少、难易程度及性质都受到生产力发展水平制约。在古代社会,由于生产力水平低下,生产技术只是一种直接经验,主要存在于个别劳动者的技能中,大部分还没有发展成为与直接劳动相分离的独立的知识形态,表现为一种生产的方法,而不是表现为一种科学的理论。因此,学校与生产直接联系的自然科学和技术方面的课程不多,所设课程多为哲学、政治、道德、宗教等人文学科以及语言、文学等工具课程。随着生产力水平的不断提高,自然科学各门学科不断形成各自不同体系,学校课程内容逐步增设新的学科。14世纪以前,只有算术、几何、天文学等学科;14至16世纪,地理和力学被列入学校教育内容;18世纪的工业革命以后,学校教育增加了代数学、三角学、植物学、动物学等课程;进入19世纪,数学、物理学、化学、生物学、地质学等基础学科相继在学校中设立专业,形成学科体系。如在化学中,逐步形成了无机化学、有机化学、分析化学、物理化学、工艺化学等分支学科,构成化学学科体系;进入20世纪以后,自然科学课程在中学里越来越受到重视,终于形成数、理、化、生这样一个基础课程体系。随着现代科学技术和生产力的不断发展,学校教育不仅涌现了计算机科学、分子生物学和遗传工程、空间科学和新能源新材料以及系统论、控制论、信息论等一大批新兴学科所组成的新的学科群,而且对传统的学科群也进行了深刻的改造,过时的旧课程被淘汰,新课程不断呈现。特别是近几十年以来,数学和自然科学方面的课程比重不断加强,这种倾向的出现是由于当代的生产力空前变革决定的。此外,由于当代科学技术的高度分化高度融合,文理、理工、理医相互结合,出现了各种综合性课程和边缘性课程。

揭示自然界运动与发展规律的教学内容是受生产力发展水平所决定的,生产力发展水平影响着这些教学内容的发展变化。生产力的发展要求科学技术的发展,而科学技术的发展又必然推动生产力的发展,从而使教育内容不断变革和充实,并影响着学校教育内容的选择。

(五)生产力发展水平制约着教育手段和教学组织形式

教育手段是指教育过程中使用的物质工具,它是作为物质载体和媒介存在于教育过程中的。教育活动的开展，必须借助一定的教育手段。教育手段在一定程度上反映了社会生产力的发展水平。在远古时代，由于当时生产力水平极其低下，人类的教育活动只能靠口传手示。在中世纪的生产力水平上，学校使用的设备是黑板加粉笔、模型加地图。从 19 世纪下半叶开始，随着机器大工业的发展，照相机、幻灯机、无线电收音机、电影机、电视机、录音机等等相继进入教学领域。在科学技术迅速发展的当代，更多更新的技术手段，如电子计算机，人造卫星等等都被应用于教学。由于这些现代化信息运载手段传递的处理手段直接介入教育教学活动，大大超越了时间和空间的限制，极大地提高了教育的普及率和效率。由此可见，只有生产力获得极大发展、科学技术日新月异的变化、经济水平日益提高、物质条件充足，才有可能为教育的发展提供齐全的教育设备和设施，从而使教育手段的现代化水平不断提高。同样，教学组织形式从古代的个别教学，到班级教学组织形式的产生，到广播、电视、网络等远程教学形式的出现，都是以生产力与科学技术的发展为前提条件的。

二、政治经济制度对教育的决定作用

一定社会的生产关系，包括生产资料归谁所有、生产中各社会集团所处的地位和相互关系、产品的分配形式等三个方面，构成了社会的经济基础，表现为这个社会的经济制度。政治是经济的集中表现，统治阶级总是通过政治来维护自己的经济利益。生产力发展水平对教育的制约，总是通过一定的社会制度起作用。因此，政治、经济制度对教育具有直接的决定作用。

（一）社会政治经济制度决定教育的领导权

掌握生产资料是取得教育领导权的物质基础。一个阶级要真正拥有控制、支配教育的权力，不仅要掌握生产资料，还要取得政权，成为国家的统治阶级。只有政治上、经济上的统治者，才能成为教育上的统治者。只有掌握了教育的领导权，才能使教育根据统治阶级的利益要求，培养出本阶级所需要的人才。所以，统治阶级总是利用他们在政治、经济、思想方面的统治地位，千方百计地把教育的领导权掌握在自己的手中。在政治方面，统治阶级利用其政治上的权力通过国家所颁布的政策和法令，规定办学的宗旨和方针，并以强制手段监督执行，以及任免各级教育机构的领导人和学校教师，控制着教育的领导权。例如，我国古代奴隶社会的"学在官府"，就说明文化教育掌握在政府手中。我国自汉代以后历代封建王朝、封建政权通过选士制度，选拔佐治臣仆。既然入仕要通过选士，那么，无论是官学、私学，无形中都要服从选士的要求。欧洲封建社会的教育主要由教会控制，但政权和教会是合一的。资产阶级取得政权后，在中央集权制的国家有高度集中的教育行政组织。在一些地方分权制的国家里，则由地方政府直接管理学校，由中央政府通过一系列的立法来确保各地的教育方向。教育立法，是国家干预和管理教育的一种重要手段。它将教育政策具体化为法律条文，并赋予强制力量加以推行，以实现其国家管理教育的目的。在经济方面，统治阶级利用拨款和捐款的方法来控制学校、掌握教育的领导权。如我国宋代的书院、清代的私塾，或由封建地主阶级拨给学田作为办学基金，或由他们出资办学。这类学校当然是听从他们的领导。至于官学系统，由朝廷拨款兴办，领导权更是属于封建统治者。在资产阶级统治的国家里，资产阶级通过增拨补助教育经费的办法，实行其对学校教育的领导。在思想方面，统治阶级以其统治思想来影响和控制教育。教育是培养人才的，用什么样的思想去影响年轻一代，是教育的首要问题，学校教育必须坚定不移地向受教育者灌输统治阶级的政治、法律、道德等方面的思想观点，这在任何有阶级的社会都是如此。统治阶级还通过管理教科书的编定和各种读物的发行等，以保证思想上的领导地位。

（二）社会政治经济制度决定着受教育的权利

人们在何等的广度、深度上享受着教育的权利，是由这个社会的政治、经济制度决定的。在不同社会的政治、经济制度下，人们享受教育的权利是不同的。在原始社会的生产资料原始公有制下，没有阶级和剥削，所有的儿童都能受到同样的教育。在阶级社会里，由于各阶级在政治、经济上所处的地位不同，反映在受教育的权利上也是不平等的。比如，在奴隶社会，学校是专为奴隶主子弟开设的，接受教育是他们的特权，奴隶和庶民子弟受教育的权利则完全被剥夺了。在等级森严的封建社会，不但广大劳动人民的子弟被排斥在学校门外，就是统治阶级内部，由于其政治、经济上的等级不同，受教育的权利也有等级差别。在资本主义社会，由于生产技术的发展，资产阶级为了竞争、获得高额利润的需要，劳动人民的子弟获得了一定的受教育的机会。进入 20 世纪 60 年代以来，教育民主化、教育机会均等是西方国家喊得最响亮的口号，几乎被解释成是一切教育政策的出发点。教育民主化的核心是教育均等，不仅受教育的机会应当均等，成功的机会亦应均等，使一切智力上合格并希望接受高等教育的青年不会因为经济原因而得不到机会。并且，西方发达国家不少法律、规章和政策是在这一口号下制定的。为了有利于各阶层接受各级各类教育而扩建新的学校，延长义务教育年限，国家提供了助学金或低息学生贷款等。但是，不可否认的是，在没有解决资本主义最本质的问题，如消灭阶级差别、实现社会平等的前提下，教育民主化和教育机会均等是不可能完全变为现实的。在资本主义国家，劳动人民占人口总数的比例大，其子女上大学的人数占大学生总数的比例却较小；而资产阶级占人口总数的比例小，其子女上大学的人数占大学生总数的比例却很大。这说明，由于资本主义制度下各阶级之间在政治、经济上的不平等，当代资本主义教育所谓的人人平等，实际上从来没有也不可能真正实现。

（三）社会政治经济制度决定着教育目的的制定

教育的根本任务是培养人，但培养什么样的人，虽然受一定的生产力水平的制约，但最直接的却是由一定社会的政治、经济制度决定的。而教育目的则对教育培养什么样的人作出规定，它在整个教育体系中是最基本的决定因素，在教育中处于核心地位，是教育阶级属性的集中表现。不同社会、不同阶级由于各自追求的政治和经济利益不同，教育的目的也就不同。在阶级社会，教育的目的为统治阶级服务，具有鲜明的阶级性。例如，我国古代社会的"明人伦"、"学而优则仕"，就是要使受教育者"修己以治人"。统治阶级把教育当作实行他们"德治"、"仁政"的工具，把自己的子弟培养成统治劳动人民的官吏和士君子。欧洲封建社会通过教会学校培养对上帝虔诚、服从教权和政权、进行宗教活动的教士，通过宫廷教育把统治者的子弟培养成为勇武善战的骑士，以维护其统治阶级的地位。资本主义社会，其政治、经济制度决定了劳动人民的子女往往只能进入职业技术学校和条件较差的高等学校，毕业后成为"有用"的技术工人。资本家的子女则多是进入条件好的中学和高等学校，毕业后成为管理生产、从事政治活动和科学研究的高级专门人员。社会主义社会，生产资料以公有制为基础，人民成为国家的主人，所以我国的教育目的是培养德、智、体、美、劳等全面发展的建设者和接班人。可见，政治、经济制度决定着教育目的的制定，教育目的是随着社会政治、经济的发展变化而变化的。

三、文化对教育发展的制约

所谓文化，是一个很宽泛的概念。从广义上讲，文化是指人类在社会历史发展进程中创造出来的一切物质和精神财富的总和。从狭义上讲，是指以社会意识形态为主要内容的观念体系，包括哲学、科学、艺术、宗教、道德、法律、信仰和习俗等。我们在此讨论教育与文化的关系，主要是将文化概念界定为一个社会中的价值观、态度、信念、精神取向以及人们普遍持有的见解。这里的"教育"概念，主要是指狭义的教育，即有组织、有计划、有目的的学校教育。

（一）文化影响教育目的的确立

文化中的人才观的变化影响着教育。不同时代人才观不尽相同，同一时代的不同时期亦有不同的看法。不同的人才观要求不同的教育，因而人才观的变化自然会影响教育。如中国封建社会由于宣扬忠孝、师道尊严、崇拜权威，要求教育培养能为当时的统治阶级服务的没有主见、容易使唤的人，因而在教育方式上崇尚呆读死记、体罚，以压制个性的发展，把"三纲"、"五常"作为主要的生活规范；从人才的知识结构看，显得比较单一。隋以后把科举作为主要的选才手段，特别是明清时期，把学校变成了科举的附庸，所选人才的知识面也较窄，加以皇权思想的影响，用人权掌握在极少数人手里，而且他们又常常感情用事，这就严重地挫伤了才子、才女们的积极性。到了近代，人才观发生了变化，它首先冲破了封建社会用人的宗旨，提出了民主用人的主张。在人才的知识结构上，由于主张向国外一切有用的东西学习，主张"中学为体，西学为用"，改变了过去人们缺乏自然科学知识的局面，使社会科学和自然科学知识同时并重。解放后，特别是党的十一届三中全会以来，人们对传统的人才观进行了反思，提出了新的人才观，特别是对人才的组成结构和素质结构进行了新的探讨，提出了德、才、学、识、体的现代人才所应具有的基本要素，它体现了马克思主义关于人的全面发展学说的精神，符合社会发展的客观要求。中共中央关于教育体制改革的决定，进一步确定了人才的地位，扩大了人才的外延，指出"今后事情成败的一个重要关键在于人才"，要求造就数以千计万计的政治思想好、精通业务、身体健康、能适应当代科学文化发展和技术革命要求的各种人才。这一人才观的改变为教育提供了广阔的培养目标，这就改变了过去狭隘的人才培养标准。

（二）文化影响教育内容的选择

社会文化对教育影响最为直接也是最显而易见的方面，就是学校的教育内容，即学校的课程内容。当社会文化处于迅猛发展的时代，这个影响就表现得更加突出。如当前的社会文化，它以前所未有的速度发展，带来的必然结果是学校的课程内容越来越丰富。其表现在：一是增设计算机课程、信息课程、未来课程、环境课程等新的富有时代气息的新课程；二是删减课程中陈旧的、过时的、已显肤浅的课程内容，补充新的课程内容。此外，再从社会文化中的科学技术来看，由于科学技术在社会发展中的作用越来越大，使它在学校的课程内容中所占的比重也就逐渐地增加。同时，由于科学技术发展中的学科分化程度越来越高，学科的数量越来越多，且与社会生产、生活各部门的联系越来越密切。学校教育既要反映出学科的丰富多样性，又要顾及学生学习时间、精力的有限性，于是在学校课程中就有了必修课与选修课之分，在选修课中又分为任意选修课和限制选修课两种。在学科越加分化的同时，当代科学技术的发展也出现了综合化的趋势，于是在学校课程中就出现了综合课程。

（三）文化影响教学方法的使用

文化的传播必须借助于一定的物质手段，而教育过程就是根据一定物质设施来组织活动并传播文化的过程，因而传播文化的物质手段的变化所导致教学手段的改变必然影响着教育。从口头语言的产生、书面文字的出现、纸和印刷术的发明并用于生活，到电化教学手段的发明并引入课堂，传播文化的物质手段经历了四次大飞跃。每一次物质手段的出现都加速了教育发展的速度，标志着教育进入了更高的水平。如电化教学手段的发明并广泛用于教学，极大地促进了教育的发展。首先，它改变了直到 19 世纪末，世界课堂教学仍然沿用文艺复兴时期以前的传统方法，即教师在黑板前讲授，学生拿着课本听讲的局面，使教育可在家中、电影院、电视室中进行,使教育遍布生活的每个角落。其次,电化教学手段与传统教学相比,有了重大的进步。它不仅提高了教学的功能,而且丰富了人们对教学过程、教学内容、教学方法的认识。它大大促进了普及教育、终身教育、职业教育乃至整个教育结构的改革等等,大大提高了传播和学习知识技能的科学技术对教育的影响。使认识的主体——学生获得了更强有力的认识手段,不仅使眼、耳、手等感官得到了"延长",而且也使大脑得到了"延长"。同时使教学认识的间接性质更加突出,教学过程更加丰富多采、生动活泼。与此同时,电化教学本身也成为一门独立的学科,充实了教育的内容,更重要的是,"软件"的编制对课程、教材的编制有重要的启示。可见,传播文化的物质手段的变化影响着教育。

第二节　教育的社会功能

教育的社会功能,简言之,是指教育在社会发展过程中所起的功用和所具有的能量。有史以来,随着人类社会不断发展,教育的社会功能也在不断地发展和增多。现代教育的社会功能不外乎是经济功能、政治功能和文化功能,其他功能都是在这三个基本功能的基础上派生或分化出来的。

一、教育的经济功能

所谓经济,一般有两种不同的用法:一种是把经济看成是一定时期社会生产关系的总和或社会的经济制度;一种是把经济看成是社会物质资料的生产过程以及相应的产品交换、分配和消费。我们选择后一种用法。现代教育的经济功能具体表现为以下几个方面。

(一)教育可以为经济发展提供现实的劳动力

经济发展的状况如何取决于生产力水平的高低。生产力主要包括三个基本要素,即劳动力、劳动对象和劳动工具,其中劳动力是主要因素。因为有了先进的生产设备和充足的原料,而缺乏具有相应水平的劳动力,也不能形成强大的生产力。另外,生产设备的制造、生产原料的配备、自然界的改造等,也是劳动力作用的结果。由此看来,劳动力在生产力三个要素中具有举足轻重的决定性意义。劳动力是人们改造世界的能力,但不是任何人都可以成为现实的劳动力,只有那些具备相应的科学知识和劳动技能的人,才能成为现实的劳动力,也才能作为生产力的第一要素而存在。科学技术的发展水平越高,对劳动力的素质要求也越高。如何建设一支素质精良的劳动力大军呢? 回答很简单:只有依靠教育,特别是现代化大生产要求劳动者应成为"智能型"的劳动力的情况下,更要求其接受较高程度的教育,受到系统的专业训练。因为,正如马克思所言:"教育会生产劳动能力"。[①]

"教育会生产劳动能力"有三层涵义。一是教育能够把可能的劳动力转化为现实的劳动力。人来到世间,遗传素质只是为劳动者提供了"一般的天然才能",这种才能在没有发挥出来之前,只是一种可能的劳动力。要想使"天然才能"发挥出来,"他就得受训练和学习,也就是必须受教育"。[②]至于作为劳动力构成要素的体力和智力,则完全要靠教育的训练和培养才能形成。可见,教育是可能的劳动力转化为现实的劳动力的重要手段。二是教育能够使劳动力"改变形态",即教育可以改变生产劳动过程中体力劳动和脑力劳动的比例关系,极大地增加脑力

---

①② 马克思恩格斯全集(第26卷)[M].北京:人民出版社,1972:210.

劳动的比重,使生产劳动过程智能化。三是能够将"简单的"、"低级的"劳动力加工成"专门的"、"发达的"劳动力。现代生产中,虽然还需要一定的经验手艺型的简单劳动力,但它不再是生产发展的主体力量。要把经验手艺型的简单劳动力加工转化成科学知识型的发达劳动力,非通过教育和训练不可。马克思说得好,"要改变一般的人的本性,使它获得一定劳动部门的技能和技巧,成为发达的和专门的劳动力,就要有一定的教育和训练"。[①]

(二) 教育可以促进科学技术的"物化"

社会发展的历史充分证明,生产越发展,对科学技术的依赖性就越大。尤其是现代社会,科学技术越来越成为生产发展的关键性因素,正如邓小平所说:"科学技术是第一生产力"。尽管科学技术已经成为"第一生产力",然而,科学技术自身是作为知识形态而存在的,说到底它仅仅是一种潜在的、间接的、精神性的生产力,并不能对生产的发展起到任何有意义的、实质性的作用,只有把它应用于生产过程并使其发挥应有的作用时,才算是显性的、直接的、物质性的生产力。由此看来,科学技术这种潜在的、间接的、精神性的生产力,要成为显性的、直接的、物质性的生产力,必须有一个"物化"、"转化"的过程。即通过劳动者应用科学技术去开辟新的领域,开发新的材料,形成新设备、新工艺、新产品,产生生产的高效益。显然,这个"物化"、"转化"的唯一途径是教育。即通过教育把知识形态的间接生产力转化为物质形态的直接生产力,促进科学技术在生产过程中的应用,从而使科学技术在经济发展中成为一种巨大的物质力量。经济要发展,科技是关键,而教育是基础,这是被现代生产过程所证明了的一条真理。

(三) 教育可以促进科学技术的创新

科学技术的强大力量不仅表现为它对经济发展的巨大的现实作用力,还表现为它自身的不断创新而对经济发展的先导作用力。科学技术的"物化"和应用离不开教育,科学技术的创新则更离不开教育。

从科学技术自身的特点来看,科学技术自身的显著特点之一是它具有历史继承性,正是这一特点的存在,人类才能够把已有的科学技术继承下来,使科学技术由低级向高级一步步地积累和发展起来,否则人类的科学技术就不可能发展到今天的高水平上。然而,科学技术的继承和积累不是自发完成的,而是通过一定的手段使已经创建的科学技术为新一代所继承和掌握,且一代一代地传下去,这个手段就是教育。通过教育使人类掌握了已有的科学技术并为其进一步发展奠定了基础。因为不掌握已有的科学技术成果,人类就不可能去探求科学技术的未知领域,也就不可能使科学技术不断地更新和发展。从这个意义上来说,教育是科学技术创新的基础和前提条件;从学校教育的教学功能来看,学校教育的教学功能是多方面的,仅就其对科学技术创新的角度来说,一是传递功能,二是发展功能。从传递功能上看,一方面,教育通过对科学技术的教学传递过程,使掌握科学技术的人越来越多,科学技术得以在更大的范围内推广和应用,这是科学技术的扩大再生产;另一方面,教育通过有效的形式、途径和方法,大大缩短了科学技术生产和再生产所花费的必要劳动时间,这也是科学技术的扩大再生产。正如马克思所说:"再生产科学所需要的必要劳动时间,同最初生产科学所需要的时间是无法相比的,例如学生一个小时内就能学会二项式定理。"从发展功能上来看,学校通过教学活动能够有效地发展受教育者的智力和培养其创造能力,从而使他们能够不断地开拓新的科学领域、产生新的科研成果,在科学技术的创新上作出贡献;从高等学校的任务来看,高等学校作为学校的最高层次,有教学、科研和科技开发三大基本任务,其教学对科学技术创新的作用无须赘述。从

---

① 马克思恩格斯全集(第23卷)[M].北京:人民出版社,1972:53.

科研方面来说,高等学校因为其科研力量雄厚,学科领域齐全,科研设备集中,科研后备队伍强大等,这一系列优势条件决定了高等学校必然成为国家的科研主力军,事实上,高等学校确实承担并完成了国家大部分的科研任务。从科技开发方面来说,高等学校将科技新成果开发出来,推广出去,应用于社会的生产过程,使科学技术发挥出应有的作用,这是科学技术创新的最高形式。

总之,随着社会的不新进步和发展,教育的经济功能将越来越大。当代世界各国都把发展教育看做是"民富国强"的根本措施,并达成共识:"经济的竞争,实际上是科学技术的竞争,而科学技术的竞争则表现为教育的竞争"。

二、教育的政治功能

所谓政治,就是在一定的历史时期,政党或国家为实现经济奋斗目标而采取的政策和活动方式。据此可以看出,政治随着政党或国家的经济奋斗目标的变化而不断改变自己的活动方式。经济在不同的历史时期有着不同的奋斗目标,这就决定着政治有不同的活动方式。概括起来政治有四个方面的涵义,即政治就是阶级斗争,政治就是从事国家的经济建设,政治就是人民群众参与对国家事务的监督和管理活动,政治就是开展思想领域的斗争。教育的政治功能,也相应地表现为以下几个方面。

(一) 教育为社会政治经济制度培养所需要的人才

自古以来,任何一个政治、经济制度的巩固,必须有一定的政治人才作支柱,而各个阶级的政治人才,在很大程度上是通过教育培养的。教育通过培养政治人才为一定阶级的政治、经济制度服务,这是教育政治功能的最高表现。

古代社会,国家最高统治者和主要官员是依赖世袭和等级选定的,但统治阶级也十分重视使自己的子弟掌握统治之术,这种统治之术是通过教育进行培养的。例如,两千多年前的孔子及其弟子就把学习称为"学干禄",从而提出"学而优则仕"的主张。我国学校教育兴盛的东汉,其最高学府"太学",在进退百官、议论朝政方面享有极大的权威,成为一种很强大的政治势力。正如颜元所说:"人才为政事之本,而学校尤为人才之本也。"[①]近代社会以后,随着科学文化和民主制度的深入发展,政治、经济制度日趋复杂化,国家统治上需要的人才必须具有较高的科学文化水平和领导才干,这就更有赖于学校教育对人才的培养。特别是 20 世纪 50 年代以来,科学技术向社会各部门渗透,领导和管理工作更显得复杂和重要,通过系统教育的方式培养国家官员尤其是高级官员的趋势更加明显和加强,使得世界上出现了一种"专家政治"的新潮流,即大批专家学者进入国家领导集团,掌管国家的各级领导权。这种"专家政治"新潮流的出现,使很多国家更加重视通过学校教育来培养他们的政治人才。例如,美国现有 600 多所管理院校和学科专门培养政府官员和管理者;土耳其政府明文规定任命高级行政机构职务的先决条件是上过大学,尤其是上过政治学院或法律学院。

在我国的新民主主义革命时期,为取得革命的胜利,我党提出了"干部教育第一"的口号。新中国成立初期,由于历史的原因,各级领导干部主要是从实际工作者中选拔出来后送入学校培训。在当前新的形势下,我党也越来越深刻地认识到,依靠在实践中自然成长的方式来选拔领导干部,已经不能满足社会主义现代化建设的要求。为了适应社会主义现代化建设的需要,

---

① 顾树森.中国古代教育家语录类编(下册)[M].上海:上海教育出版社,1983:287.

我党明确提出了干部"四化"的标准,并明文规定:今后吸收脱产干部,应当十分注意文化程度和专业程度,我党一方面通过各级党校、管理干部院校、军事院校等培养新的领导干部,另一方面通过各类教育机构培训在职的领导干部,这些充分反映了教育在新的形势下更担负着向国家各级机构和部门输送政治人才的重大任务。

(二) 教育可以促进国家的政治民主

一个国家的人民群众参与对国家事务的监督和管理的程度,能反映出这个国家政治民主的程度。而一个国家的政治是民主还是专制、是法治还是人治,虽然是由该国的政体所决定的,但与国民的文化水平及国民教育事业发展的程度却有着十分密切的联系。一般说来,国民教育普及的程度越高,国民的文化水平越高,参与意识就越强,就越能促进国家的政治民主。否则,独裁专制、官僚主义、偶像崇拜的政治制度就很容易推行。

首先,教育为国家的政治民主奠定群众基础。政治民主的先决条件是国民的文化教育水平达到一定的程度,而这个条件的具备必须依靠教育。只有通过教育,才能使国民提高文化水平,增强公民意识,识别政治措施的好坏,认识到政治民主的价值,推崇政治民主的措施,从而在社会政治生活中发挥自己的作用,推动国家的政治民主化进程。列宁说得好:"文盲是站在政治之外的,必须先教他们识字,不识字就不能有政治,不识字就只能有流言蜚语、传闻偏见,而没有政治。"[①]历史的事实证明了这一点:封建社会,由于广大人民群众处于知识上的愚昧状态,他们不可能识破"皇权神授"、"富贵在天"等欺骗人的说教,因而封建统治者的专制制度就很容易推行。资本主义社会,资产阶级极力标榜所谓"民主"、"自由",并非他们要真心实意地推行政治民主,而是因为国民的文化教育水平普遍提高并强烈要求履行自己的民主权利,迫使资产阶级不得不提出一些虚伪的口号来装点门面、欺骗百姓。社会主义国家是人民群众当家做主的,推行国家的政治民主是社会主义制度自身的要求,但政治民主的实现是一个渐进的过程。尤其我国,由于历史的原因,国民的文化水平普遍较低,提高全民族的文化素养是一项长期而艰巨的任务,所以政治民主制度的完善不可能一蹴而就。党和国家下大力气抓普及教育以提高整个中华民族的文化素养,除了经济建设的迫切需要外,也是社会主义政治民主的需要;其次,教育为国家的政治民主提供人才基础。一个国家要想推行政治民主,除了具有广泛的群众基础,还必须有一定数量和质量的专门人才队伍,否则政治民主难以推行,而专门人才队伍的培养则更依赖教育。也就是说,通过教育培养各级法院、检察院等机构的专门人才队伍,靠他们去制定、执行国家的法律、法规,推行民主与法制,才能保证政治民主的顺利进行。目前,我国在推行政治民主的进程中,专门人才不足,现有的人才队伍素质也偏低,这是推行社会主义民主与法制的一大困难,解决这个难题非通过教育不可。即一方面培训现职的政治民主队伍的专门人员使其水平和能力提高,另一方面培养一大批专门人才去充实政治民主建设的专门队伍。只有这样才能使我国的社会主义政治民主逐步发展和完善起来。

(三) 教育传播一定社会的思想意识形态,促进受教育者的"政治社会化"

在阶级社会,人们对社会政治的任何一种活动和变化,都会用自己心目中的一套政治标准体系加以衡量,进而加以褒贬,然后决定自己采取何种态度和行为。许多西方学者把这种具有某种思想意识形态的过程称为"政治社会化"的过程。教育的政治功能之一正是在于向受教育者传播一定社会的思想意识形态,使受教育者形成适应和维护一定社会政治制度的思想意识和行为方式。有史以来任何阶级的教育总是要向受教育者灌输本阶级的政治思想意识体系,

① 列宁全集(第33卷)[M].北京:人民出版社,1972:59.

形成一定的世界观、阶级意识、道德和行为品质。例如,资本主义社会的教育,竭力向受教育者灌输资产阶级的思想意识,以完成受教育者的资本主义政治社会化过程;而社会主义社会的教育,则要向受教育者灌输社会主义的思想意识,以完成受教育者的社会主义政治社会化过程。受教育者的政治社会化过程一旦完成,就会在思想和行动上去自觉维护一定社会的经济、政治关系。为什么人们对同样一个事物或活动会有截然不同的思想意识和行为方式呢? 正是由于人们受过不同的教育而完成了不同的政治社会化过程。例如,受资产阶级教育而完成资本主义政治社会化过程的人,会把极端个人主义的思想和行为看作是天经地义的,而受无产阶级教育而完成社会主义政治社会化过程的人,则把集体利益看得高于一切,反对个人利己主义的思想和行为。当然,完成人们的政治社会化过程,并不是仅仅依靠学校教育,还必须要利用其他各种途径进行工作,但学校教育在完成人的政治社会化过程中则起着主导作用。

首先,学校教育所灌输的思想意识具有理论化和系统化的特点,社会的其他途径尽管能在一定程度上影响受教育者的思想意识,却远没有学校教育的作用大。而且,学校教育对社会的其他途径还具有指导、协调的作用。其次,学校教育在制造舆论、宣传思想上起着特殊的作用。因为学校是青少年和知识分子最集中的场所,他们思维敏捷,思想活跃,有独立见解且勇于发表自己的观点。通过学校教育者和受教育者的活动,宣传一定的思想,造成一定的舆论,借以影响群众、武装群众,这对于一定社会的风俗习惯、精神面貌、政治思想等都能产生巨大的影响。而这种影响,在一定社会的政治安定和政权巩固中有着不可估量的作用。因此,任何统治阶级无不十分重视掌握和利用学校这个舆论阵地。通过学校教育完成受教育者的政治社会化过程,采取的主要形式是: 首先,设立必修的思想品德课,以系统地形成受教育者的世界观基础;其次,将统治阶级的政治思想意识贯穿于教学过程的各个环节,以影响学生世界观和方法论的形成;再次,组织学生参加一定的社会活动,使其在实践活动中不断进行思想意识的调整和改造,形成统治阶级所要求的思想意识和行为习惯。

以上三个方面充分说明了教育的巨大政治功能。但是,我们也必须清醒地认识到,教育的政治功能无论多大,都始终不能对社会政治、经济制度的变革起决定的作用。这是因为,首先,教育为一定的政治、经济制度所决定,它只能在一定的政治、经济制度所规定的轨迹上发挥作用,不可能改变政治、经济制度发展的方向。所以,在一定的政治、经济制度发生根本变革之前,试图从教育入手推翻旧的社会制度的"教育救国论"是行不通的。其次,生产力与生产关系的矛盾运动是社会发展的根本动力,教育对社会基本矛盾运动的进程,只能起到加速或延缓的作用,它不能成为社会发展的根本动力。新中国成立前,国民党统治下的学校教育采取种种措施,严禁革命思想的宣传和残酷迫害革命的师生,虽然在一定程度上阻碍了革命的发展,但终究挽救不了国民党统治覆灭的命运。

三、教育的文化功能

教育作为社会文化的主体成分,它一方面受社会文化的影响,另一方面又根据自身的内在规律,发挥自身特有的功能,积极能动地反作用于社会文化。

(一) 教育具有传递和保存文化的功能

传递与保存文化,是教育最基本的文化功能。文化的传递,是指文化在时间上的传承和延续,通过教育将前人所积累的社会生产、生活的知识、经验,有计划地传递给下一代。正是由于教育活动,人类的文化才得以世代相传。教育传递着文化,它使人类能迅捷、经济、高效地占有前人所创造的精神文化财富的精华,成长为具有摄取、鉴赏、创造文化能力的"文化人"。与此同时，教育将人类的精神文化财富内化为个体的精神财富，这样，人类的精神财富便找到了最安全且具有再生功能的"保险库"，教育也就具有了保存文化的功能。

（二）教育具有传播和交流文化的功能

文化的传播，一般指某一社会文化共同体的文化向另一社会文化共同体的传输过程，是单向的。而文化的交流，则是两个或两个以上文化共同体的文化相互传播，是双向的或多向的。文化的交流，对于双方都是自我超越的过程，都是向自身灌注生命力和新鲜血液的过程。教育作为传播、交流文化的重要手段和途径，同时也就丰富、发展了文化。

教育对文化的传播，使人们学会更好地进行交流，并从人与人之间的交流中相互吸取益处。在文化交流与教育发展之间，必然存在着一种相互补充的关系。不同国家、民族在长期的实践过程中因不同的历史和传统积淀了不同的文化精华，由此形成了民族文化差异。所以，国际性的文化交流使各个民族文化之间相互补充，使得各民族文化精华汇合、交融起来，逐渐形成全人类的共同文化财富，这是民族文化融入全球文明的过程。与此同时，各个国家、民族在文化全球化的过程中，通过享用作为人类共同财富的文化，加上自己特有的理解和消化，又形成了具有个性的民族文化，这是全球文明转变为民族文化的过程。

（三）教育创造和更新文化的功能

不断地创造和更新，是文化的生命力的体现。任何文化，只有不断推陈出新，才能源远流长、生生不息，才能充满活力，历久弥新、发展壮大。文化可以分为物质文化、制度文化和精神文化三个层面，它们分别构成文化的表层、中层和深层结构，文化诸层面的创造和更新，与教育密不可分，而尤以对深层结构的影响为甚。前两个文化层面的创造和更新，如果不伴以必须由教育而形成的人的精神文化，即人的心理素质及各种观念的创造和更新，就只能是一个发育不全的畸胎，前两个层面的发展也必不能持久。

一个国家和民族保持其民族传统文化，并通过文化创造和更新赋予其鲜明的时代特征，不仅关系到国家文化的生存与发展，还关系到国家的前途和命运。而教育系统汇集着人类的文化精英，是各种思想文化交汇的前沿阵地，具备文化批判精神和引导社会文化进步的能力，在创造和更新文化、促使文化变迁上，有其独特的优势。教育通过培养和造就大批具有创新意识和创新能力的高素质人才，对国家和民族文化的创新与发展具有重要作用。

此外，教育还具有科技功能、人口功能与生态功能等。

第三节　教育的相对独立性

一般说来，教育为一定社会的生产力发展水平所制约，为一定社会的政治、经济制度所决定，为一定社会的文化所影响。但是，教育又常显示出其自身所特有的形式和发展轨迹。这是因为，作为教育活动主体的教育者和受教育者是人，而人的显著特点是具有自主性、能动性和创造性等，这些特点决定了人的独立性，从而也决定了教育的独立性。所以，教育在遵循社会发展规律的同时，也必然有其自身运动的内在规律，即具有相对的独立性。这种相对独立性主要表现在下列几个方面。

一、教育自身的历史继承性

教育自产生之日起，作为一种社会现象，就有了自己独立的发展道路。它和其他社会现象一样，在其历史的发展过程中必然从各个方面吸收和利用以往历史阶段的教育成果和经验。

不仅教育的思想、制度、内容和方法等各个方面,反映着一定社会的生产力发展水平和政治、经济制度的要求,而且与教育发展的历史沿革有着渊源的关系,都带有自己发展历程中的烙印。这就是教育自身的历史继承性。

教育是培养人的一种社会实践活动,其根本任务是把人类积累的生产斗争经验和社会生活知识转化为受教育者个体的精神财富,形成受教育者的个性。实现这一转化,教育要遵循自身活动的规律。随着人类教育活动的延续,人们对教育规律的认识由简单到复杂、由低级到高级,越来越丰富、越来越深入。如在教育教学的原则和方法上,强调启发诱导、因材施教、自学自得、循序渐进、取长补短、言行一致;在师生关系上,注重尊师爱生、教学相长;提倡教书育人、论学取友、身教重于言教等。这些具有规律性的认识是在其历史进程中逐步形成、发展和丰富起来的世代相传的教育珍品,是人类社会共同的财富,不会因生产力发展水平的变化和政治、经济制度的改变而被否定,具有一定的连续性。因此,任何一个历史时期的教育,都是在以前教育遗产的基础上发展起来的。社会主义社会的建立,社会性质变了,社会的经济基础和政治制度变了,教育的性质和目的也会随之改变,并不是教育的所有方面都要改变。无产阶级要有明确的科学态度对待教育历史遗产,弃其糟粕,取其精华,批判地继承,并在此基础上发展社会主义的教育事业。正是因为教育具有历史继承性,在同样的生产力发展水平和政治、经济制度的国度里,有着不同的教育特点,不同民族的教育具有不同的传统和特点。比如,同样是奴隶社会下的教育,古希腊和古罗马较为重视知识教育,我国则较为重视道德教育,前者培养哲人,后者培养贤人。

认识到教育的历史继承性,我们在考察和研究教育问题时,就不能仅仅依据社会生产力发展水平和政治、经济制度来说明。否则,必然导致对教育发展规律的简单化、片面化和机械化理解。当然,一个时代的教育从以往时代的教育中继承些什么、舍弃些什么,归根结底还要由当代社会的生产力发展水平和政治、经济制度的需要所制约、决定。因此,也不能把教育自身的历史继承性夸大到不适当的地步。

二、教育与社会发展的不平衡性

教育受一定社会的生产力发展水平和政治、经济制度所制约、决定,但与社会生产力发展水平和政治、经济制度的改变,并非完全同步,具有与社会发展的不平衡性。

(一) 就教育与社会生产力的关系来看

教育发展要受生产力发展水平的制约,但与生产力发展又不完全同步。这有两种情况:一种是,由于教育内容相对稳定和生产力与科学技术日新月异的矛盾,使得教育内容不可能随时把科学技术新成果都反映出来,它总是滞后于生产力与科学技术的发展水平;另一种是,由于教育是面向未来的事业,人们可以在科学预测的基础上,展示科技发展的未来要求,并将其反映在教育内容中,使部分教育内容具有超前性。

(二) 就教育与社会政治、经济制度的关系来看

教育是由一定社会的政治、经济制度所决定,但教育同现存的政治、经济制度也不是完全一致的。这也有两种情况:一种是,由于人们的思想意识往往落后于社会存在,教育的有些部分也往往落后于政治、经济制度的存在,当旧的制度被消灭之后,建立在其基础上的旧教育不会立即随之消亡,总是还要继续存留下来甚至残存一个相当长的历史时期,如社会主义制度条件下,还存着许多旧社会的教育思想,甚至教育内容。另一种是,由于人们能够根据社会发展的趋势去认识、把握社会发展的规律,预见教育发展的未来,在旧的制度条件下,也可能产生

某些超越当时社会制度的新的教育思想和主张,如在资本主义制度条件下,就产生了社会主义教育指导思想的马克思主义教育思想。

认识到教育与生产力发展水平和政治、经济制度的不平衡性,就要不断地去改革教育中那些陈旧的、过时的、不合时宜的东西,以促进教育和社会的发展。但教育改革的手段和方法并不完全相同。它不能采取经济上的完全剥夺的手段,也不能采取政治上的彻底打碎的办法,而是要通过细致的思想改造工作,谨慎地、有步骤地进行教育改革。

三、教育与其他社会意识形式的平行性

教育作为社会意识形态中的一种意识形式,与社会意识形态中的其他意识形式,如政治思想、哲学观念、伦理道德、宗教、文学、艺术等,有着密切的联系,这种联系不是决定与被决定的关系,而是相互影响的平行性关系。

(一)其他社会意识形式对教育的影响

其他社会意识形式对教育的影响,主要通过两个方面表现出来。一是对教育思想、理论产生影响,特别是政治思想、哲学观念直接而深刻地影响着教育思想和教育的理论体系。如中国古代的孟子和荀子,各从其哲学观点"性善论"和"性恶论"出发来阐明自己的教育思想和主张。二是对教育内容产生影响。可以说,社会意识形态中的各种形式都会在教育内容中得到反映,各种意识形式的每一个变化都会引起教育内容的变化,教育内容不能离开社会的政治思想、哲学观念、伦理道德、宗教、文学、艺术等而存在。

(二)教育对其他社会意识形式的影响

教育对其他社会意识形式的影响,也主要通过两个方面表现出来。一是其他各种社会意识形式的传播离不开教育。可以说,教育是传播其他各种社会意识形式的重要手段,是它们赖以存在、延续和发展的基础。二是其他各种社会意识形式的内容在教育的条件下而不断丰富。可以说,没有教育,其他各种社会意识形式的内容就不会随着社会的发展而不断地充实、丰富和提高水平。

认识到教育与其他社会意识形式之间相互影响、相互补充、相互促进、共同提高的平行性关系,要求我们从教育与其他社会意识形式都是各自相对独立而存在的情况出发,正确处理好它们之间的关系,既不能割裂,又不能相互代替。

四、教育在一定的条件下对经济发展起决定作用

经济发展制约教育发展,这是毋庸置疑的,但绝不能机械化地理解二者之间的关系。因为教育对经济发展具有巨大的反作用,并且在一定的条件下对经济发展起决定作用,这是对教育与经济发展之间关系的辩证唯物主义理解。

毛泽东曾经指出:"生产力、实践、经济基础,一般表现为主要的决定作用,谁不承认这一点,谁就不是唯物论者。然而,生产关系、理论、上层建筑这些方面,在一定条件之下,又转过来表现其为主要的决定的作用,这也是必须承认的。当不变更生产关系,生产力就不能发展的时候,生产关系的变更就起了主要的决定作用。……当政治文化等等上层建筑阻碍着经济基础的发展的时候,对于政治上和文化上的革新就成为主要的决定的东西了"。[①] 同理,经济发展对

---

① 毛泽东选集(合订本)[M].北京:人民出版社,1967:300.

教育发展总的来说起制约甚至是决定作用,但当教育成为阻碍经济发展的力量,不革新教育经济就不能很好地发展的时候,革新和发展教育对经济发展就成为主要的起决定性作用的方面。"这不是违反唯物论,正是避免了机械唯物论,坚持了辩证唯物论"。[①] 我国"十年文革"以后,千疮百孔,百业待兴,从哪里着手来解决经济发展问题呢? 邓小平高瞻远瞩,以战略家的眼光主张从抓教育着手,从而使我国经济能够飞跃地发展。这就充分地说明,教育在一定的条件下对经济发展起决定作用。

综上所述,教育具有独立性。但教育的这种独立性不是绝对的,而是相对的。不承认教育的相对独立性是错误的,无条件地夸大教育的相对独立性也是错误的。

理解·反思·探究

1. 简述社会生产力发展水平、社会政治经济制度、社会文化分别对教育的影响。
2. 论述教育的经济功能、政治功能和文化功能。
3. 说明教育的相对独立性及其表现。
4. 怎样在我国社会主义现代化建设中发挥教育的作用?

拓展阅读导航

1.《社会心理学》,章志光主编,人民教育出版社,1996 年版。
2.《社会、社会化与社会主义》,司汉武,延安大学学报(社会科学版)第 23 卷第 3 期。
3.《社会心理学》,沙莲香主编,中国人民大学出版社,1992 年版。
4.《教育与经济关系的时代转换及其现实意义》,吴安春、朱小曼,徐州大学学报(哲学社会科学版)2000 年第 3 期。
5.《论教育与经济的互动性》,翟英,长春大学学报 2001 年第 5 期。
6.《文化与教育:两者关系的探讨》,郑金洲,上饶师专学报 1996 年第 1 期。

参考文献

1. 金一鸣.教育原理[M].安徽教育出版社,1995 年。
2. 陈桂生.教育原理[M].华东师范大学出版社,2000 年。
3. 叶澜.教育概论[M].人民教育出版社,1999 年。
4. 袁振国.当代教育学[M].教育科学出版社,2004 年。
5. 厉以贤.现代教育原理[M].北京师范大学出版社,1998 年。

---

① 毛泽东选集(合订本)[M].北京:人民出版社,1967:301.

第三章　教育与个体的发展

【内容摘要】

　　作为个体的人,他的发展的内容包括生理发展、心理发展和社会适应发展三方面。个体在发展过程中,会受到来自遗传、环境、教育和个体实践等多种因素的影响。教育是培养人的社会实践活动,教育的作用就在于通过影响个体的身心发展,促进个体的身心和谐发展。因此,厘清教育对个体发展的作用,正确处理教育与个体发展的关系,是做好教育工作的重要保证。

【学习目标】

　　本章要求掌握个体的发展的基本内涵,深刻理解教育与个性发展的关系,理性认识教育对人的发展的重要价值,能够辩证地认识遗传、环境、教育和个体实践等与人的发展的关系。

第一节　个体的发展概述

一、个体发展的概念

(一) 个体身心发展的一般意义

　　个体身心发展是指作为复杂整体的个人在从生命开始到生命结束的全部人生中不断发生的身心两方面的变化过程,它是个体的潜在素质变成现实特征的过程。这里的"身"指的是人的自然、有机体的构成,包括身体各部分的结构、功能以及整体的结构与功能。"心"指的是人的全部心理构成,包括人的认识能力、情感因素、意志品质、构成人的行为动力因素的需要和动机、心理活动的综合外显方式、人的行为和构成个体整体特征与倾向的个体结构。个体的身体发展和心理发展是不可分割的统一体。可见,个体身心发展主要是指个体的身心特点向积极的方面变化,它是人的各方面的潜在力量不断转化为现实个性的过程。

(二) 人的身心发展的特殊性

　　第一,人的发展具有社会性。人是社会的人,人是在社会环境中发展的。在社会环境中,不仅存在着与每个个体有不同性质、不同联系程度的各类群体,而且还存在着人的创造物和各种创造性工具。个体的人只有参与社会实践,才能生存与发展。认识人的身心发展的社会实践性,可以使我们不仅重视学校教育的重要任务是促进人的社会化,重视学校教育活动的社会意义,加强学校与社会实践的联系,而且重视每个学生社会实践活动的质量。

　　第二,人的发展具有能动性。人具有认识和改造外部世界的能力,这已经使人超越动物界,人还有认识和改造自己的能力,人具有自我意识,发展到一定阶段的人,具有规划自己的未来和为未来的发展创造条件的能力。人的能动性能否较好地发挥,是一个人的发展能否达到较高水平的重要因素。对人的潜在能力的充分信任,对社会实践在人的发展中重要作用的高度重视,以及对发展主体自我意识在人的发展中的价值的清醒认识,是学校教育个体发展功能正常发挥的重要认识前提,也是我们教师在教育活动中促进学生发展的基本要求。

二、个体身心发展的规律与教育

教育的对象是人,而且主要是正在成长的年轻一代。为了保证一定的社会对教育的要求能够顺利地实现,有效地促进年轻一代身心健康的成长和发展,还必须从年轻一代的身心实际出发,适应他们的身心发展规律。个体的身心发展遵循着某些共同的规律,这些规律制约着我们的教育工作。遵循这些规律,利用这些规律,可以使教育工作取得较好的效果,反之,则可能事倍功半,甚至伤害学生。

(一)教育要适应个体身心发展的顺序性

人的身心发展是具有一定顺序的,是一个由低级到高级、由简单到复杂、由量变到质变的连续不断的发展过程。个体身心发展的个别过程和特点的出现也具有一定的顺序,既不会逾越,也不会逆向发展。

生理的发展是沿着从头部向下肢和从中心部位向全身的边缘方向进行的。个体动作的发展也是遵循着自上而下、由躯体中心向外围、从粗动作向细动作发展的规律。例如,孩子先学会的是转头,然后是翻身、坐和爬,之后才学会站立、行走、跑跳等动作;先发展的是头和躯干的身体中部的动作,然后才是双臂、腿部四肢的动作;孩子先学会腿和手臂的大肌肉的运动幅度较大的动作,然后是画画、写字等精细动作。

心理的发展也是循序渐进的。如从机械识记到意义识记的记忆发展,从具体形象到抽象逻辑的思维发展,从喜、怒、哀、乐等一般情感到道德感、理智感等高级情感的情感发展,它们都遵循着从简单到复杂、从低级到高级的发展规律。

个体身心发展规律的顺序性,要求教育必须尊重个体身心发展的先后顺序,教育工作必须遵循循序渐进的原则,施以相应的教育,做到由浅入深、由易到难、由简到繁、由低级到高级、由具体到抽象,一般不可"陵节而施",否则就会出现教育的异化,造成教育的负效应。例如,早期教育的问题,早期教育并不是越早越好,早期教育的意义在于为个体以后的全面发展提供多方面的基础。所以,不能过于夸大早期教育的目的和作用。但这并不意味着教育应该跟在学生发展的后面缓慢地进行。维果茨基的"最近发展区"理论指出,"教育不应当以儿童发展的昨天,而应当以儿童发展的明天作为方向","教学必须走在发展的前面,促进学生的发展,这样的教学才是好的教学"。[①] 以学生的发展为本,教育要走在学生现有发展水平的前面,引导现有的发展水平前进。

(二)教育要适应个体身心发展的阶段性

个体身心发展的阶段性,表现为不同年龄阶段的个体具有不同的年龄特征,即在发展的不同年龄阶段中形成稳定的、典型的和共同本质的特征。

儿童从出生到青少年的发展一般分为六个阶段:出生到1周岁为乳儿期;1~3岁为婴儿期;3~5、6岁为幼儿期;6、7~11、12岁为童年期;11、12~14、15岁为少年期;14、15~17、18岁为青年初期。这六个阶段既有联系又有区别。它们的联系性表现为,一方面前一个阶段是后一个阶段的基础。个体的身心发展是按照一定的顺序展开的,不可逆向发展,这样一来,只有经历了前一个阶段的发展才可能进入下一个阶段。比如,只有经过了童年期的发展才能进入

---

① 田本娜.外国教学思想史[M].北京:人民教育出版社,1994:512.

少年期,没有哪个儿童是直接从幼儿期跨越到少年期的。另一方面,相邻的两个阶段并无截然清晰的界限。每个阶段的发展都需要一定的时间,并表现为量的变化,当量变达到一定程度时产生质变,前后不同的两个阶段并不能明确地划分,并不能判定十一二岁的孩子就一定是童年或少年,也并不能说哪个学生今天还是童年,明天就是少年。所以,前一个阶段的后期和后一个阶段的前期的界限非常模糊。六个阶段的区别在于每个阶段在个体身心发展水平上有本质性的差异。例如,童年期孩子思维特征是以具体形象思维为主;情绪的特征是比较外露的、易激动的,"破涕为笑"是常有的事。而少年期则不一样,他们的抽象思维已有很大的发展,但经常需要具体的感性经验支持;情绪的特征是比较强烈的、易冲动的,对情感的体验开始向深与细的方向发展,但很脆弱。青年初期的学生以抽象思维为主,能够进行理论的推断,具有一定的批判性和创造性;情绪的特征是比较细腻和丰富,也比较深刻、稳定,同时如道德感和理智感这类高尚的情感在他们的情感生活中已占据重要位置。

个体身心发展的阶段性决定了教育工作必须根据不同年龄阶段的特点分阶段地进行。在确定教育目标要求、组织教育内容和采用教育方法时都必须从个体身心发展的规律出发,根据学习者身心发展的不同阶段表现出的特点开展教育和教学工作,绝不能"一刀切"、"一锅煮"。既不能把小学生当中学生看待,也不能把初中生和高中生混为一谈。

同时还应该看到,个体发展的每一个阶段又是相互联系的,前后相邻的阶段按照一定顺序有规律地过渡。因此,每一阶段是相互衔接、不能截然分开的。教育工作也要考虑到这种衔接性和过渡性,做好幼儿园与小学的衔接、小学与初中的衔接等工作。

(三) 教育要适应个体身心发展的不均衡性

个体身心发展并不是按相同的速度直线发展的,发展的速度、成熟水平是不均衡的。这种不均衡性,从总体发展来看,主要表现在两个方面。一方面,人的身心的同一方面的发展,在不同的年龄阶段,发展速度和水平是不均衡的。例如,个体身高体重的增长,在人的成长中有两个加速发展期。第一个加速发展期是出现在婴儿期(从出生时的 50 cm 左右增长到 75 cm 左右),第二个加速发展期则在青春发育期。在这两个时期,个体身高体重的发展较之其他年龄阶段要迅速得多。另一方面,个体在不同的年龄阶段不同方面的发展具有不均衡性。有些方面的发展在较早年龄阶段就已经达到较高的发展水平,有些方面则要到较晚的年龄阶段才能达到较为成熟的水平。例如,感知觉是认识的低级阶段,儿童的感知觉的发展比高级形式的判断、推理等逻辑思维能力的发展要早许多。再如,身心两方面的发展也是不同步的。人的生理成熟以性机能成熟为标志,男性一般比女性的性成熟晚 2～3 年,由于食物营养和社会文化的影响,现代社会人的生理成熟提前了。心理上的成熟则以独立思考能力、较稳定的自我意识和个性的形成为标志。由于社会发展对个体要求的逐步提高,学习年限的延长,独立生活和工作的期限推后,这使人的心理成熟也向后推移。这样一来,身心发展的不平衡性表现更为突出。

认识个体发展的不均衡性,有助于我们明确儿童发展的最佳期和关键期,使教育与儿童身心发展的成熟状况相适应,提高教育的针对性和有效性。许多心理学家和教育家认为,在智力发展的关键期,环境与教育对智力发展影响的效果远超其他时期。例如,1～3 岁是口语学习的关键期;4～5 岁是书面语学习的关键期;5 岁以前是音乐学习的关键年龄;10 岁以前是外语学习和一般动作技能掌握的关键年龄;等等。因此,教育要适应人的发展的不均衡性,在身心发展的关键期,施以相应的教育。

个体身心发展存在"关键期",这并不是说超越了关键期的时间范围,某些方面的能力就不能得到发展,而只是意味着个体可能要付出更多的时间与精力,付出更大的努力,才能达到相应的水平。

（四）教育要适应个体身心发展的互补性

互补性反映个体身心发展各组成部分的相互关系。它首先指机体某一方面的机能受损甚至缺失后，可通过其他方面的超常发展得到部分补偿。如失明者，通过听觉、触觉、嗅觉等方面的超常发展来补偿。机体各部分存在着互补的可能，以使个体在某方面机能缺失的情况下依然能与环境协调，从而为个体继续生存与发展提供了条件。事实上，不同机能之间的协调互补，个体以整体的方式与环境相互作用在正常人身上同样存在，只是由于它们的自然、平常而不被人们意识到，一旦缺失出现，它就以惊人的方式显现出来了。这种显现还使人们看到了人体器官各种机能的巨大发展潜力和可塑性。互补性也存在于心理机能和生理机能之间。人的精神力量、意志、情绪状态对整个机体能起到调节作用，帮助个体战胜疾病和机体残缺，使身心依然能够得到发展。我们所熟悉的因各种原因伤残但奇迹般地活下来并继续奋斗着的人——吴运铎、邱财康、张海迪等就是最出色、最典型的代表，他们的生命历程向我们展示了精神力量的强大作用。相反，若一个人的心理承受能力差，缺乏自我调节能力和坚强的意志，那么，就是不甚严重的疾病也可能使他彻底垮下来。互补性的存在使教育者乃至每一个人树立起这样的信心：不管个体自身条件处在怎样的状态下，只要生命还存在，发展的可能也就存在，生命与发展的可能永远共存。

互补性的规律要求教育工作者首先自身要树立信心，相信每一个学生，特别是某些方面有缺陷或暂时落后的学生，通过其他方面的补偿性发展，都会达到个体身心发展的一般水平；其次要掌握科学的教育方法，善于发现学生的优势，扬长避短，激发学生自我发展的信心和自觉性，通过其内在的力量达到身心的和谐统一和发展。只有这样，教师才能更好地促进每个学生的发展。

（五）教育要适应个体身心发展的个别差异性

个体的发展，既具有共同性，又具有差异性。共同性是指个体发展的基本阶段是共同的，每个阶段也都表现出一些典型的共同特点。但在每个阶段内，每个个体之间，他们的发展并不是完全一样的，他们在发展过程中，表现出明显的差异性。在发展水平、个性特点、兴趣爱好等方面完全相同的个体是不存在的。

个体发展的差异性，同遗传素质的差异和环境、教育影响的差异有很大关系，同时，也与个体在接受外界影响所表现出的主观能动性的不同密切相关。相同年龄的个体，由于所处的客观条件和教育影响不同，他们在发展上会有某些差异。而不同年龄的个体，即使在客观条件和教育影响相同的情况下，也会出现某些差异性，这主要是由于个体的主观努力和主观态度的不同造成的。

个体从父母那里承受的遗传影响并不完全相同，表现在生理素质和禀赋等方面都有某些差别，有的思维敏捷一些，或对色彩与旋律的感受强一些，有的则稍差。但是，不能夸大遗传上的差异性，人与人之间的差异性主要是后天造成的。马克思说："搬运夫和哲学家之间的原始差别要比家犬和猎犬之间的差别小得多，他们之间的鸿沟是分工造成的。"就个体的天赋来说，他们之间的差别不是很大。遗传为每个个体提供了大体相同的生物基础和发展可能性。个体发展上的差异不完全由先天因素决定，很多是受后天影响的结果。

个体身心发展的差异性要求我们在教育、教学中注意学生共性的同时，还必须研究个体身心发展的个别差异，做到因材施教。因材施教是指教师要从学生的实际情况、个别差异出发，有的放矢地进行有差别的教学，使每个学生都能扬长避短，获得最佳的发展。要做到因材施教就必须对学生的一般知识水平、知识储备、智力水平、接受能力、学习态度、兴趣、爱好及身体素质等方面的特点都要充分了解，以便从实际出发，有针对性地教学。同时，在集体教学中，要善于兼顾个别学生，针对学生的个性特点，提出不同的要求，分别设计出有针对性的教学方案，使每个学生都能获得最大可能的发展，从而使个体的身心得到充分的发展。

第二节　影响个体发展的主要因素及其作用

一、个体发展的动因

人的身心发展的动力是什么？学界对这个问题有不同的回答。

（一）内发论

内发论者一般强调人的身心发展的力量主要源于人自身的内在需要，身心发展的顺序也是由身心成熟机制决定的。外部条件只能影响其内在的固有发展节律，而不能改变节律。因此，内发论观点又称自然成熟论、预成论、遗传决定论等。

孟子可以说是中国古代内发论的代表。他认为人的本性是善的，万物皆备于我心，人的本性中就有恻隐、羞恶、辞让、是非四端，这是仁、义、礼、智四种基本品性的根源，人只要善于修身养性，向内寻求，这些品性就能得到发展。现代西方的内发论者进一步从人的机体需要和物质因素来说明内发论。如奥地利精神分析学派的创始人弗洛伊德认为，人的性本能是最基本的自然本能，它是推动人发展的潜在的、无意识的、最根本的动因。美国当代生物社会学家威尔逊把基因复制看做是决定人的一切行为的本质力量，而美国心理学家格塞尔则强调成熟机制对人的发展的决定作用，他认为，人的发展顺序受基因决定，教育要想通过外部训练抢在成熟的时间表前面形成某种能力是低效的，甚至是徒劳的。格塞尔不仅认为，人的机体机能发展顺序受到成长规律的制约，而且所有其他的能力，包括道德都受成长规律的支配。

总体上看，内发论往往认为心理发展与生理发展没有实质性的区别，心理发展是先天因素成熟的结果，完全否定后天学习、经验在其中的作用。这必然导致了以生理发展曲解心理发展，这是内发论的根本错误所在。

（二）外铄论

外铄论的基本观点是，人的发展主要依靠外在的力量，诸如环境的刺激和要求、他人的影响和学校的教育等，外在力量的影响决定个体身心发展的水平和形式。因此，这种观点又称环境决定论或经验论等。

对于人自身的因素，有的人认为是需要改造的，如我国古代性恶论的代表人物荀子就持这样的观点。有的人认为，人的心灵犹如一块白板，它本身没有内容，可以任人涂抹，外部的力量决定了人的发展状况。英国哲学家洛克的"白板说"是一个典型的代表。外铄论的另一个典型代表是美国行为主义心理学家华生，他甚至这样说：给他一打健康的婴儿，不管他们祖先的状况如何，他可以任意把他们培养成从领袖到小偷等各种类型的人。由于外铄论者强调外部力量的作用，故一般都注重教育的价值，对教育改造人的本性，形成社会所要求的知识、能力、态度等方面，都持积极乐观的态度。他们关注的重点是人的学习，学习什么和怎样才能有效地学习。

外铄论往往把人的身心发展看做是外界环境影响的结果，否认心理发展的内因作用，其根本错误在于否认心理反应的能动性，因而是一种机械主义的发展观。

（三）多因素相互作用论

无论是内发论还是外铄论，都具有明显的片面性。辩证唯物主义认为，人的发展是个体的内在因素(如先天遗传的素质、机体成熟的机制)与外部环境(外在刺激的强度、社会发展的水平、个体的文化背景等)在个体活动中相互作用的结果。

人是能动的实践主体,没有个体的积极参与,个体的发展是不能实现的;在主客观条件大致相似的情况下,个体主观能动性发挥的程度,对人的发展有着决定性的意义。因此,我们把实践、把个体积极投入实践的活动,看做是内因和外因对个体身心发展综合作用的汇合点,也是推动人身心发展直接的、现实的力量。根据这样的观点,教育活动中主客体之间的关系、师生之间的关系,怎样提高学生主动积极地参与各种教育活动,自然受到特别的重视。

实践表明,人的发展是多种因素综合作用的结果,是先天遗传与后天社会影响以及主体在活动中的主观能动性的交互作用的统一,个体在身心发展过程中所表现出来的基本特点,不是其中某一因素单独作用,而是综合作用的表现。

二、影响个体发展的主要因素及其作用

个体身心发展受到多种因素的影响,但主要是受遗传素质、成熟、环境、学校教育和个体主观能动性的影响。这五个方面的因素相互联系、相互交织,共同作用于个体的发展。所以,个体应汲取各因素中的有利部分,使自身的发展更为健康向上。

(一)遗传对个体发展的物质基础作用

遗传是一种生物现象,遗传素质是人的发展的物质基础。遗传素质是指人从上代继承下来的解剖生理特点,如有机体的结构、形态、感官和神经系统等方面的特点。

1. 遗传素质为人的身心发展提供了可能性

人的发展是以遗传获得的生理结构组织、一定的生命力为前提的。没有这个前提,任何发展都变得不可能。人通过先天遗传获得的发展能力对人的形成有着极其重要的意义。国内外都做过对儿童和猴崽同时进行教育的实验,结果表明,猴子不能学会说话,不能养成直立行走和劳动的技巧,不能掌握行为的标准和规则,它们的发育受到了生物学条件的限制,不可能超越生物学的规律。儿童之所以能够掌握许多知识技能,是因为人的遗传素质提供的前提条件。例如,由遗传得来的色盲,后天不能补救,所以色盲一般不能成为画家,也不能从事需要辨别颜色的工作。

遗传问题的研究发现,人的外在体征的遗传制约性比行为能力的遗传制约性大。比如,人的眼色、头发等受父母遗传最为明显。在人的智慧成长方面,许多学者发现 IQ 之间的相似性与遗传基因之间的相似性的确相关。一个来自八个国家的"智慧"测验反映的相关系数表明,遗传特性越接近,智慧的相关程度就越高。

2. 遗传素质的成熟程度制约着人的身心发展过程

人的遗传素质是随着年龄的增长而按照其特殊规律逐渐发展成熟的,人体各部分的器官和机能是不断完善发展的,如儿童大脑的发育、身高的变化、体重的增加等都是遗传素质的发展过程。遗传素质的成熟程度制约着人的身心发展过程及其年龄阶段,同时,它为一定年龄阶段的身心发展特征的出现提供了可能和限制。儿童心理学研究证明,儿童思维与他们大脑的重量、脑电波和脑神经结构的发展有密切联系。同时,大脑平均重量的发展趋势与儿童思维发展的速度水平也是一致的。人的平均脑重量的发展趋势为:新生儿期为 390 克;八九个月时为 660 克;两三岁时为 990~1 011 克;九岁儿童为 1 350 克;到了十二三岁时,儿童的大脑平均重量为 1 400 克,已和成人差不多了。所以,中学生的学习和接受能力不比成人差。儿童的性发育一般也在十二三岁到十四五岁,初中生处在青春发育期,因此,教育者尤其要注意和重视他

们的身心发展。

3. 遗传素质的差异性影响着人身心发展的个别差异

遗传素质是有差异的,它体现在生理构造、形态、感官、神经系统甚至智力等许多方面,它们制约着人的身心发展。例如,俄国生理学家巴甫洛夫研究发现,高级神经活动具有强度、灵活性和平衡性三个特征,依据这三个特征的不同,他把高级神经活动的类型分为四种:强而不平衡的类型(兴奋型);强、平衡而灵活的类型(活泼型);强、平衡而不灵活的类型(安静型)和弱型(抑制型)。

4. 遗传素质具有一定的可塑性

由上述可知,遗传素质为人的身心发展提供了可能性,人的遗传素质也会随环境、教育和实践活动的作用逐渐发生变化,遗传因素对人的影响在整个发展过程中总体上呈减弱趋势。一方面是因为随着个体的发展,影响其发展的其他因素也在逐渐增多,在不同的教育和环境的影响下,某一神经活动的特征可以得到发展或抑制,遗传素质可以向着肯定或否定的方向发展。另一方面是一个人长期从事某一方面的实践,进行某一方面的特殊训练,对此大脑的反应能力会随之充分提高,就能够更好地掌握这方面的规律。因此,一个人的神经系统,虽然生来就被某些属性所制约,但是它本身却具有极大的可塑性。即使是某些低能或弱智儿童,在特殊教育的作用下,也能获得一定发展。

5. 遗传不决定人的发展

遗传因素影响人的发展,遗传素质在儿童的发展上起着一定的作用,但它只是一个必要条件,而不是一个决定条件。不能认为,儿童的智力水平和品质好坏早已在生殖细胞的基因中就被决定了。实际上,孩子只能是遗传上代的某些天赋,继承比较好的基础,而要成为真正的成长还需要后天的学习。天资聪慧的孩子具有未来良好发展的可能性,但也未必就能成功,如果教育不适当,就会使遗传素质比较好的儿童趋于平凡,如宋朝王安石笔下的方仲永。天资愚钝的人虽然有先天弱势,但通过后天的努力仍然可能成功。所以,遗传不决定人的发展。"遗传决定论"或"先天决定论"都是错误的。

(二) 成熟在个体发展中的自然前提作用

1. 成熟的概念

美国生理和心理学家格塞尔认为,胎儿的发育大部分是由基因制约的,这种由基因制约的发展过程的机制就是成熟。在教育学中,成熟是指儿童个体生长发育的一种状况,指个体的生理和心理机能与能力都达到比较完备的阶段,即已由儿童成长发育为成人。成熟的主要标志是:生理方面具有生殖能力,心理方面具有独立自主的自我意识。

2. 成熟的意义

人具有的某种先天素质,是在发展过程中逐步成熟的。人的各种身体器官的构造和机能在出生时是很不完备和脆弱无力的。个体的器官和整个系统的结构、功能都随年龄的增长而发展。人的机体的成熟程度制约着身心发展的程度和特点,它为一定年龄阶段身心特点的出现提供了可能和限制。有些早期运动机能的获得是直接建立在成熟的生理基础上的。成熟与教学的效果是契合的,一种技能的发展由成熟支配时,没有必要超前加以训练。

教育中充分重视成熟的思想是非常必要的。在这方面,我国的俗语"三翻、六坐、七滚、八爬、十个月会喊大大"揭示的就是这个道理。如果让六个月的婴儿学走路,将是徒劳无益的。同样,让四岁的儿童学习高等数学,也是难以成功的。只有当身体的发展具有了一定的条件,才可能学习一定的知识技能。不仅如此,成熟在一个人的思维、情感、个性等高级心理活动中也同样有着不可忽视的重要作用。

（三）环境在个体发展中的关键作用

环境是围绕在个体周围并对个体自发地发生影响的外部世界，它包括自然环境和社会环境。自然环境是环绕在人类周围直接或间接影响人类生存与发展的自然界，如阳光、空气、水土等，是人类生存的基本条件。社会环境是人类在自然环境基础上创造和积累的物质文化、精神文化和社会关系的总和，包括人类赖以生存和发展的物质条件、人与人之间复杂的社会关系以及社会意识形态等。因而，从广义上来说，教育也包括在环境这一概念之中。

环境是不断发展的，它的发展也对个体发展提出了客观要求，环境在个体的发展中的作用主要表现在以下几个方面。

1. 环境是个体发展不可缺少的外部条件

人是社会中的人，人从一出生就生活在一定的人与人的关系体系中。在人类社会中，每个社会成员之间都结成一定的社会关系，因而人具有社会性的特点，人的发展永远不能离开赖以生存的社会环境。由于人们生存的地理环境不同，生活习惯不同，价值观念不同等，在人们的相互交往和相互影响下，影响人的发展的这些外部条件就可能促使人们形成某些相近的思想认识和行为习惯。

2. 环境推动和制约着个体身心发展的速度和水平

环境是个体发展的必要条件。环境对个体发展的影响有积极和消极之分，古人云："近朱者赤，近墨者黑；声和则响清，形正则影直。"一般来说，生产力发达地区或良好的社会生活条件，可以加速年轻一代身心发展的进程；相反，不良的社会生活条件，可以阻碍年轻一代身心发展的进程。

3. 环境对于人身心发展的作用必须通过遗传因素来体现

实验研究证明，遗传和环境在人的身心发展中是相互依存、相互渗透、相互作用的。詹森利用血缘关系远近不一的儿童和成人作为研究对象，从无血缘关系者直至同卵双胞胎，结合其所处环境条件考察遗传与环境因素在人的身心发展中的作用，并于1969年发表一篇对八个国家一百多项研究结果的综述。研究指出：(1)无亲属关系的成对被试之间所得智商上的相关，总的情况是远低于有亲属关系的成对被试；(2)在旁系亲属中，成对被试间智商的相关系数随血缘关系接近而升高；(3)在直系亲属间，祖父母与孙子女间智商相关远低于父母与子女之间的相关。由此可见，遗传因素越接近，成对被试间所测得的心理机能反应也越近似，所以，遗传在人的身心发展上的作用是必须肯定的。这样看来，没有遗传因素作为生物基础，环境也无从施加影响；没有环境因素，遗传作用则无从体现。

4. 环境不决定个体的发展

环境对人身心发展具有一定的影响，但环境影响不决定人的发展，因为环境作用具有自发性、偶然性等特点，对于环境的影响，个体存在适应与对抗，"出淤泥而不染"讲的就是这个道理。这也说明虽然环境制约着人的身心发展，但是人在一定程度上又可以发挥主观能动性，超越环境的制约。

（四）学校教育在个体发展中的主导作用

学校教育是由承担教育责任的教师和接受教育的学生共同参与下进行的，学校教育的环境具有极大的人为性，具有明确的目的、有指定的教育内容与活动计划、有系统的组织和特殊的教育条件。学校弥漫着科学、文化和道德规范的气息，这些构成了学校教育环境的特殊性。从严格意义上来讲，教育也属于社会环境范围，但它是一种特殊的社会环境。教育，特别是学校教育,与遗传因素和自发的环境影响相比,在人的发展中起着主导作用。从个体活动的角度看,学校中的个体活动与其他社会活动的区别,在于有教师的指导,活动的结果还要接受检查,这种特殊性使学校在影响人的发展上具有独特的功能。

1. 学校教育规定着人的发展方向

学校教育是以培养人为主要目的的活动。学校教育是通过专业人员来开展教育工作的,他们明确教育的目的,熟悉教育的内容,懂得教育这个转化活动的规律和方法,对学生的思想、学业、身体等全面关心,能自觉地促进学生按照一定的方向去发展。学校教育能排除和控制一些不良因素的影响,给人以更多的正面教育,有利于思想品德的培养,使人按照一定的思想政治方向发展,使年轻一代健康地成长。在其他活动中,人与人之间产生的各种影响作用也会具有一定的教育意义,但是,由于那些活动影响的自发性、复杂性等,它不能按照社会的需求去影响人,因而不能决定人的发展方向。

2. 学校教育给人以比较全面、系统和深刻的影响

学校教育是根据一定社会的要求,按照一定的目的,选择适当的内容,利用集中的时间,有计划地、系统地向学生进行各种科学文化知识的教育,并进行一定的思想品德教育。而环境中其他方面的影响。往往是自发的、偶然的、片断的,是不能与学校教育相比拟的。

学校教育对人的发展的主导作用,在年轻一代的成长中表现得更为明显。年轻一代正是长知识、长身体的时期,他们的主要任务是学习,他们知识的获得和思想品德的形成,主要依赖于成人所给予他们的学校教育,不像成年人那样,知识的增长和思想品德的提高,除依靠所受的学校教育外,更多地依靠工作的实践、自学和自我修养。因而,学校教育对年轻一代的发展所起的作用比对成年人的发展所起的作用更大一些。

3. 学校教育的主导作用是相对的、有条件的

学校教育的主导作用的发挥依赖于其自身的状况,包括学校的物质条件、师资队伍、教育管理者的水平等方面;依赖于学习者的主观能动性;依赖于家庭环境的影响,包括家长的职业类别和文化程度、家庭的经济状况和自然结构;依赖于社会发展的状况,包括生产力水平、科技发展、社会环境、社会文化传统和民族心态以及公民整体素质等。当社会影响和家庭教育与学校教育相一致,且学生又能积极主动参与教育活动时,教育者才能够按照教育规律做好工作,学校教育就能发挥其主导作用。

4. 学校教育不起决定作用

学校教育的一系列特点,客观上就决定了它在个体身心发展过程中的优势地位,学校教育对人特别是对年轻一代的发展起主导作用。并且,随着社会的发展,科学技术的日益进步,教育对人的发展的主导作用表现得越来越明显。当然,也不能把学校教育的主导作用无条件地夸大。比如,教育对于某些遗传素质有缺陷的儿童会更困难一些,不能把先天愚型儿童教育成正常发展的儿童。忽视遗传素质的基础、成熟的自然前提、环境影响的一致性和个体主观能动性这些条件,就可能犯“教育万能论”的错误。

(五)个体的主观能动性在个体发展中的决定作用

个体的主观能动性,是指人的主观意识和活动对于客观世界的积极作用,包括能动地认识客观世界和积极地改造客观世界,并统一于人们的社会实践活动中。个体的主观能动性来源于解决不断提高的社会要求和人已有的心理发展水平之间的矛盾之中,是通过活动表现出来的。主观能动性的活动主要包括:个体进行身体的、有价值的生命活动;个体获得对世界和自身认识的心理活动;个体扩大范围、丰富内容和提高人的发展水平的社会实践活动。

个体的主观能动性是人的一种内在需要和动力，是一种寻求发展的愿望和动机。比如当学习者具备了积极的学习动机时，环境和教育的外因才能发挥相应的作用。学习者的学习积极性越高，教育的作用也就越大。在同样的环境和教育条件下，每个学生发展的特点和成就主要取决于他自身的态度，决定于他在学习、劳动实践中所付出的精力。外因必须通过内因才能起作用，所以，学生个体的主观能动性是其身心发展的内驱力，个体实践是影响人发展的决定性因素。

个体的主观能动性会随着人的社会经验的丰富和自我意识的不断提高而逐渐增强。这时，个体就能够有目的地去发展自身。这表现在：个体在已有的身心发展水平条件下，能够清晰地认识自我，能够不断地教育自我，制定自身的发展目标，决定自己的实际行为，为自己的发展创造条件，并为实现自定的目标无怨无悔地奋斗，这是人的主观能动性推动人的发展的高度体现。因此，无论客观环境条件相同与否、有利与否等，它对人的发展的影响都必须通过人的主观努力和实践活动才能够发挥最大作用。个体对环境的态度和从事的实践活动不一样，其发展的结果就不一样。譬如，"逆境可以成才"、"同流而不合污"、"威武不能屈"等典故蕴涵的就是这个道理。

个体的主观能动性主要体现在自我教育方面。自我教育又称自我修养，是指学习者以一定的世界观和方法论，认识主观世界和教育自己的全部过程。具体来说是个体以自己已经形成的思想品德为基础，而提出一定的奋斗目标，监督自己去实现这些目标，并评价自己实践结果的过程。人通过认识自己、要求自己、调控自己和评价自己，自己教育自己。自我教育因素与他人教育因素是相辅相成的关系。自我教育是在一定的遗传基础上，在环境和其他教育的条件下生成和发展的，培养孩子的自我教育能力，依然需要家长和老师在尊重孩子的前提下给予引导。但是，自我教育一旦生成，它就积极地发挥作用，极大地影响者个人的成长，而且随着人的成长，它的作用在五个因素中越来越占据最重要地位。当代教育理论认为：没有自我教育的教育不是真正的教育。一个社会的教育目的必须通过个体的内化，即个体把社会提出的教育要求变成了自我要求，并把它付诸实践直至完成，才能真正实现。而所谓"内化"，实际就是自我教育的过程。而那种缺少自我教育的教育，夸大外因的作用，实际是一种野蛮的灌输，甚至是一种精神的摧残，不是真正的教育。随着社会的发展，教育目的发生相应的变化，自我教育将逐渐成为教育的重心。

从以上对影响人的身心发展的多种因素的分析，可以得出这样的结论：遗传、成熟、环境、学校和个体的主观能动性，它们之间的相互关系不是并列的，也非同类，不能简单相加。这些因素中的每一项对于人的发展来说都是不可缺少的，每一因素都有其独特的性质和特征，它们相互影响、相互作用，共同构成一个统一的整体，共同作用于个体的发展。个体在不同的发展阶段，这五个要素的强弱、差异、组合可能是不同的。各因素之间的性质的差异、力量的强弱、不同的组合使人的发展具有不同的水平和特色。在个体身心发展的全过程中，每一个因素所起的作用、所处的地位，随着个体的变化而变化。因此，我们应该以动态的、发展的观点考察各因素对个体发展的作用，不能孤立地、片面地看待某一因素对人的发展的影响。

第三节 教育在个体的个性发展中的作用

对个体一生的成败与否起决定作用的是他的个性品质如何，而不是他的学习成绩的好坏。

一些在校期间学业优秀的学生，步入社会后并没有做出什么突出成绩，是因为不健康的心理状态使他们的才华的发挥受到严重阻碍；许多对人类做出突出贡献的科学巨匠，是因为他们具有那种坚韧不拔的顽强意志和对自己所从事的研究积极投入等个性品质。如曾一度被学校的老师和医生误认为"傻瓜"或"低能儿"的发明大王爱迪生，他的成功关键就归因于他具有那种追根究底、锲而不舍的优良个性品质。良好个性的培养是当今教育的总趋势。

一、个性与个性化

(一) 对个性的解读

由于研究的理论基础不同，人们对个性的阐述存在着许多不同的看法。

第一种观点：个性一词有两方面的涵义：一方面，原指演员在舞台上所戴的假面具，后引申为一个人在生命舞台上所扮演的角色；另一方面，指能独立思考、具有独特行为特征的人。个性，它是与个体的外显与内隐行为联系在一起的。教育即是为了调整个体的外在行为和激励个体的内部诱因，促进个体全面而自由地发展。

第二种观点：心理学认为个性具有一定的意识倾向性和鲜明的个体差异性。前者体现为个体的信念、理想等，后者体现为个体的能力、气质和性格。个性发展是指个体在社会活动中形成独特性、自主性和创造性的过程。

第三种观点："个性是人性在个体上的具体表现。它既反映人的共同性，也反映其差别性。从广义看，个性是由生理、心理、社会诸方面一系列稳定特点所构成的；从狭义看，仅指心理特点而言，它是以世界观为核心的一系列个性特征的组合。"[①]

第四种观点：马克思主义认为，个性是指"自为"的社会特质，是个体区别于他人他物的特殊性质、结构和功能。"自为"指向个体的主体性。主体性是指主体在对象性活动中充分表现出来的自主性、能动性、创造性等特征。

第五种观点：个性是"一种新的形成物，它是在个体的各种重要关系中，由于个体的活动的改造而形成的"。即个性"产生于活动"，它是个人在其活动的基础上形成的。[②]

可见，对于个性的理解是仁者见仁，智者见智。我们认为个性发展，是指人的自主性、独特性在社会实践中的自由充分发展，就是在人的共同性的基础上，把人的差别性显示出来，从而使每一个人都具有高度的自主性、能动性与创造性。个性的充分自由发展是人的全面发展的核心。在一定意义上讲，个性的充分自由发展指个体的个性化和社会化的过程与程度。个体的个性化张扬个性，个体的社会化约束着个性的过分张扬。

(二) 个体的个性化与个体的社会化

个体的个性化发展需要具有诸多条件，遗传因素、个体的身心发育和自我教育程度及活动方式是个体个性化的内在条件；高度发展的社会生产力和它所创造的社会物质条件是个体个性化的现实基础；社会的精神文明状况、人与人之间的相处方式和社会结构等是构成个体个性化的文化前提。

世界上没有两片完全相同的树叶，同样，也没有两个个性完全相同的人。这源于每个人的先天素质的差异性，也说明个体生存的社会的复杂性即个体社会化过程的复杂性。对于不同的人来说，个体社会化的过程与程度是不相同的，甚至有很大差别，有的可能只处于服从阶段，

① 袁振国.当代教育学[M].北京：科学教育出版社，1998：350.
② 列昂捷夫.活动、意识、个性[M].李沂，等，译.上海：上海译文出版社，1980：125.

有的达到了同化程度,但有的可能从不接受社会影响。

(三) 个性教育的意义

爱因斯坦说:优良的个性和钢铁般的意志比博学和智慧更重要。个体的个性品质是个体能否成才的决定性因素,一个人的个性品质一旦形成就有极大的可能决定人的所有活动,决定活动的结果。例如,哈佛职业指导处在对 4 400 名被解雇者的研究中发现有 66% 的案例的失败原因就是个性品质因素。自信、忠诚、耐心、正直、认真、强烈的上进心、真诚以及被我们称作"优秀品质"的其他品行的全部素质,都是构成一个年轻人成才的重要因素。试验表明,良好的个性品质有益于调动人的主动性、积极性和强化脑细胞的活动,使智力活动呈现积极的活动状态,从而在学习和工作中产生超乎寻常的高效率。所以,尽管个性不直接介入学习,但是它以动机为核心,调节着教学活动的进行,能提高探究学习的积极性,使感知、注意、观察、记忆、想象、思维处在活跃状态,从而促进智力的发展,奠定优秀学业成就的基础。

由此可见,注重良好的个性等非智力因素品质的培养,已成为当前教育的一种趋势。

个性教育既是一种教育理念,也是一种渗透式的教育行为,但是个性的培养无固定模式可循。我们所提倡的学生个性的培养是在重视人的社会发展需要的同时,更加注重开发人的潜能,促使个性的发展全面而和谐。

需要指出的是,个性教育并不排斥社会发展的统一要求。一方面,社会发展的统一要求体现在每个个体身上,只有从他们的个别情况出发,才能把这种要求转化为个体的主观因素。另一方面,个性教育是在统一要求的基础上引导学生以不同学习方式达到这些要求,是在达到这些要求的基础上培养学生特殊的才能、兴趣和爱好。

二、教育在人的个性发展中的作用

(一) 教育能够唤起人的主体意识,促进人的主观能动性的发展

人的主观能动性表现为人的主体意识和主体能力,指向人的独立性、选择性、调控性、创造性、自我意识性。即人把自己视为自然界的主体意识,能够积极能动地改造、适应客观环境的能力。具有主观能动性的人能自我调节和自我控制,具有自律性。人在遵循客观世界的规律而生存的情况下,对客观世界的规律的认识与驾驭能力是人的主观能动性的表征。

教育对人的主体意识的形成和主体能力的发展起着极为重要的促进作用。对于个体而言,教育的过程是一种不断提升自我的过程,是激发并弘扬人的主观能动性的过程。教育通过对人的智力与非智力因素的培养使人获得相应的知识与能力,提高人对自我的认识,调动人的主体性。主观能动性的最高表现是人的创造性,教育对于人的个性化功能也突出地表现在它能培养个体的创造意识,增加变革周围环境的能力。

(二) 教育能够尊重个体差异,促进人的独特性的形成

独特性指人的身心发展的个体差异性。人的遗传素质本身具有一定的个体差异性,但是通过后天的不同的教育内容和不同的教育形式的影响能够促进人的独特性的形成。教育是在尊重个体差异、承认个体差异和遵循社会要求的前提下,帮助个体充分地发展自己的特长,开发内在潜力并形成自身优势。因为人在学习的过程中不仅会有兴趣、爱好的分野,又会由此而带来个体在专业领域或技能领域的分工的不同,人的个体特征也因此表现为专业或职业特征。这里主要是指人的个性心理发展方面的不同,诸如人的性格、气质、兴趣、爱好、信念、价值取向等方面特征的差别,它是人的主观能动性的深层结构和重要内容,是人的一种不可缺少的重要素质,它同思想品德、科学文化等素质一起,综合构成个人的面貌和力量,又给人的其他各种素

质打上个人印记,使之有个人特色。

(三)教育能够开发人的潜能,促进人的个体价值的实现

潜能就是潜在的能量,根据能量守恒定律,能量既不会消灭,也不会创生,它只会从一种形式转化为其他形式,或者从一个物体转移到另一个物体,而在转化和转移过程中,总能量保持不变。人的潜能即是在个人的成长中遗留、沉淀、储备的能量。潜能的动力深藏在我们的深层意识(潜意识)当中,是人类原本具备却忘了使用的能力,我们称这种能力为潜力。它在正常情境下并不显现出来,只在一些特殊的情境下被激发。比如说有人在紧急情况下能跳越两米高的墙壁。潜能开发就是用有效的方式开发、放开自身的内在潜力,如危急时刻的急中生智,智慧会突然千百倍地迸发而出。开发潜能有三大要素,即高度的自信,它是潜意识能量的精髓、灵魂,是一切成功的基础,是成就一切事业的根本;坚定的意志,它是为了达到既定目标而自觉的努力,是事业出成效的一个重要因素;强烈的愿望,当渴望的强烈程度已深入影响到潜意识,它是推动人表现出非同寻常力量的内在因素。

个体价值是人通过学习把潜能转化为现实并在社会生活中发挥的作用来衡量的。只有有道德、有知识、有才能的人,才能创造生命的辉煌并带给社会价值。教育能够使人意识到生命存在的意义,教育赋予人创造生命价值的信心与力量,使个体努力追求生命的价值。每个学生都有自我价值实现的需要,自我发展的创造潜力能够促进人的个体价值的实现。

三、教育如何促进个体的个性发展

教育是促进人的个性发展的关键活动。人的思想品德、知识结构和技能娴熟归根结底都是通过学习从外界获得的,从教育要求转化为学生个性的发展必须具备两个前提:教育提出的社会行为要求为学生所领会;这些领会了的要求为学生所接受。

(一)发现和培养个体的强项和优势

发展是一个动态的过程。良好个性的发展是指在教育的引导下,通过发现、扶持、发展每个学生的强项和优势,使其成为自我发展的动力源泉,促使其良好的个性不断巩固、扩大,促进其个性化与社会化程度不断提高。扬长是人自我潜能开发的加速器,是在成功与失败交织过程中的拼搏表现,能促使个体积极地心理内化。在教育过程中,应该以个体差异评价为起点,审视个体的内在潜能和外显行为,将差异作为资源开发出来,扬长避短,因材施教。具体而言,就是借助于尊重、激励、表扬、肯定、鼓舞等手段,利用个体的优势,培养个体良好的学习品质、道德品质、心理品质,引导个体发现自我、发展自我,触发形成自我教育的内在动力机制,调动自我发展潜能,朝着目标方向不懈努力着。因为尊重是培养个性发展的第一步,鼓励是造就一个孩子优良个性的最仁厚也是最有效的办法;批评、辱骂、殴打、攻击是摧毁孩子优良个性的魔鞭。比如,胆汁质的孩子容易形成坦率、勇敢、进取、热情等品质,但也容易形成刚愎自用、粗心大意等缺点。对胆汁质的孩子不要轻易激怒他们,耐心启发和协助他们养成自制;对于有自卑感或自暴自弃的孩子,不能过多地苛责,应当通过启示、暗示、表扬等办法,使他看到自己的优点与能力,以增强信心。

(二)鼓励个体参加集体活动

集体活动是个体个性发展和形成的基本途径,也是检验个性发展阶段水平的重要手段,它能使参加者产生责任心、集体荣誉感、协作精神等品质。集体活动的主要形式有:学习活动、社会实践活动、生产劳动、科技活动、兴趣小组活动等,它具有生动性、趣味性、灵活性和纪律性等特征。如一个在班集体中得到关心爱护、受到尊重信赖、感到温暖的快乐的学生,他的情绪是积极的、稳定的,行动是大胆的;而一个在班集体中经常受到否定、排斥、冷漠和不公平对待的

学生,往往会产生冷漠、自卑、消极、敌对等情绪。再如通过"自然教室"、"森林之家"、"少年之家"、"野外考察"等集体活动,能够促使学生加深对大自然的理解与热爱,丰富情操,沟通同学之间的感情,增进相互了解和信赖。

为了更好地发挥集体活动在个性教育中的作用,首先要向个体明确提出集体共同的目标与任务,使这些目标与任务在共同的活动中能变成每个个体的共同要求。其次要形成积极的集体舆论,集体舆论的形成是集体形成的重要标志。

(三) 转变教育态度和教育方式

教师的教育态度和教育方式对学习者个性的形成有着巨大的影响。老师应尊重和关心学生,与学生平等交往。在教育教学过程中,第一,应加强情感教育,发展学生的自主性,让学生正确认识自己,主宰自己,使学生成为自主、自强、自觉的人。第二,加强挫折教育,引导学生学会生存,充分相信学生有面对困境的韧性,有摆脱困境的勇气,敢于面对生活的挑战。第三,开展丰富多彩的教育活动,培养学生完整的个性。第四,全面而深入地了解学生,针对学生的个性特点,帮助他们"在无数的生活道路中,找到一条最能鲜明地发挥他个人的创造性和个性才能的生活道路"[①]。第五,选择科学的教育内容,实施启发式教育,让学生有充分的心理安全,畅所欲言,敢于提出问题,充分挖掘学生的创造性。第六,针对个性的教育,并不排斥社会发展的统一要求。

(四) 彰显个体的心理内化

在教育工作中,心理内化是促进学生个性发展的关键环节。内化就是把客观的东西通过主体的主动建构转化为个体内部的精神财富的过程。在学生的个性发展中,内化是个体主动自学建构的过程,是螺旋式的组合发展过程。内化的结果通过外在的形式显露出来。

心理内化主要有三种心理内化形式。第一,知识内化,就是在已有认知结构的基础上,同化或顺应一定的知识结构,以形成新的认知结构的过程。第二,道德内化,就是通过道德认识、道德情感、道德意志、道德行为把社会道德转化为个人品德。第三,智力内化,就是把实际操作转化为智力操作。加里培林依据"智力活动按阶段形成的假说",认为智力内化过程可以分为五个阶段:①活动的定向阶段。就是了解、熟悉活动,对活动进程及其结果在头脑里构成一定的映像。②物质与物质化活动阶段。即实际操作有形的实物或实物的替代物如模型、图解、标本和记录等。③出声的外部言语活动阶段。如在加法运算的教学中,让儿童数一数两组实物后,再闭上眼睛(或收起实物)并大声地说出是"几个加几个等于多少"。④不出声的外部言语活动阶段。出声的外部言语活动即朗读,不出声的外部言语活动即默读。由朗读转为默读,在言语机制上要进行很大的改造。⑤内部言语活动阶段。内部言语的功能,主要是固定智力过程的个别因素,并为调节智力过程的开展而服务。这是智力内化的最后阶段,亦即智力操作的最终形成。[②]

在内化过程中,学生只有在积极状态下,才会习得教育对知识、技能和行为规范的要求。而这些学生所领会了的教育要求,并不能立刻引起他的心理发展,调节他的行为。只有当这些知识经验不断得到运用、同化和整合,使之得以概括化和系统化,即心理内化,这时才产生心理发展,学生才能自觉地调节和控制自己的行为,形成自己的个性特征。

---

① 苏霍姆林斯基.给教师的建议[M].杜殿坤,编译.北京:科学教育出版社,1984:503.
② 靳玉乐.现代教育学(修订本).成都:四川教育出版社,2008:83.

理解·反思·探究

1. 遗传对人的发展的影响是怎样的？

2. 环境能决定人的发展吗？为什么？

3. 为什么说教育能主导人的发展？

4. 教育如何促进个体的个性发展？

5. 结合自身成长经历，谈谈影响个人发展的重要因素有哪些？其中什么起决定作用？

拓展阅读导航

1.《教育人类学》，冯增俊，江苏教育出版社，1998年版。

2.《教育通论》，郑金洲，华东师范大学出版社，2000年版。

3.《教育哲学》，黄济，北京师范大学出版社，1985年版。

4.《教育对个体发展的作用机制试探》，丁念金，教育理论与实践，1999年第3期。

5.《素质教育与个体发展观》，李学农，辽宁教育研究，2002年第10期。

参考文献

1. 靳玉乐.现代教育学(修订本)[M].四川教育出版社，2008年版。

2. 扈中平，李芳，张俊洪.现代教育学(新编本)[M].高等教育出版社，2000年版。

3. 孙喜亭.教育原理[M].北京师范大学出版社，2003年版。

4. 孙俊三，雷小波.教育原理[M].湖南教育出版社，2007年版。

5. 刘海民.教育原理[M].东北师范大学出版社，2000年版。

第四章 教育制度

【内容摘要】

教育逐渐制度化是人类发展进步的重要标志。教育制度作为一种制度形成并发展起来，是近代资本主义国家工业革命发生和发展、科学技术进步的产物。本章主要内容包括教育制度的概念及其影响因素、现代学制的形成与发展、我国学制的沿革与改革发展情况。

【学习目标】

本章要求认识教育制度和学校教育制度的涵义，以及现代学校教育制度的主要类型，理解教育制度和学校教育制度的历史发展轨迹，掌握教育制度和学校教育制度的改革与发展趋势，能够应用学校教育制度的基础理论来分析我国现行学校教育制度的改革实践。

自有人类便有教育，教育走向制度化是人类社会发展进步的重要标志。教育制度作为一种制度形成并发展起来，是近代资本主义国家的机器大生产的发生和发展、科学技术进步的产物。教育制度对其他社会制度的影响日益增大，并成为社会结构中不可缺少的组成部分。进入知识经济时代，各国更加重视教育制度的建设与改革。作为未来的教师或者教育管理工作者，需要掌握教育制度基础知识，充分认识到不断完善教育制度对于我国教育改革与发展的重要意义。

第一节 教育制度概述

一、教育制度与学校教育制度

(一) 教育制度的涵义

关于教育制度是什么，目前仍有不尽一致的看法。《中国大百科全书·教育》认为教育制度既"指根据国家的性质制订的教育目的、方针和设施的总称"，又指"各种教育机构系统"。[①]顾明远主编的《教育大辞典》也是把教育制度解释为"一个国家各种教育机构的体系"。显然，这两种定义未能将教育制度的内涵明确具体地表述出来。

事实上，教育制度作为一个国家为实现其国民目的而从组织系统上建立起来的一切教育设施和有关规章制度，是指一个国家各级各类教育机构与组织体系有机构成的总体及其正常运行所需的种种规范、规则或规定的总和。换言之，教育制度是指一个国家各级各类教育机构与组织体系及其管理规则，它既包括各级各类教育机构组织体系，又包括教育机构与组织体系赖以存在和运行的规则体系，如各种教育法律、法规和条例。具体而言，它包含有学前教育机构、学校教育机构、业余教育机构、社会教育机构等构成的教育的施教体系，还包括各机构间的

---

① 中国大百科全书·教育[M].北京：中国大百科全书出版社，1985：187.

组织关系、各机构的任务、组织管理等教育管理体系，它的设立主体是国家，是国家教育方针制度化的体现。教育制度是一个社会赖以传授知识和文化遗产以及影响个人社会活动和智力增长的正式机构和组织的总格局。它是社会制度中的一种，与政治、经济、文化、宗教、家庭制度并存于社会结构之中。由于教育制度的内涵和外延很宽泛，人们通常将涉及教育管理结构与组织体系这部分内容放在教育管理学和教育政策法规中论述。因此，在普通教育学中，关于教育制度，一般只论述教育的各种施教机构与组织构成的系统。

教育制度是人类社会发展到一定阶段的必然产物，具有客观性、取向性、历史性和强制性等特点。其客观性是指教育制度虽然由人主观提出来，但它的制定和废止是建立在客观的基础之上，即社会生产力发展水平和生产关系所决定的基础。社会生产力的发展导致的社会分工和社会关系的变化决定了人们制订怎样的教育制度。取向性是指教育制度反映了人们对教育的价值选择，一定社会的教育制度是一定社会的主流价值取向的结果。所以，教育制度体现了一定的社会阶级的价值取向，并为该阶级服务。我国的社会主义教育制度反映了最广大人民的价值取向，即办人民满意的教育，满足最广大人民日益增长的文化教育需要。历史性是指教育制度在不同的社会历史时期和不同的文化背景下，会有不同的教育制度，在继承的基础上不断改革和创新教育制度是教育制度历史性的重要体现。强制性是指教育制度作为规范教育活动的制度体系，是社会和国家意志体现，教育制度一旦建立，任何组织、机构和个人都必须无条件遵守和执行，违反教育制度必然受到惩罚甚至制裁。

（二）学校教育制度的涵义

学校教育制度简称学制，是指一个国家各级各类学校的系统及其管理规则，它具体规定各级各类学校的性质、任务、目的、入学条件、修业年限以及它们之间关系。不同的历史时期不同的社会形态有着不同的学校教育制度。按教育程度分，目前世界各国的教育分为幼儿教育、初等教育、中等教育、高等教育等机构；按教育类型分，有普通教育、专业教育等教育机构；按受教育时间分，有全日制、半日制、业余制教育等机构；按教育手段和场所分，有面授、函授、巡回、广播、电视、网络等教育机构；按受教育对象的年龄分，有学龄期教育、成人教育机构；按主办单位分，有国家办、地方办、企事业办、私人、民间组织办的教育机构，组成了一个纵横交错的复杂教育网。因此，学校教育制度在一个国家的整个教育制度中居于主体地位。

二、教育制度的影响因素

作为历史发展的产物，教育制度受到多种因素影响。从另一个角度说，这些影响因素是制定教育制度的主要依据。

（一）生产力发展水平和科学技术发展状况

教育制度的建立，首先受到社会生产力发展水平和科学技术发展状况的影响和制约。在社会生产力水平非常低下的原始社会，教育根本谈不上有什么制度。而随着生产力的发展，社会劳动出现分工，人类进入了奴隶社会和封建社会，此时学校出现了。伴随着学校教育的出现，一些教育教学要求和规定逐渐建立，教育开始表现出一定的规范性（例如有了儿童接受教育年龄的规定等），但学校教育还很不完备，学校类型单一，规模较小。随着自然科学技术的发展，推动人类进入工业社会。为适应工业革命对技术劳动者的大量需求，近代学校教育出现了，现代专业技术学校和职业技术等学校类型增多，各级各类学校教育体系逐渐建立，学校教育规模也不断扩大，对学生的入学年龄、入学条件和修业年限作出了规定，等等。当前，社会学校类型更加多样化，这些都是生产力发展的反映。

(二) 社会政治经济制度

教育制度作为一种社会价值取向结果,必然受到一定社会政治经济制度的影响和制约。阶级社会的教育制度,无论是奴隶社会、封建社会,还是资本主义社会的教育制度,都是占统治地位的阶级意志在教育中反映和体现,都是为了阶级统治培养人才服务,从而维护他们的阶级利益。例如,工业革命至今,为维护资产阶级的政治统治和经济利益,资本主义国家非常重视教育事业,竞相延长普及义务教育年限,不断调整和改革学校教育制度,还提出了"教育机会均等"的口号,但这并非出于对普通劳动人民关心。英国率先实施的"双轨制"(本章第二节将专门阐述这种学制)就是其中最有力的明证。总之,一国学制中关于学校专业的设置、各级各类学校教育目的、学制年限、入学条件等,直接受到统治阶级的价值取向、政治方针政策制约,反映着统治阶级愿望和要求。

(三) 青少年儿童身心发展规律

教育的对象是人,因此教育制度,尤其是学校教育制度必须遵循青少年儿童的身心发展的特点和规律。无论是确定入学年限、修业年限、各级各类学校的分段,都要考虑儿童和青少年身心发展的特点,切合他们智力、体力和心理发展的水平。

(四) 我国学制的历史发展和外国学制的影响

教育具有历史继承性,这就决定了新的教育制度的建立不能完全脱离历史上的教育制度。相反,必须注重吸收原有学制的有益成分,同时还要积极借鉴国外学制的先进经验和做法。例如,从历史上看,我国的学制不仅曾吸收了我国历史上好的教育思想和制度,而且还借鉴过德国、苏联、日本和美国的学制。可以说,我国当前的学制是继承历史学制、借鉴外国学制的结果。

第二节　现代学校教育制度

一、现代学校教育制度的形成

现代学校教育制度的形成与现代学校的产生和发展紧密联系在一起。在古代,中西方的学校都没有严格的大、中、小学之分,也没有幼儿教育。欧洲资本主义工业革命后,现代学校迅速发展起来,逐渐产生了现代大学和现代中学(实科中学)。尤其是随着为劳动人民子女设立的国民学校的产生和发展,逐步促进了公共教育制度的形成,而大、中、小学的严格区分,形成了现代学校教育系统。

(一) 各级教育系统的形成

现代世界各国特别是发达资本主义国家各级教育系统的建立,一般都遵循两条相反的路径:一条是从高级学校向低级学校延伸拓展而形成的学校系统;另一条是从低级学校向高级学校升格而形成的学校系统。例如,随着城市社会的发展,12世纪前后中世纪大学诞生了,而中世纪大学的出现和发展则带动了欧洲其他等级学校的出现和发展,高等级学校系统向下延伸过程开始了。首先是中世纪大学中的预备科(即古典文科)逐渐演化为相对独立的古典文科中学,如18世纪德国就把大学文科的第一阶段并入中学,使得中学不再是大学的附属。其次,教育世俗化和平民化又导致了学校系统继续向下延伸,即作为文科中学的预备学校——小学——出现了。向下延伸可以形成学校教育系统,反过来也可以自下而上发展形成学校教育系统,即先普及小学,然后普及中学,最后是大学。欧洲以外的世界各国的现代学校教育系统更多的是遵循自下而上这条路径。

（二）各类教育系统的形成

教育系统出现分类是社会分工的必然结果。工业革命的发生，不仅促进了各类科学技术的应用和造就了更多的社会职业，更重要的是它激发了对各级各类人才的大量需求。这奠定了欧洲各国各类学校教育职能出现分化的经济社会基础。例如，西方中等教育的分化就是这种分化的典型，它的分化过程是：先出现由古典文科中学承担普通教育职能，后出现讲授实科知识的实科中学，但仍属于普通教育；后来，为适应商业和手工业发展所需的管理人才和技术人才，实科中学逐渐转向职业技术教育，承担职业教育职能，最终经历了从普通教育到职业教育的发展。

工业革命加速了社会分工，也加速了学校教育的分化，但同时它在培养人上要求各类学校之间关系更加密切，要求幼儿园教育、小学教育、中学教育、大学教育相互之间更加衔接。工业革命以后，发达资本主义各国都陆续建立了幼儿教育、初等教育、中等教育、高等教育、成人教育、职业教育等比较完整的各级教育体系。

二、现代学校教育制度的类型

现代学制主要由纵向划分的学校系统和横向的学校阶段相结合而成。不同类型的学制是学校的系统性和阶段性的不同组合。由纵向划分的学校系统占绝对优势的学制结构叫做"双轨制"，由横向向划分的学校阶段占绝对优势的学制结构叫做"单轨制"。现代学制主要有三种类型：双轨学制、单轨学制和分支型学制（见图4-1）。原来的西欧学制属双轨学制，美国的学制属单轨学制，苏联的学制则是分支型学制。

（一）现代学校教育制度的三种类型

1. 双轨学制

18—19世纪的西欧，形成了欧洲现代学校教育的双轨学制。其中一轨自上而下，其结构是大学（后来也包括其他高等学校）、中学（包括中学预备班），面向资产阶级子弟开放；另一轨自下而上，其结构是小学（后来是小学和初中）及其后的职业学校（先是与小学相连的初等职业教育，后发展为和初中连接的中等职业教育），面向劳动人民子弟开放。实际上，双轨制是为资产阶级子弟和劳动人民子弟分别设立的学校系统，两者同时并存但互不相通。英国是典型的双轨制代表。

双轨制是18世纪后半期西欧新兴的资产阶级向封建势力妥协的结果。新兴的资产阶级为维护封建贵族的教育特权，把劳动人民排斥在中等教育和高等教育之外，但是，资本主义的机器大生产要求大量的受过学校教育的技术劳动者。因此，资产阶级为了获得更大的物质利益，不得不开始向劳动人民子弟实施初等义务教育。劳动人民的子弟在小学接受初步的读写算和宗教教育后成为具有初步文化知识的体力劳动者。而资产阶级和封建贵族的子弟则在家庭或预备学校接受完初等教育后进入中学和大学，培养成为资产阶级需要的管理人才和政治人才。20世纪以来，科学技术和生产力的发展对劳动者的素质提出了更高要求，与此同时，随着教育民主化运动的兴起、义务教育年限的延长、教育普及程度和大学教育走向开放，双轨制已逐渐向单轨制和分支制转化。

2. 单轨学制

所谓单轨，是指学前教育、初等教育、中等教育和高等教育的衔接和连续没有特定的限制。中等以上教育阶段中分化出来的普通教育和职业教育两种学校系统在入学条件和学习年限上没有太多区别，且都与高等教育衔接。北美多数地区最初都曾沿用欧洲的双轨制。从1870年起,逐步形成了美国的单轨学制。美国单轨学制自下而上的结构是:小学、中学,而后可以升入大学。其特点是一个系列、多种分段,即六三三、五三四、四四四、八四、六六等。单轨学制最早产生于美国,后被世界许多国家所采纳。

3. 分支型学制

分支型学制是介于双轨学制和单轨学制之间的学制类型,其基础教育阶段实行单轨学制,基础教育之上的教育阶段实行双轨制。沙皇俄国时代的学制属欧洲双轨学制。"十月革命"后,苏联的学制前段(小学、初中阶段)是单轨,后段分叉,是介于双轨学制和单轨学制之间的分支型学制。苏联学制的中学,上通(高等学校)下达(初等学校),左(中等专业学校)右(中等职业技术学校)畅通,这是苏联学制的优点和特点。

(二)三种类型学制的比较

上述不同的学制是由不同国家的政治经济和社会特点决定的,就实施它们的各国而言,可能是最适合的学校教育制度。但双轨制作为新兴资产阶级对封建贵族妥协的产物,把劳动人民子弟受教育权排除在大学教育和高等学术教育之外,它反映了资产阶级在教育权上实行社会隔离和歧视的本质,不利于社会流动与和谐,特别是

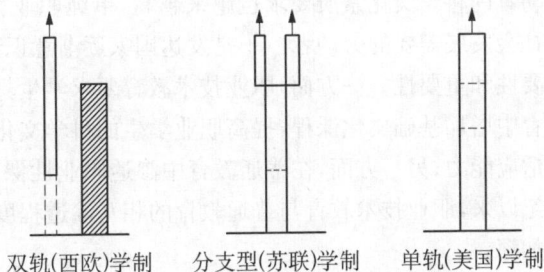

双轨(西欧)学制　　分支型(苏联)学制　　单轨(美国)学制

图 4-1　三种类型学制图

不利于劳动人民子弟全面发展和向上流动。相较而言,美国等实施的单轨制,使得所有的学生有机会在同样的学校系统中学习、成长和发展,这是学制的重大进步,有利于教育的普及和民主化,有利于提高国民素质,也有利于社会流动与和谐。事实上,美国单轨制的先进性也是奠定美国成为教育强国和世界强国的重要基础。以苏联为典型代表实行的分支型学制,既有上下级学校间的相互衔接,又有职业技术学校横向的相互联系,上通高等学校,下达初等学校,左通中等专业学校,右通中等职业学校,既有利于教育的普及,又有利于保持较高的学术性。但是在这种学制下课时较多,课程复杂,教学计划、大纲和教科书必须统一才能较好实施,因而教学的灵活性较差。

三、发达国家学制改革发展的主要趋势

随着社会生产力水平的不断提高,各国的政治、经济、文化、社会、生态等各个领域发生了重大变化。这种变化也促进了各国学制的改革,发达国家的学制呈现出新的趋势。

(一)义务教育的范围逐渐扩展,年限不断延长

义务教育是国家运用公共资源保障所有适龄儿童接受的教育。进入工业革命社会,特别是 18 世纪下半叶以后,西方发达国家纷纷以立法形式推行义务教育,普及初等教育。到 19 世纪下半叶,德、美、英、法、日等主要资本主义国家都相继颁布了义务教育法令。德国是最早颁布实施义务教育法令的国家,1763 年就颁布了普通学校规程,规定 5～13 岁的儿童必须接受义务教育;1870 年英国颁布初等教育法,规定 5～12 岁儿童必须接受小学教育;1882 年法国也颁布法令要求 7～13 岁儿童必须进入学校接受教育;1852 年美国个别州开始颁布义务教育法案,要求 8～12 岁儿童每年接受不少于 12 周的学校教育;1872 年日本颁布《学制令》对 7～14 岁儿童实施初等义务教育,1899 年将义务教育学制统一为 4 年。1918 年苏联通过学校条例,规定 8～17 岁儿童少年可免费接受初等教育。多数国家义务教育的年限为 4～6 年。通过立法来推

行义务教育是现代教育制度的重要标志。

随着科学技术的进步和经济社会的发展,发达国家也逐渐改革学制,提早义务教育入学年龄,延长义务教育年限。目前,发达国家义务教育的年限都从最初的4~6年延长到了12年。

(二)普通教育与职业教育朝着相互渗透的方向发展

职业技术教育既是民生教育,也是国家经济发展重要支撑。二战以后,发达国家为了恢复和发展国经济大力发展职业技术教育,在高级中等教育阶段逐渐增加职业教育比重,到20世纪60年代,德、日、美、苏的职业教育比重超过40%,日本则最高达到60%。随着1944年《退伍军人权利法案》的颁布,美国接受职业教育的人数也增加了一倍。

但是,经济和科学技术的快速发展,使经济产业和结构变化加快,职业变动也在加速对劳动者的科学文化素质要求也越来越高,单纯职业教育和单纯普通教育都无法培养出满足经济社会发展需要的劳动者。于是发达国家逐渐意识到了普通教育和职业技术教育互相渗透的必要性和重要性。一方面,职业技术教育要求学生具备更为扎实的普通教育基础,要求在职业教育中增加基础文化课程,提高职业学生的科学文化知识基础以提高职业教育水平,增强学生的适应能力;另一方面,在普通教育中渗透职业性课程,为普通中学毕业生做些就业准备。20世纪以来,职业技术教育与普通教育的相互渗透程度前所未有,校企合作和产教融合的程度不断加深。

(三)高等教育大众化、普及化

中世纪以来,以大学为主体的高等教育不断向更多的社会阶层开放,除了经典的老牌大学如牛津、剑桥、巴黎等大学继续发展外,更多现代新式大学纷纷出现,如伦敦大学、洪堡大学、巴黎高等师范学校,此外,还出现了高等职业技术教育机构。这为更多的年轻人接受高等教育提供了物质条件。特别是20世纪中叶以来,随着现代生产、现代科技的大发展,高中教育不断得到普及,在新式的无严格限制的开放大学(The Open University)[①]、社区学院(Community College)[②]和短期大学纷纷出现,为高等教育走向大众化奠定了更为坚实的基础。国际上通常认为,高等教育毛入学率在15%以下时属于精英教育阶段,15%至50%为高等教育大众化阶段,50%以上为高等教育普及化阶段。目前发达国家适龄青年深入高校的人数已达到同龄人的50%以上,最高的如北欧的个别国家已超过了70%。

目前,我国也已经进入高等教育大众化国家行列。2002年我国高等教育毛入学率达到15%,进入高等教育大众化阶段。2007年达到23%,2010年达到26.5%,2012年达到30%,2015年达到了40%,成为名副其实的最大的高等教育大众化大国。

---

① 开放大学最先在英国出现。1969年经英国皇家特许令批准,1971年正式成立,是一个独立、自治的国家高等教育机构,有权授予学位。学校开设133门本科生课程和多门实用性研究生课程。大学对学生的年龄、学历、背景等均无严格限制,只要年满18岁,居住在英国或欧洲其他国家的成人都可申请入学。学生不需参加入学考试,一般不需按时到校上课,无严格的学习年限,学生可以自由选择学习时间和地点。参加夏季班和无收入或收入微薄的学生还可获得当地政府或大学财政奖励委员会的助学金。开放大学是20世纪后半期教育界的最大突破。它采用远距离教学和开放式的办学形式,结合函授、电视、广播、计算机网络,为高等教育大众化和终身教育作出了重大贡献。

② 社区学院是美国教育体系的重要组成部分,提供两年制的初级高等教育。社区大学的理念源自19世纪末20世纪初,主要来自美国著名教育家、世界顶级学府芝加哥大学第一任校长威廉·哈珀。20世纪美国的城市化、工业化和经济高速发展对人才的需求促进了社区大学的发展。美国共有一千两百多所社区大学,拥有一千多万注册学生。社区大学的学生平均年龄是29岁,40%的学生21岁以下,60岁以上的老年大学生也十分常见。其中60%的学生是边工作边读书。只有很少的社区大学附带学生宿舍。社区大学38%的资金来自州政府,学费收入占20%左右,地方政府的资金接近20%,剩余的由其他形式的资金来源补足。

（四）终身教育体系的构建

进入现代社会，学校教育不断得到普及。同时，随着现代科学技术的创造周期和陈旧周期不断缩短，对劳动者的知识技能提出新的挑战，使得一次性的学校教育所获得的知识和技能无法满足职业变动和人员流动的需要。在劳动者闲暇时间增多背景下，活到老学到老的教育思想在西方得到理论化和系统化，掀起了一股终身教育[①]思潮，而且满足这种思潮的教育体系也逐渐建立了起来，各种成人教育机构、社会教育机构陆续出现，满足了人们闲暇时期不同的教育需求。目前发达国家的学校教育制度正在向终身教育制度发展。加强学前教育并重视与小学教育的衔接，进一步完善终身教育体系，强化普及义务教育，延长义务教育年限，中等教育中普通教育与职业教育朝着相互渗透、综合统一的方向发展。

第三节　我国现代学制的沿革

我国现代学制建立比欧美现代学制的建立要晚很多，直到清末才出现。鸦片战争爆发后，帝国主义列强将中国变为半殖民地半封建的社会。在内外交困的背景下，清政府采取了"废科举、兴学堂"的举措，开始了中国现代学制改革。

一、旧中国的学制

旧中国的学制基本上是舶来品，先后以日本和美国的学制为蓝本。主要包括壬寅学制、癸卯学制、壬子癸丑学制和壬戌学制。

（一）清末至民国之前的学制

1. 壬寅学制

1902年8月，清廷公布了管学大臣张百熙主持拟定的一系列学制系统文件，统称的《钦定学堂章程》。因该年为农历壬寅年，故又称"壬寅学制"。这是中国近代第一个以中央政府名义制定的全国性学制系统，具体规定了各级各类学堂的性质、培养目标、入学条件、在学年限、课程设置和相互衔接关系。该学制以日本学制为蓝本，所规定的学习年限长达26年。但该学制公布后没有实行就被新的学制所取代。

2. 癸卯学制

1904年1月，清廷公布了张百熙、荣庆、张之洞主持重新拟定的一系列学制系统文件，统称《奏定学堂章程》。因公布时在农历癸卯年，又称"癸卯学制"。这是中国近代由中央政府颁布并首次得到施行的全国性法定学制系统。该学制仍以日本学制为蓝本，学制主系列分三段七级（见图4-2）。

清末学制的制订是近代以来学习西方教育的系统性成果，是近代中国教育改革的承前启后之作，在中国教育近代化发展中具有标志性意义。学制的制订特别是"癸卯学制"的颁布，解决了各地兴学无章可依的矛盾，为新式学堂的发展奠定了基础，各级各类学堂的数量和在校生

[①] 终身教育(lifelong education)是指人们在一生各阶段当中所受各种教育的总和，是人所受不同类型教育的统一综合。包括教育体系的各个阶段和各种方式，既有学校教育，又有社会教育；既有正规教育，也有非正规教育。主张在每一个人需要的时刻以最好的方式提供必要的知识和技能。终身教育思想成为很多国家教育改革的指导方针。"终身教育"这一术语自1965年在联合国教科文组织主持召开的成人教育促进国际会议期间，由联合国教科文组织成人教育局局长法国的保罗·朗格朗(Paul Lengrand)正式提出以来，目前已经在世界各国广泛传播。

（二）民国时期的学制

1. 壬子癸丑学制

1912年9月，南京临时政府公布民国学制系统的机构框架，称"壬子学制"，此后至1913年8月期间，又陆续公布了一些法令法规，使"壬子学制"得以充实和具体化，综合起来形成了一个全面完整的学制系统，成为"壬子癸丑学制"，又称"1912—1913年学制"。该学制是民国的第一个学制，较全面地反映了资产阶级对教育的要求，它是民国初期的中心学制。该学制第一次规定男女同校，废除读经，充实自然科学内容，并将学堂改为学校。

2. 壬戌学制

1922年11月，公布了《学校系统改革案》，即1922年的"新学制"，或称"壬戌学制"，由于采用的是美国式的六三三分段法，又称"六三三学制"，即小学六年，初中三年，高中三年。该学制中各教育阶段，基本上是依据我国青少年身心发展的特点来划分，这在中国近代学制发展史上是第一次。该学制对辛亥革命以来教育改革的理论和实践进行了较好的总结，是新文化运动在教育领域的一个积极成果，是中国近代教育史上的一座里程碑。该学制公布后，除进行个别调整外，一直沿用到解放前夕。

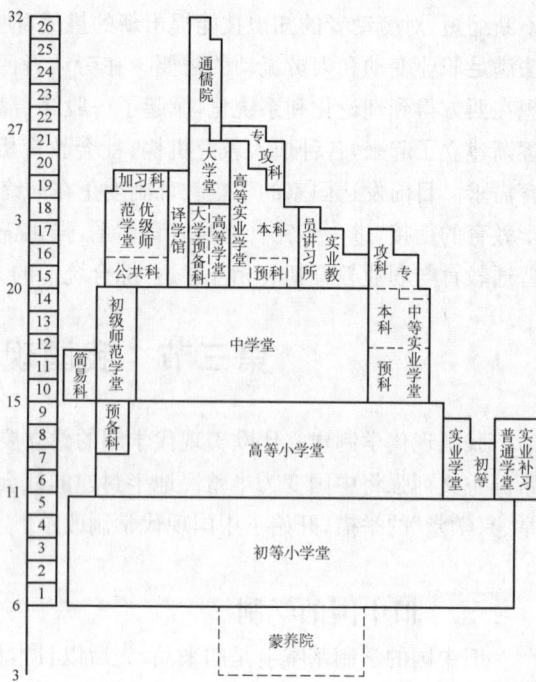

图4-2　癸卯学制图

二、新中国的学制改革与发展

新中国成立前，中国共产党在革命根据地和老解放区，依据教育为工农服务，为革命战争服务的原则，建立了满足干部教育和群众教育需要的各级各类的学校。在入学年龄、学习年限、各级各类学校的相互衔接等方面体现了灵活多样的特点。新中国成立后不久，就开始了学制调整和改革。

（一）新中国成立初期的学制改革

新中国成立初期，我国实际上存在两种学制系统：一种是老解放区的学制，另一种是国民党统治下形成的学制。当时允许新解放的广大地区各级各类学校维持原状以待改造，是必要的。但当社会秩序稳定后，随着国民经济的恢复和发展，旧的学制已不能适应社会主义革命和建设的需要，这时学制改革就势在必行了。

1. 1951年颁布的新学制

当时的政务院继承老解放区教育制度的优良传统，并结合我国实际情况，于1951年10月1日颁布了《关于改革学制的决定》，明确规定了中华人民共和国新学制。它标志着我国的学制发展到一个新的阶段。新学制的组织系统分为幼儿教育（幼儿园）、初等教育（小学和青年、成人的初等学校）、中等教育（中学、工农速成中学、业余学校、中等专业学校）、高等教育（大学、专门学院和研究部)以及各级政治学校和政治训练班等。此外,还有各级各类补习学校、函授学校以及聋哑、盲人等特种学校。这种新学制有以下特点:

(1) 学校教育面向工农,保证广大劳动人民及其子女有优先受教育的机会。

(2) 体现了教育为生产建设服务的方向,确定了各类技术学校和专门学校的地位。保证了为工农业生产建设服务的方向,确定了各类技术学校和专门学校的地位,保证了工农业生产建设各级各类人才的培养。

(3) 重视在职干部的再教育,有利于广大在职干部文化教育水平的提高。

(4) 体现了方针、任务的统一性与方法方式灵活性相结合的精神。在全国统一的学制下,允许地方根据不同特点制定各自的具体实施计划。

(5) 充分体现了民族平等、男女平等的原则。对国内少数民族,不仅尊重他们的教育平等权利,而且各民族可以用自己的语言进行教学,学习本民族语言和文字。男女儿童进入各级各类学校都有同等机会,实行男女同校。

1951 年的学制,是符合我国当时具体实际情况的。当时设想用 5~6 年时间实现这个学制。为此,党和政府采取了一系列有力措施,如加强师范院校的兴建,培养大批合格的师资;进行高校院系调整,加速培养专门人才;选拔得力干部到学校加强领导等等。1951 年后,我国学制逐渐走上正轨。

2. 1958 年的学制改革

1958 年出现了"大跃进"的形势,党提出了技术革命和文化革命的任务。为加速社会主义文化教育事业的发展,国务院于 9 月 19 日颁布了《关于教育工作的指示》。《指示》中提出:"现行的学制是需要积极地和妥善地加以改革的,各省、市、自治区的党委和政府有权对新学制积极进行典型试验,并报告教育部。经过典型试验取得充分经验后,应当规定全国通行的新学制。"为了多快好省地发展教育事业,在学制改革的指导思想上确定了"两条腿走路"的办学方针和"三个结合"、"六个并举"的具体原则。"三个结合"是:统一性和多样性相结合,普及与提高相结合,全面规划与地方分权相结合。"六个并举"是:国家办学与厂矿企业、农业合作社办学并举,普通教育与职业(技术)教育并举,成人教育与儿童教育并举,全日制学校与半工半读、业余学校并举,学校教育与自学(包括函授学校、广播学校)并举,免费教育与收费教育并举。

1958 年的学制改革,在调动一切积极因素、群众办学等方面积累了丰富的经验。但由于来自"左"的影响,也存在急躁冒进,以至于学校教育出现了大起大落的现象,教训也是深刻的。直到 1961~1963 年,中共中央颁发了《教育部直属高等学校暂行工作条例(草案)》《全日制中学暂行工作条例(草案)》和《全日制小学暂行工作条例(草案)》(简称高教六十条、中学五十条、小学四十条),才使教育工作有章可循,为按教育规律办教育提供了依据,克服了一度出现的社会活动过多、负担过重、随心所欲办教育的现象。1958 年的学制一直实行到"十年动乱"之前。

"十年动乱"中,林彪、"四人帮"一伙借"学制要缩短,教育要革命"之名,蓄意破坏我国已经形成的学制系统。他们除大砍大整已建立体系的中等专业学校外,还盲目无节制地发展普通中学,这种超越可能与违背经济规律的盲目发展,完全打乱了中等教育的结构和布局,造成教育结构比例失调,带来一系列不良后果——师资短缺,水平低下,经费紧张,房屋设备简陋,教育质量大幅度下降。一方面不能为高一级学校输送合格新生,另一方面不能满足工农业生产部门对熟练劳动力的需求,造成不合格高初中毕业生的大量积压等等。另外,当时还任意缩短学制年限,推行从小学到高中毕业的"九年一贯制",甚至抛出"朝农经验",以干代学,搞乱了整个教育制度。"十年动乱"对学制的摧残是极其严重的。

（二）改革开放新时期的学制改革

"文革"期间，我国的学校教育制度建设一度被中断，致使我国学制遭受到新中国成立以来最严重的挫折和损失，粉碎"四人帮"之后，党的十一届三中全会召开，教育战线拨乱反正，在各级各类学校整顿恢复的基础上开始了学制的调整和改革，从而使我国的学制建设走上了科学化、规范化和合理化的发展道路，为我国的改革开放和现代化建设奠定了教育基础。

1. 1985年颁布《中共中央关于教育体制改革的决定》

党的十一届三中全会以后，为适应经济社会发展需要，1985年我国颁布了《中共中央关于教育体制改革的决定》。该决定指出，学制改革的核心是把发展基础教育的责任下放给地方，有步骤地实行九年义务教育。其主要内容是：加强基础教育，有步骤地实施九年义务教育（1986年颁布义务教育法，开始实施九年义务教育）；调整中等教育结构，大力发展职业技术教育；改革高等教育招生与分配制度，扩大高校办学自主权对学校教育实行分级管理。

2. 1993年颁布《中国教育改革和发展刚要》

该纲要提出"全面贯彻党的教育方针，全面提高教育质量"，"建设好一批重点学校和重点学科"的改革要求。主要内容是：(1)确定了20世纪末21世纪初我国教育发展的总目标：基本普及九年义务教育，基本扫除青壮年文盲；全面贯彻党的教育方针，全面提高教育质量；要建设好一批重点学校和一批重点学科；(2)继续调整教育结构；(3)改革办学体制；(4)改革高校招生和毕业生就业制度。

3. 1995年颁布《教育法》

该法律对我国的基本教育制度作出了规定，国家实行学前教育、初等教育、中等教育和高等教育的学校教育制度，实行九年义务教育。

4. 1999年颁布《中共中央国务院关于深化教育改革全面推进素质教育的决定》

该决定提出要形成社会化、开放式的教育网络，为构建终身教育体系打下坚实基础。主要内容包括：明确教育工作的"两基"、"两重"，调整教育结构，构建相互衔接的教育体制，推进教育分级管理，鼓励多种力量办学，改革招生考试和评价制度，加大教育投入。

5. 2001年颁布《国务院关于基础教育改革与发展的决定》

该决定提出，通过教育制度内部权力与资源的重新调整和优化配置来提高教育的效益以及教育适应变革的能力。主要内容包括：优先发展教育，完善农村义务教育管理体制，改革招生选拔和考试评价制度，改革办学体制。

6. 2004年颁布《教育振兴习行动计划（2003—2007）》

该计划主要内容是：继续推进普通教育、职业教育、成人教育"三教统筹"和农科教结合；努力提高"普九"（普及九年义务教育）水平和质量，为2010年全面普及九年义务教育和全面提高义务教育质量打好基础。

7. 2006年颁布修订的《义务教育法》

新修订的义务教育法明确规定我国义务教育学制包括"六三制"（小学六年，初中三年）和"五四制"（小学五年，初中四年）两种，其中还有少数地区实行八年制义务教育，即小学五年制，初中三年制。

通过不断的改革，目前我国已形成了相对稳定的、适应国家经济社会发展需要的由学前教育、初等教育、中等教育、高等教育构成的完整的现代教育体系和管理制度（图4-3和图4-4）。

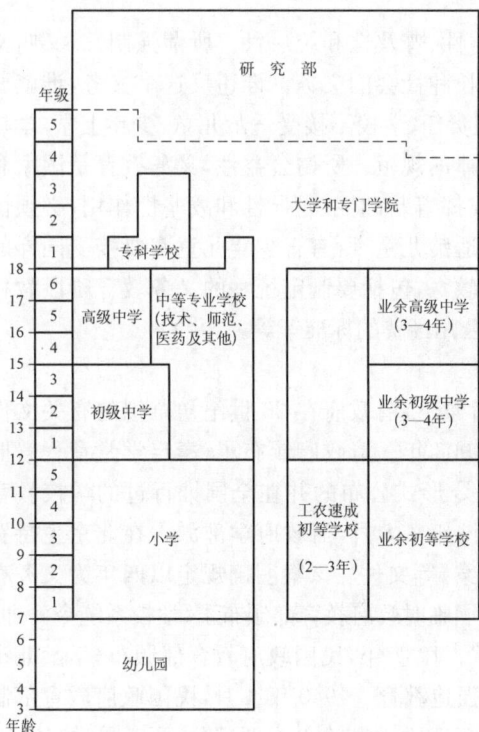

图 4-3 我国学校系统图　　　图 4-4 我国现行的学校系统图

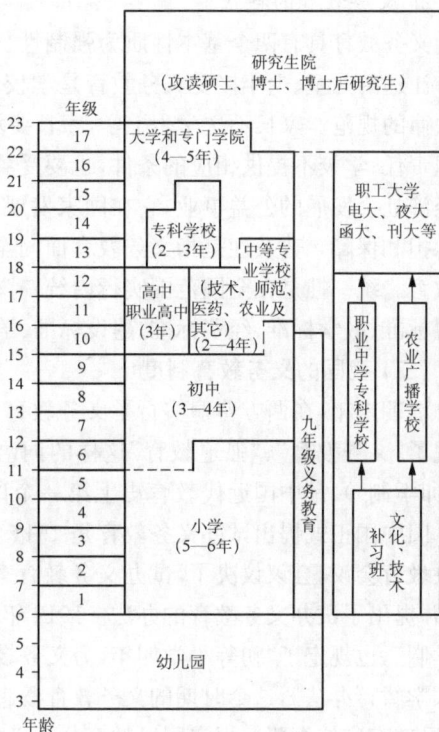

三、我国的义务教育

目前世界上绝大多数国家都实行义务教育制度,西方发达国家普遍实行免费的义务教育,我国从 2005 年起也实行了免费的九年义务教育。

(一)义务教育制度的缘起

德国是最早提出并实行义务教育的国家。宗教领袖马丁·路德是最早提出义务教育概念的人。马丁·路德发起并领导的宗教改革运动取得胜利后,为使人们都有学习《圣经》的能力,路德颁布了义务教育法。在路德教育改革的影响下,1619 年德国魏玛公国公布的学校法令规定,父母应送其 6～12 岁的子女入学,否则政府得强迫其履行义务。这就是义务教育的开端。在 1763～1819 年,德国基本完善了义务教育法规。工业革命后,义务教育发挥着使人们掌握工业知识的任务,义务教育的时间也由最早的 3～6 个月,发展到 6 年,直至 9 年。19 世纪 70 年代后,英、法、美等资本主义国家大多实行了义务教育。

(二)义务教育的概念及特点

1. **义务教育的涵义**

义务教育,是根据宪法规定,适龄儿童和青少年都必须接受,国家、社会、家庭必须予以保证的国民教育。其实质是国家依照法律的规定对适龄儿童和青少年实施的一定年限的强迫教育的制度。义务教育又称强迫教育和免费义务教育。我国 2006 年新修订的《义务教育法》第二条规定:"国家实行九年义务教育制度。义务教育是国家统一实施的所有适龄儿童、少年必须接受的教育,是国家必须予以保障的公益性事业。实施义务教育,不收学费、杂费。"

2. 义务教育的特点

义务教育具有四个基本性质为强制性、公益性、普及性和统一性。所谓强制性，又叫义务性。让适龄儿童、少年接受义务教育是学校、家长和社会的义务。谁违反这个义务，谁就要受到法律的规范。家长不送学生上学，家长要承担责任；学校不接受适龄儿童、少年上学，学校要承担责任；学校不提供相应的条件，也要受到法律的规范。所谓公益性，义务教育是国家和民族经济社会发展的公益事业，它在国家发展中发挥着基础性、先导性和战略性作用，必须由国家承担和保障。普及性是指义务教育面向全体适龄儿童，所有青少年儿童都要接受同样的学校教育。统一性是在全国范围实行内统一义务教育，包括要制定统一的义务教育阶段教科书设置标准、教学标准、经费标准、建设标准、学生公用经费的标准等等。

（三）我国的义务教育制度

清朝末年，在西方普遍实行了义务教育的背景下，清政府在 20 世纪初草拟的有关文件中出现了"义务教育"、"强迫教育"这样的词语。1903 年。清政府颁布了《奏定学堂章程》（旧称"癸卯学制"），是中国近代教育史上第一个以法令形式公布的并在全国推行过的学校教育体系。旧中国正式提出试办义务教育是 1911 年，该年 7、8 月，清政府学部派人在北京主持召开中央教育会议，会议议决了《试办义务教育章程案》等文件。该案明确规定以四年为义务教育期，并提出了试办义务教育的办法。1912 年，民国临时政府教育部颁布了《学校系统令》，即"壬子学制"，也规定了"初等小学四年，为义务教育"。1937 年，民国政府教育部颁布《学龄儿童强迫入学暂行办法》，这个时期的义务教育概念是强迫教育。1940 年 4 月，民国政府教育部制定《国民教育实施纲要》，规定国民教育分为义务教育和失学民众补习两部分，两者同时实施。

中华人民共和国成立后，初期起临时宪法作用的《中国人民政治协商会议共同纲领》及以后正式颁行的国家宪法中，都明确规定公民有受教育的权利和义务。1985 年 5 月 27 日《中共中央关于教育体制改革的决定》指出，义务教育，即依法律规定适龄儿童和青少年都必须接受，国家、社会、家庭必须予以保证的国民教育，为现代生产发展和现代生活所必需，是现代文明的一个标志。1986 年我国制定并颁布了《中华人民共和国义务教育法》，首次以法律形式规定了我国实行九年制义务教育，标志着我国已确立起真正意义上的义务教育制度，也标志着我国基础教育发展到了一个新阶段。2006 年 6 月 29 日，在已经基本普及九年义务教育的基础上，我国对 1986 年的义务教育法进行了修订，重新思考和定义义务教育制度，在中国历史上实现了免费的义务教育。由此，也开启了我国义务教育向均衡性、公平性快速发展的新航程。

四、我国当前学制改革

新中国成立至今，我国已经建立起了完整学校教育制度，包括横向上划分的普通教育、专业教育、成人教育类型及其运行规则，也包括纵向划分的幼儿教育、初等教育、中等教育和高等教育阶段的各级各类学校体系。从形态上看，我国现行的学制是从单轨制发展而来的分支型学制。进入 21 世纪以来，我国也在不断地完善学校教育制度。特别是 2010 年 6 月中共中央审议通过了《国家中长期教育改革和发展规划纲要（2010—2020 年）》（简称"纲要"）以来，我国在学制改革方面呈现出了新特点。

（一）加强基础教育，深化义务教育

1. 基本普及学前教育

目前我国正在按照《纲要》要求努力普及学前教育，到 2020 年前全面普及学前一年教育，基本普及学前两年教育，鼓励有条件的地区普及学前三年教育。要求把发展学前教育纳入城

镇、新农村建设规划。建立政府主导、社会参与、公办民办并举的办园体制,同时积极发展公办幼儿园,大力扶持民办幼儿园。把发展农村学前教育作为普及学前教育的重点,努力提高农村学前教育普及程度,着力保证留守儿童入园,支持贫困地区发展学前教育。

2. 巩固提高九年义务教育水平

把全面提高普及水平,全面提高教育质量,基本实现区域内均衡发展,确保适龄儿童少年接受良好教育作为 2020 年之前义务教育追求的目标。一是巩固义务教育普及成果,采取有效措施,所有学龄儿童平等接受义务教育。二是推进义务教育均衡发展,推进义务教育学校标准化建设,建立健全义务教育均衡发展保障机制,均衡配置教师、设备、图书、校舍等各项资源。

(二) 调整中等教育结构,大力发展职业教育

1. 加快普及高中阶段教育

目前,我国正在根据经济社会发展需要,逐步合理确定普通高中和中等职业学校招生比例,要求今后一个时期总体保持普通高中和中等职业学校招生规模大体相当。加大中西部贫困地区高中阶段教育的扶持力度,全面提高普通高中学生综合素质,推动普通高中多样化发展,鼓励普通高中办出特色,鼓励有条件的普通高中根据需要适当增加职业教育的教学内容,探索综合高中发展模式。同时致力于采取多种方式,为在校生和未升学毕业生提供职业教育。

2. 大力发展职业教育

为缓解劳动力供求结构矛盾,国家加快发展职业教育必须摆在更加突出的位置。要求2020 年形成适应发展方式转变和经济结构调整要求、体现终身教育理念、中等和高等职业教育协调发展的现代职业教育体系,满足人民群众接受职业教育的需求,满足经济社会对高素质劳动者和技能型人才的需要,把职业教育纳入政府经济社会发展和产业发展规划,统筹中等职业教育与高等职业教育发展,建立健全职业教育质量保障体系,调动行业企业参与发展职业教育的积极性,加快发展面向农村的职业教育,完善职业教育支持政策,逐步实行中等职业教育免费制度,建立健全职业教育课程衔接体系。

(三) 稳步发展高等教育,强化内涵发展

2002 年进入高等教育大众化阶段后,我国的高等教育进入了稳步发展的重要阶段。一方面,根据学龄人口的变化特点,转变外延式的发展模式,适时调整高等教育结构和规模。另一方面,把加强内涵建设和全面提高高等教育质量作为高等教育改革的核心任务,努力建设高等教育强国。要求到 2020 年,高等教育结构更加合理,特色更加鲜明,人才培养、科学研究和社会服务整体水平全面提升,建成一批国际知名、有特色高水平高等学校,若干所大学达到或接近世界一流大学水平,高等教育国际竞争力显著增强。

(四) 重视成人教育,发展终身教育

一是加快发展继续教育。要求更新继续教育观念,建立健全继续教育体制机制,加大投入力度,以加强人力资源能力建设为核心,大力发展非学历继续教育,稳步发展学历继续教育,广泛开展城乡社区教育,加快各类学习型组织建设。倡导全民阅读,推动全民学习。到 2020 年,努力形成人人皆学、处处可学、时时能学的学习型社会。二是积极构建灵活开放的终身教育体系。大力发展教育培训服务,统筹扩大继续教育资源。鼓励学校、科研院所、企业等相关组织开展继续教育。加强城乡社区教育机构和网络建设,开发社区教育资源。大力发展现代远程教育,建设以卫星、电视和互联网等为载体的远程开放继续教育及公共服务平台,为学习者提供方便、灵活、个性化的学习条件。三是搭建终身学习"立交桥"。促进各级各类教育纵向衔接、横向沟通,提供多次选择机会,满足个人多样化的学习和发展需要。健全宽进严出的学习

制度,办好开放大学,改革和完善高等教育自学考试制度。建立继续教育学分积累与转换制度,实现不同类型学习成果的互认和衔接。四是构建体系完备的终身教育。学历教育和非学历教育协调发展,职业教育和普通教育相互沟通,职前教育和职后教育有效衔接;现代国民教育体系更加完善,终身教育体系基本形成。

理解·反思·探究

1. 如何理解教育制度与学校教育制度的涵义?谈谈影响教育制度的主要因素。
2. 请反思和评价三种教育学制类型。
3. 探究当代学制发展的特点和意义,重点探讨我国当前学改革的重点是什么。

阅读拓展导航

1. 《世界教育大系》(各国家教育),顾明远、梁忠义主编,吉林教育出版社,2002 年,第 1 版。
2. 《外国教育史》(修订本上下册),王天一、夏之莲、朱美玉编著,北京师范大学出版社,1993 年,第 2 版。
3. 1985 年,《中共中央关于教育体制改革的决定》

   1993 年,《中国教育改革和发展纲要》

   1995 年,《中华人民共和国教育法》

   1999 年,《中共中央国务院关于深化教育改革全面推进素质教育的决定》

   2001 年,《国务院关于基础教育改革与发展的决定》

   2004 年,《教育振兴习行动计划(2003—2007 年)》

   2006 年修订,《义务教育法》

   2010 年 6 月,《国家中长期教育改革和发展规划纲要(2010—2020 年)》

参考文献

1. 南京师范大学教育系.教育学[M].人民教育出版社,1984 年。
2. 王道俊,王汉澜.教育学(新编本)[M].人民教育出版社,1999 年。
3. 叶澜.教育概论[M].人民教育出版社,1999 年。
4. 郑金洲.教育通论[M].华东师范大学出版社,2000 年。
5. 顾明远,梁忠义.世界教育大系:中国教育[M].吉林教育出版社,2002 年。
6. 全国十二所重点师范大学联合编写.教育学基础[M].教育科学出版社,2002 年。

第五章 教育目的

【内容摘要】

任何教育活动都是围绕教育目的进行的,教育过程就是教育目的逐步实现的过程。要高质量地培养人,使整个教育过程高效合理,就必须加强对教育目的的研究。本章通过对教育目的的概念的界定,对教育目的和教育方针的关系、教育目的的层次结构和价值取向的探讨以及对确立教育目的的依据的分析,深入阐释了我国教育目的的基本精神,在此基础上,论述了落实我国教育目的就必须全面推进素质教育和坚持全面发展教育。

【学习目标】

1. 掌握教育目的的涵义及其功能,理解教育目的确立的依据;

2. 了解我国教育目的的发展演变和价值取向;

3. 掌握我国教育目的的基本精神;

4. 学会根据教育目的的相关原理解释当前中学教育现象和问题。

第一节 教育目的概述

教育目的是教育理论中最根本性的问题,是教育工作的核心,也是教育活动的出发点和归宿,对教育工作具有全程性的指导作用。实现教育目的是人类教育工作的理想。教育作为培养人的社会实践活动,是一种在理性引导下的有目的的追求,任何一个参与到教育活动中的主体,大到国家、社会和团体,小到教师、学生和家长,对教育都会有各自的期望,为了实现这种期望,就必须保持教育活动的统一性、连贯性,就必须切实地把握教育活动的方向,而所有这一切的实现,又都有赖于自觉地确定教育活动的目的。

一、教育目的概念

(一) 教育目的的涵义

教育目的即指教育要达到的预期结果,反映对教育在人的培养规格标准、努力方向和社会倾向性等方面的要求。教育目的有广义和狭义之分。广义的教育目的是指人们对受教育者的期望,即人们希望受教育者通过教育在身心诸方面发生什么样的变化,或者产生怎样的结果。国家和社会的教育机构、学生的家长和亲友、学校的教师等,都对新一代寄予这样或那样的期望,这些期望可以理解为广义的教育目的。狭义的教育目的是指教育所要培养的人的质量和规格的总要求,即解决把受教育者培养成什么样的人的问题,各级各类学校无论具体培养什么领域和什么层次的人才,都必须努力使所有学生都符合国家提出的总要求。

（二）教育目的与教育方针

教育方针是国家或政党根据一定社会政治、经济的要求，为实现一定时期教育目的而规定的教育工作的总方向。它从原则上规定着培养什么样的人、怎样培养人、培养的人为谁服务等重大问题。教育方针是一个国家在一定历史时期教育基本政策的总概括。

教育方针反映着教育与社会的本质联系和教育活动内部的主要关系，是一个有层次的完整体系。就我国党和政府制定的系列教育方针看，大体上包括三个层次。一是教育的性质和方向。如"教育必须为社会主义建设服务"，"教育要面向现代化、面向世界、面向未来"等，它们的精神实质是一致的，都是正确地说明了教育同社会主义政治经济制度的本质联系，说明教育对社会主义建设的重大作用和社会主义社会对教育的原则要求，体现了我国社会主义教育的性质和方向。二是教育目的。如20世纪50年代提出的"使受教育者在德育、智育、体育几方面都得到发展，成为有社会主义觉悟的有文化的劳动者"，80年代提出的培养"有理想、有道德、有文化、有纪律，热爱社会主义祖国和社会主义事业，具有为国家富强和人民富裕而艰苦奋斗的献身精神，不断追求新知识，具有实事求是、独立思考、勇于创造的科学精神"的社会主义新人。而后提出的"培养德、智、体全面发展的建设者和接班人"，都是我国社会主义教育在不同历史时期提出的教育目的。三是实现教育目的的途径。如"教育必须与生产劳动相结合"等。

以上教育方针的三个层次构成了一个有机的整体。其中教育性质和方向制约着教育目的和教育途径，教育目的是根本和核心，教育途径是实现教育目的的具体措施。

教育目的与教育方针既有联系又有所不同。从联系上看，它们在对教育社会性质的规定上具有内在一致性，都会有"为谁（哪个阶层、哪个社会）培养人"的规定性，都是一定社会（国家或地区）各级各类教育在其性质和方向上不得违背的根本指导原则。从区别来看，一方面，教育方针所含的内容比教育目的更多。教育目的一般只包含"为谁培养人"，"培养什么样的人"的问题；而教育方针除此之外，还含有"怎样培养人"的问题和教育事业发展的基本原则，另一方面，教育目的在对人培养的质量规格方面要求较为明确，而教育方针则在"为什么样的教育"、"怎样办教育"方面显得更为突出。

在教育实践中，要清楚地认识和把握二者的联系与区别，不能认为二者都是各级各类教育所应遵循的指导原则和依据而将其等同或相互代替，也不能因为二者的区别而在考虑教育性质和方向问题时将其分割开来。

（三）教育目的的功能

教育目的的功能是指教育目的对实际教育活动所具有的作用。教育目的对一切教育工作都具有指导意义。教育制度的制定、教育内容的确定、教育与教学方法的运用，无一不受教育目的的指导与制约。教育目的是教育工作的方向，是一切教育工作的出发点和归宿。

1. 导向功能

教育目的及其所具备的层次性，不仅内含对整体教育活动方向的规定和结果的要求，而且还含有对具体教育活动的规定性。它指示给教育的不仅有"为谁（哪个社会、哪个阶层）培养人"、"培养什么样的人"这样未来的方向，而且还包括现实教育中实际问题解决的具体路径。具体体现为：一是对教育的社会性质的导向作用，即对教育"为谁培养人"具有明确的规定。二是对人的培养的导向作用，使教育依循这样的规定，不仅能改变人的自然的盲目的发展性，而且还能对人不符合教育目的要求的发展给予正确的引导，使其发展与预定方向相一致，符合教育目的的规定，产生社会所需要的新品质。三是对课程选择及其建设的导向作用。教育目的对选择什么样何种水平的教育内容，对内容如何进行取舍等具有决定作用。四是对教师教学方向的导向作用,除了要培养学生能力和技能方向的教学定向外,还对培养思想品德方向的价值定向作用,使教师能够知道所要教的最重要的是什么。正因为教育目的的导向功能,教育活动才有所依循,避免其社会性质和发展方向上的失误。任何社会为满足自身发展需要总是首先确定相应的教育目的,引导教育发展的方向,以便从根本上确保教育的社会性质和人才培养的社会倾向性。

2. 调控功能

一定的教育目的,是一定社会依据自身或人的发展需要对教育活动进行调节、控制的一种重要手段,以便达到使其自身发展的目的。一是通过确定价值的方式来进行调控,主要体现在对教育价值取向的把握上。教育的产生和发展既是由于社会的需要,同时也会受到社会的制约,社会在利用教育来满足自身或人的发展需要时,无不赋予其特有的价值取向。因此,教育目的带有一定价值观实现的要求,并成为衡量教育价值意义的内在依据,进而调控实际教育活动,使其对"价值不可违背"。二是通过标准的方式进行调控。教育目的总是含有"培养什么样的人"的标准要求,这些标准对实际教育活动的影响是多方面的,是教育活动的"培养什么样的人"的基本依据。它使教育者根据这样的标准调节和控制自身对教育内容或教学方式的选择等。三是通过目标的方式调控。一定的教育目的必然要通过一系列的短期、中期和长期目标去实现。这些目标指出了教育行为的进程,具体调节和控制着各种教育活动。

3. 激励功能

教育目的是对受教育者未来发展结果的一种设想,具有理想性的特点,这就决定了它具有激励教育行为的作用。它不仅激励教育者通过一定的方式把教育目的和培养目标转化为学生的学习目的,也激励受教育者自觉地、积极地参与教育活动。在教育活动中,只有当受教育者意识到教育目的对自身未来成长的要求或意义时,才能把它作为努力的方向,不断地按照教育目的的要求发展和提高自己。

4. 评价功能

教育目的不仅是教育活动应遵循的根本指导原则,而且也是检查评价教育活动的重要依据。一种能够实现的教育目的,总是会有多层次的系列目标,这使得它对教育活动不仅具有宏观的衡量标准,而且还具有微观的衡量标准。依据这些标准,能够对教育活动的方向和质量等作出判断,评价教育活动的得与失:一是对价值变异情况的判断与评价。教育行为必然具有一定的价值倾向,但社会中个人、群体、社会各层次之间存在的利益、需要、目的等方面的矛盾与冲突,常常导致教育现实与教育价值观之间的冲突。这使得教育活动的进行,总是面临着多种多样的教育价值观和教育目的影响和干扰,这容易导致实践中教育活动的方向模糊不清,甚至使其被赋予了另外的价值取向。例如,现行倡导的素质教育,有的就已被赋予了片面的升学的价值取向。对于这种情况,如果不坚持用所确立的教育价值观的要求进行衡量评价,就不能意识到教育活动价值的变异,也难以使其得到有力的纠正。二是对教育效果的评价。教育目的中的层次目标,不仅是指出教育活动的途径,同时也是评价具体教育活动效果达成程度的直接依据。运用这样的标准来评价具体的教育活动过程,可判断出过程的得失、质量的高低、目标达成的程度等。要确保教育目的的实现,就应注意依据教育目的不断分析评价教育过程发展状况和结果,适时作出恰当判断。只有注意发挥教育目的对教育活动的评价功能,才能更好地从根本上把握教育活动的进行。

教育目的的上述功能,是相互联系、综合体现的。每种功能的作用,都不是单一表现出来的。导向功能是伴随评价功能、激励功能和调控功能而发挥的,没有评价、激励和调控功能,导向功能难以发挥更大的作用;而调控和激励功能的发挥又需要以导向功能和评价功能为依据;评价功能的发挥也离不开对导向功能的凭借。在现实教育中,应重视和综合发挥教育目的的这些功能,对其合理地把握,在于对教育目的理解的深刻性和全面性。

二、教育目的的层次结构

教育目的在教育实践上的表现,就必须反映出一种层次结构,以适应不同的教育组织机构教育实践的需要,适应人类社会实践对不同层次、不同类型人才的需要。我们认为,教育目的的层次结构主要由国家和社会的教育目的、培养目标及教学目标构成。

(一)国家和社会的教育目的

国家和社会的教育目的在教育目的的层次结构中处于最高层,体现了国家对人才质量的总体要求,是各级各类教育组织和机构必须遵循的总体要求,是衡量社会教育、学校教育、家庭教育质量高低的唯一标准。其表现形式最概括、最抽象。与其他层次的教育目的是一般与个别的关系。任何其他层次的、具体的教育目的,都应该符合国家层次的教育目的。

(二)培养目标

培养目标,又称教育目标,有广义和狭义之分。广义的培养目标就是教育目的,而狭义的培养目标则是指各级各类学校各专业培养人才的具体质量规格。由此可见,教育目的和培养目标的关系是一般与特殊的关系。教育目的具有总体性,它比较集中地反映了社会在特定的历史时期内对培养人的总要求,它是各级各类学校都必须遵循的总目标;培养目标则有具体性,它是在教育目的的指导下,根据各级各类学校的具体任务和受教育者的身心发展水平而制定的培养人的具体要求。不同层次不同类别的学校的具体培养目标不同,这样使各级各类学校有了更为明确具体的努力方向,从而保证了教育目的的顺利实现。

不同国家的教育目的不同,培养目标也不相同。而在同一个国家,教育目的虽然相同,但是培养目标却不一致。不仅不同级别、不同专业、不同类型学校的培养目标有区别,就是同一级别、类型的学校由于种种具体条件的不同,培养目标也不尽相同。

(三)教学目标

教学目标是指教学活动实施的方向和预期达成的结果,是一切教学活动的出发点和最终归宿,它既与教育目的、培养目标相联系,又不同于教育目的和培养目标。一般而言,教学目标与教育目的、培养目标之间是具体与抽象的关系,各级各类学校培养人才的总体规格和要求的教育目的是最高层次的概念,各级各类学校、各专业培养人才的具体质量规格和标准的培养目标是中层次的概念,而对学习者在教学活动后预期达到的结果或标准的教学目标则是最低层次的概念,是对学习者通过教学以后将能做什么的一种明确的、具体的表述,主要描述学习者通过学习后预期产生的行为变化。教育目的和学校的培养目标是制定教学目标的依据。

教学是实现培养目标(广义的和狭义的)的基本途径。培养目标是教学目标确定、实施和教学活动评价的基本依据,具有高度的概括性和抽象性,它必须通过一个个具体教学目标的完成才能够得以实现,而各教学目标之间是相互联系和相互影响的。教学目标的完成,不能一定保证培养目标的实现。必须在培养目标的总揽之下,把握教学目标之间以及教学目标与教育目的之间的内在关系,才能保证培养目标的最终达成。

三、教育目的的价值取向

（一）个人本位的价值取向

个人本位的价值取向，即把人的价值看成高于社会价值，把人作为教育目的根本所在的思想主张。该主张提出教育目的应当从受教育者的本性出发，而不是从社会出发；教育的目的在于把受教育者培养成人，充分发展其个性，增进其个人价值；个人价值高于社会价值，评价教育的价值应当以其对个人的发展所起的作用来衡量。其特点是：重视人的价值、个性的发展及其需要，把人的个性发展及需要的满足视为教育的价值所在；认为教育的根本目的在于使人的本性、本能得到自然发展，使其需要得到满足；主张应根据人的本性发展和自身完成这种"天然的需要"来确定教育目的，按照人的本性和发展的需要来规定教育目的。

个人本位的价值取向主要反映在自然主义和人文主义的教育思想之中，其主要代表人物有法国思想家卢梭、瑞士的裴斯泰洛齐、德国的康德、美国的马斯洛、法国的萨特等。

个人本位的价值取向把人视为教育目的的根本，它在历史发展中的每一变化，都具有不同程度的变革性，或是面对社会，或是面对教育自身。在人类历史的进程中不乏进步意义，特别是在文艺复兴以后，它宣扬解放人的个性自由，对于打破宗教神学和封建专制制度对人的思想和人身的禁锢与束缚，促进人的解放，使教育回归人间，起了重大的历史作用，在人的自由和个性解放、提升人的价值和地位等方面具有深远的历史意义，其积极作用绵延至今。但是也应当看到个人本位的价值取向的不足之处。在变革社会和教育的探讨过程中，不免带有历史唯心主义色彩和过激的观念意识。激进的对立的个人本位思想脱离社会来思考人的发展，在提出教育目的的时候，无视个人发展的社会需要，甚至把个人发展的需要与社会发展的需求对立起来，把教育的个人目的和社会目的看成是不可调和的，这种倾向在现实中极易导致个性、自由和个人主义的绝对化。

（二）社会本位的价值取向

社会本位的价值取向，与上述人本位的价值取向相反，把满足社会需要视为教育的根本价值。这种观点认为，社会是人赖以生存发展的基础，社会价值高于个人价值；教育是培养人的社会活动，个人只是教育加工的原料，他的发展必须服从社会需要；教育的目的在于把受教育者培养成合格的公民，使受教育者社会化，保证社会生活的稳定与延续。因此主张教育目的不应从人的本位出发，而应从社会需要出发，根据社会需要来确定，评价教育的价值只能以其对社会的效益来衡量。这种观点有着悠久的历史，但其理论的鼎盛时期是在 19 世纪到 20 世纪初，其主要代表人物有德国的纳托普、凯兴斯泰纳、法国的孔德和涂尔干等。

社会本位的价值取向重视教育的社会价值，强调教育目的从社会出发，满足社会的需要，具有一定的合理性。事实上，人的存在和发展是无法脱离一定社会的，离开社会，人也就无法获得其发展的社会条件。人获得发展的社会条件客观上是需要每个人遵守并维护社会的要求来实现的。从这一意义说，社会本位的价值取向具有不可否认的意义。但是它又过分强调人对社会的依赖，把教育的社会目的绝对化、唯一化，甚至认为"个人不可能成为教育的目的"，或者认为只有"人类"，而没有个人，如纳托普说："在事实上个人是不存在的，因为人之所以为人，因为他生活于人群之中，并且参加社会生活。"这种极端的主张，完全割裂了人与社会的关系，极易导致教育对人的培养只见社会不见个人，单纯把人当作社会工具，而不是把人作为社会主体来培养，造成对人本性发展的严重束缚和压抑。

（三）个人本位和社会本位的辩证统一

美国教育家杜威则试图调和个人本位的价值取向和社会本位的价值取向的分歧，做到个人与社会两者的兼顾,他认为教育过程有两个方面,一方面是心理学的,一方面是社会学的,主张要将个人特性与社会目的和价值协调起来。一方面,杜威倡导儿童中心主义,主张培养个性,他反对脱离儿童的需要、兴趣、经验而强加外在的教育目的,认为这是对教育过程的外部强制。另一方面,杜威又主张所谓的社会中心,强调应把教育的社会方面放在第一位,尤其是强调教育应成为民主观念的仆人。

杜威的主张有不少积极因素,如重视儿童的活动在教育与发展中的作用。强调学校与社会生活的联系等。但是,他的两大主张:教育是无外在目的的生长过程与教育应当成为实现民主主义的工具本身即是一种矛盾,因而,杜威并未成功地解决这一问题。

四、制定教育目的的基本依据

教育作为培养人的社会活动,能对社会、对人产生多方面影响,又受到多方面的制约。影响教育目的制定的基本因素包括:第一,人性假设;第二,社会理想;第三,社会政治、经济和文化状况。其中,社会的政治、经济和文化状况是最为根本的因素。人性假设和社会理想都依赖于这个根本因素。

历史上曾出现过许多不同的教育目的论,教育目的首先要反映一定的价值取向和教育理想。但是,教育目的的这种主观性又是以其客观性为存在的前提,恰当的教育目的的制定又必须考虑到社会发展的现实和要求,依据受教育者身心发展的规律。所以确定教育目的的基本依据可以概括为主观和客观两个方面。

(一) 确定教育目的的主观依据

从主观方面来看,教育目的首先是教育活动中人的价值选择。人们在考虑教育目的时往往会受其哲学观念、人性假设和理想人格等观念和价值取向的影响。

一方面,人都有追问世界之根本的哲学兴趣;另一方面,自觉或不自觉的哲学观念都会对人的活动产生影响。而哲学观念对于教育活动最大的影响莫过于对于教育目的设定的影响。柏拉图认为,一切感官所得都属于现象,宇宙的根本是理念。所以,个体如欲追求真理就不能诉诸感官的体验而应当依赖理性。教育的目的不在灌输知识,而在启发理性,认识理念。所以理性的培养就成为柏拉图教育目的论的核心。相反,经验主义哲学家洛克认为,先有外物的存在,后有感觉经验。所以,一切知识均来源于后天,都要通过感觉经验。所以,教育目的应当是培养人对外在环境的兴趣,包括接受人与人之间的影响,从而形成他所谓的"绅士"教育目的论。中国古代教育思想家们的教育目的论也往往建立在他们对宇宙之根本如"天"、"道"、"理"、"性"等问题看法的基础上,认为教育的根本目的就在于教学生领悟宇宙和人生的根本,从而从根本上修身养性。所以,教育目的的确定肯定会受到不同世界观或哲学观念的影响。

教育目的的确定还要受到思想家们或制定教育目的者的人性假设的影响。孟子认为,人皆有恻隐之心、羞恶之心、辞让之心和是非之心,这四心乃是仁、义、礼、智四种美德的发端。所以,"学问之道无他,求其放心而已矣"。教育目的无非是要让人将失掉的善心找回来,恢复人的本性并且发扬光大。主张性恶论的荀子认为,"目好色,耳好声,口好味,心好利,骨体肤理好愉逸",故人性皆恶,其善者"伪"。所以教育应当使人去性而起伪,"积礼义而为君子"。董仲舒和韩愈都将人性分为上、中、下三类,上智与下愚不移。教育所能和所要做到的是使"中民之性"或"中品"之性得到可能的改造,与圣贤趋齐。与此相似,古代基督教教育思想家们曾经由原罪说引申出必须对儿童采取严厉的态度的结论。而另一方面,卢梭却认为,"出自造物主之手的东西都是好的,而一到人的手里,就全变坏了",教育的根本目的在于求得儿童顺其自然的发展。由此可知,教育目的的设定一定会受到主体对于人性的基本假定的影响。

教育目的既然是对培养对象规格的设计,就不能不与人格理想相联系。因而教育目的的设定会受到主体有关理想人格之观念的影响。几乎所有的学派都有其对于理想人格的共同追求。从大的文化系统看,佛教倡导与世无争的佛陀人格,道教塑造了长生久视的神仙世界,儒家则大力倡导成仁取义的圣贤人格。以圣贤作为我国主流传统文化的儒家,一方面,设计了一种非常完美的人格形象,认为:“圣人之于民,出乎其类,拔乎其萃”,“圣人为人之精”。另一方面,又认为“圣人与众人一般,只是尽得众人的道理”,“涂之百姓,积善而全尽,谓之圣人”。所以,对于中国古代的学者而言,其修身或学问的总目标就只能是成圣成贤。在西方,卢梭主张的自然发展的人、洛克的“绅士”、杜威所谓的民主社会的公民等等,也都寄托了他们对于理想人格的向往,这些理想人格也就自然成为他们所理解的教育目的的重要组成部分。

(二) 确定教育目的的客观依据

确定教育目的的客观依据是指教育目的的确定必须考虑到一定的社会历史条件。教育目的的确定受生产力与科技发展水平、社会经济政治制度的制约以及教育对象的身心发展规律的制约。

1. 社会生产力和科学技术发展水平

生产力和科技发展的状况是确定一定历史时期教育目的的物质基础。生产力和科学技术的发展水平不同,社会对受教育者的质量标准和规格要求就不同。教育目的是对社会生产力和科学技术发展特点的反映,体现着这一时代发展的特征。在古代社会,由于社会生产的科技含量水平较低,劳动者也无须经过学校教育的专门培训。因此,古代教育的教育目的只有一条,那就是培养有一定文化素养的统治者,即只培养神职人员和政治、军事和法律等方面的管理人才。机器大工业时代的到来使社会生产对普通劳动者的科技文化素养提出了更高的要求。在现代社会,无论是在资本主义制度下还是社会主义社会里,劳动者不具备一定的科技和文化素养,就无法适应现代化的社会生产。因此机器大工业出现之后,资本主义国家普遍实施了强制性的国民义务教育,学校教育开始具有全民性、民主性。信息时代和知识经济时代将对全体社会成员的文化与科技素养提出更高的要求,因此未来社会对于教育机会均等和劳动者文化素养的要求将更高。这也必然会影响到教育目的的确定。

2. 一定的社会经济和政治制度

在一定生产力基础之上建立起来的生产关系对教育目的起着决定性的作用。所以教育目的的确定就必然与一定社会经济政治制度相联系。马克思和恩格斯曾经指出:“一个阶级是社会上占统治地位的物质力量,同时也是社会上占统治地位的精神力量。支配着物质生产资料的阶级,同时也支配着精神生产资料,因此,那些没有精神生产资料的人的思想,一般是隶属于这个阶级的。占统治地位的思想不过是统治地位的物质关系在观念上的表现,不过是以思想的形式表现出来的占统治地位的物质关系。”在阶级社会,统治阶级一方面会利用其经济和政治上的统治权制定出符合本阶级需要的教育目的,为巩固这一统治服务;另一方面还会利用自己在经济、政治上的权力维护本阶级在教育资源占有上的特权,并保证这一教育目的的实现。所以教育目的的确定会体现一定社会经济、政治的要求,在阶级社会中具有鲜明的阶级性。

3. 受教育者身心发展的规律

教育对象的身心特点及发展规律虽不对教育目的的社会性质和方向起决定作用,但它仍然对教育目的有十分重要的制约作用。教育目的必须以各级各类教育的培养目标为基础,集中概括各级各类教育的培养目标,同时教育目的还要通过具体的教育目标去落实,因而教育目的需要反映不同阶段教育对象的共同成长规律。完全不考虑受教育者的身心实际及发展规律的教育目的不仅是错误的,而且是无效的。

第二节　我国的教育目的

新中国成立以来,教育目的始终是我国教育理论和实践中的一个令人关注的并有些敏感的问题。围绕培养具有什么社会属性和质量规格的受教育者,我国教育理论和实践有太多的问题值得思考。

一、新中国成立以来我国的教育目的表述的历史回顾

新中国成立以来,我国教育进入了新的历史阶段。其间,我国教育目的的表述经过多次变动。

1949年12月,教育部在北京召开第一次全国教育工作会议,确定了全国教育工作的总方针是:中华人民共和国的教育是新民主主义的教育,它的主要任务是提高人民文化水平,培养国家建设人才,肃清封建的、买办的、法西斯的思想,发展为人民服务的思想。这种新教育是民族的、科学的、大众的教育,其方法是理论与实际一致,其目的是为人民服务,首先为工农兵服务,为当前的革命斗争服务。"这个方针后来被称为新民主主义文化教育方针。

1957年,在生产资料所有制的社会主义改造基本完成后,开始了以发展生产力、发展经济为重点的大规模建设时期,根据这一时期的政治、经济、文化等方面的新要求,毛泽东在国务会议上指出:"我们的教育方针,应该使受教育者在德育、智育、体育几方面都得到发展,成为有社会主义觉悟的有文化的劳动者。"它在当时对我国教育事业的发展和人才培养起了非常有力的指导作用,对以后教育目的的影响很大。

1978年,我国的教育目的在人大会议上通过的宪法中被表述为:"我国的教育方针是教育必须为无产阶级政治服务,教育必须同生产劳动相结合,使受教育者在德育、智育、体育几方面都得到发展,成为有社会主义觉悟的有文化的劳动者。"

1981年《关于建国以来党的若干历史问题的决议》对教育目的有新的表述:"坚持德智体全面发展、又红又专、知识分子和工人农民相结合、脑力劳动和体力劳动相结合的教育方针。"

1982年,第五届全国人民代表大会第五次会议通过了《中华人民共和国宪法》,《宪法》中规定:"国家培养青年、少年、儿童在品德、智力、体质等方面全面发展"。

1985年,《中共中央关于教育体制改革的决定》提出:"教育要为我国的经济和社会发展培养各级各类合格人才,所有这些人才,都应该有理想、有道德、有文化、有纪律,热爱社会主义祖国和社会主义事业,具有为国家富强和人民富裕而艰苦奋斗的献身精神,都应该不断追求新知,具有实事求是、独立思考、勇于创造的科学精神。"

1986年《中华人民共和国义务教育法》规定:"义务教育必须贯彻国家的教育方针,努力提高教育质量,使儿童、少年在品德、智力、体质等方面全面发展,为提高全民族的素质,培养有理想、有道德、有文化、有纪律的社会主义的建设人才奠定基础。"在这里,首次把提高全民族素质纳入教育目的。

1990年《中共中央关于制定国民经济和社会发展十年规划和"八五"计划的建设》把教育方针和教育目的明确表述为:"教育必须为社会主义现代化建设服务,必须与生产劳动相结合,培养德、智、体全面发展的建设者和接班人。"

1993 年《中国教育改革和发展纲要》提出"教育改革和发展的根本目的是提高民族素质,多出人才,出好人才,各级各类学校要认真贯彻'教育为社会主义现代化建设服务,必须与生产劳动相结合。培养德、智、体等全面发展的建设者和接班人'的方针,努力使教育质量在 90 年代上一个新台阶"。

1995 年《中华人民共和国教育法》规定:"教育必须为社会主义现代化的建设服务,必须与生产劳动相结合,培养德、智、体等全面发展的社会主义事业的建设者和接班人。"

1999 年 6 月的《中共中央国务院关于深化教育改革全面推进素质教育的决定》把教育目的的表述为"以培养学生的创新能力为重点,造就有理想、有道德、有文化、有纪律的德、智、体等方面全面发展的社会主义建设者和接班人"。

2001 年 6 月的《国务院关于基础教育改革与发展的决定》明确提出"要高举邓小平理论伟大旗帜,以邓小平同志'教育要面向现代化,面向世界,面向未来'和江泽民同志'三个代表'的重要思想为指导,坚持教育必须为社会主义现代化和建设服务,为人民服务,必须与生产劳动和社会实践相结合,培养德智体美等全面发展的社会主义事业建设者和接班人"。

2006 年 4 月 12 日,第十届全国人民代表大会常务委员会第二十二次会议通过新修订的《义务教育法》,对 1986 年的《义务教育法》的一些条目进行了修改。其中,在对义务教育目的的修改中规定:"义务教育必须贯彻国家的教育方针,实施素质教育,提高教育质量,使适龄儿童、少年在品德、智力、体质等方面全面发展,为培养有理想、有道德、有文化、有纪律的社会主义建设者和接班人奠定基础。"这一法案反映了 20 世纪 90 年代以来我国教育实践的新内容和教育发展面临的新形势,增加了"素质教育"的内容。

2010 年,《国家中长期教育改革和发展规划纲要(2010—2020 年)》颁布,提出"全面贯彻党的教育方针,坚持教育为社会主义现代化建设服务,为人民服务,与生产劳动和社会实践相结合,培养德智体全面发展的社会主义建设者和接班人"。

二、我国教育目的的精神实质

可以看出,历次的有关教育目的的表述,虽然在字面上有所变化,具体内容不完全一样,但其中有些基本精神是一贯的。我们要求培养的是社会主义现代化事业的建设者和接班人,坚持教育对象的思想政治素质、道德品质素质与文化知识能力的统一,教育目的要求培养在道德、才智、体质等方面的全面发展,要求在脑力与体力两方面的协调发展。80 年代之后的表述则突出了对受教育者的开拓精神和创造才能的要求,反映了当代中国社会主义现代化事业对新生一代的新期望。

(一) 社会主义是我国教育性质的根本所在

我国教育目的所反映出来的这一基本精神,明确了我国教育的社会主义方向。教育作为一种培养人的社会活动,既源于社会需要也受社会制约。教育无不带有各个时代社会的特点和要求,无不体现一定的社会性质。新中国成立以来,我国的教育目的也体现了这一特点。但它不同于以往经历史上任何社会的教育目的,是为社会主义巩固和发展服务的,维护社会主义利益,为社会主义服务,一直是我国教育目的根本所在。新中国成立以来,无论我国社会怎样发展变化,也无论我国发展的各个时期工作重点有什么不同,我国教育目的所确定的社会主义性质都始终没有变。正是由于我国教育目的所确定的社会主义性质的规定性,才在根本上保证了我国教育发展的社会主义方向,指引着教育为社会主义事业全面的发展进步培养造就各方面的人才。

（二）使受教育者德、智、体、美等方面全面发展

我国教育目的反映出来的这一基本精神，明确了我国人才培养的素质要求。一是明确了人才应有的基本素质，即德、智、体、美等方面，将其作为人才所应有的基本素质，这几方面相互联系、相互作用，是人的生存和发展，以及在现代的建设中不可缺少的基本素质。二是明确了使受教育者各方面全面发展，即在注重基本素质（德、智、体、美）形成发展的同时，也要促进其他素质的形成和发展，而不应仅仅局限在德、智、体、美四方面。这是促进人的个性丰富发展所必需的，有利于个人在物质生活领域和精神生活领域发挥展现创造性才能，更好实现自己的理想和价值，使人生存发展充满内在活力。

（三）注重提高全民族素质

我国教育目的不仅包含对人的全面发展的要求，而且还含有对整个民族素质全面提高的要求。提高全民素质，是我国当今社会发展赋予教育的根本宗旨，也是我国当代教育的重要使命。这是因为：一方面，科学技术发展对综合国力、社会经济结构和人民生活的巨大影响，使得科学技术成为经济发展、社会进步的关键，要加速科技进步并用科技进步来推动经济、社会发展，这取决于整个民族素质和能力的提高。只有这样才能使我们整个民族有能力加速科技进步，有能力将科技成果创造性地运用于经济建设和社会文明发展。另一方面，实现社会的现代化不仅仅只是经济的巨大发展，同时也包括思想、道德、文化、观念等在内的社会的全面进步。否则这个社会的发展不仅是片面的，而且经济本身也将受到各种因素的严重制约，难以获得持久的健康发展。而要促进包括思想、道德、文化、观念在内的社会的全面进步，也更需要整个民族素质的全面提高。因此，提高全民族素质，促进经济建设和社会发展，是我国教育目的精神实质的又一个重要方向。

（四）为经济建设和社会全面发展培养各级各类人才

这一教育目的反映了我国教育的基本使命，一个国家经济建设和社会的全面发展进步，需要有各级各类人才与之相适应。培养能够坚持社会主义方向的各级各类人才，是我国自改革开放以来教育目的所体现的基本要求。

三、我国教育目的的理论基础——马克思主义关于人的全面发展学说

马克思主义关于人的全面发展学说是马克思、恩格斯在政治经济学的研究中考察社会物质生产与人的全面发展关系时所提出的关于人的发展问题的基本原理，是马克思主义教育思想的重要组成部分。其基本思想是：人的发展是与社会生产发展相一致的。旧式劳动分工造成人的片面发展，大工业机器生产要求人的全面发展，并为人的全面发展提供了物质基础；实现人的全面发展的根本途径是教育同生产劳动相结合。它为我国教育目的的制定提供了重要的理论依据和方法论的指导。

（一）人的全面发展的涵义

人的全面发展具有丰富的内涵：（1）指人的生产物质生活本身的劳动能力的全面发展，"个人生产力的全面的、普遍的发展"，"是各方面都有能力的人，即通晓整个生产系统的人"，"全面发展的个人……也就是能够适应极其不同的劳动需求并且在交替变换的职能中……使自己先天的和后天的各种能力得到自由发展的个人。"这种劳动能力的全面发展，既表现为人的体力和智力的全面发展，又表现为人的才能和志趣的全面发展。（2）指人的才能的全面发展。正如马克思、恩格斯说的"每一个人都无可争辩地有权全面发展自己的才能"，"任何人的职责、使命、任务就是全面地发展自己的一切能力"。（3）指人自身的全面发展，它意味着"人以一种全

面的方式,也就是说,作为一个完整的人,占有自己的全面的本质","均匀地发展全部的特性"。(4)指人的自由发展,包括"全部才能的自由发展","各种能力得到自由发展","个人独创的和自由的发展","个人的比较高度的发展",等等。

(二) 人的全面发展学说的基本内容

1. 人的发展是与生产的发展相一致的

人的发展既和他们生产什么相一致,又和他们怎样生产相一致。从根本上说,人的发展决定于人们生活在其中的社会物质生活条件。"人的本质并不是单个人所固有的抽象物。在其现实性上,它是一切社会关系的总和。"这就是说,人们在社会生产、生活中,在社会关系中所处的地位不同,得到的发展机会就不同,发展的结果也会随之不同,没有抽象地离开任何社会关系、任何社会实践的"人的发展"。

2. 旧式的社会分工造成人的片面发展

分工的历史十分悠久,人类进入奴隶社会后,出现了脑力劳动和体力劳动的分工。这种分工破坏了城乡居民体力和精神发展的基础,到了封建社会末期,出现了工场手工业,它使工人片面地发展。首先,工场手工业产生以后,使过去各种不同的独立的手工业者成为手工工场工人,他们逐渐失去了全面从事原有手工业劳动的能力,终生束缚在一种工具上,从事一种技艺的操作,每一种操作都形成为一个工人的专门的职能,全部操作由这些从事局部操作的工人的联合体来完成。所以,恩格斯说:"工场手工业把一种工艺分成各种精细工序,把每种工序分给个别工人,作为终生职业,从而使他一生束缚在一定的操作和一定的工具上。"

其次,在工场手工业中,工人经常重复做同一种有限的单调动作,它使工人的精力或肢体的某一部分极度地疲乏,造成工人肉体和精神的真正畸形发展,破坏了人的肢体的完整和统一,使人片面发展。

最后,工场手工业的性质,也使体脑分离和对立进一步加剧。在工场手工业中,随着生产的发展,生产对知识的需要,智力的要求是扩大了范围。但这种知识和能力只是集中于少数人身上,对于一个终生从事局部操作的局部工人来说,是没有机会用自己的智力,也是不需要多少知识的。这就加剧了体脑对立和分离。

3. 资本主义机器大生产为人的全面发展奠定了物质基础

一方面,在大工业之前所有的生产分工的技术基础本质上是保守的,而现代工业的基础则是革命的。某项现代科学技术的发明及在生产中的运用,都会使工人的职能和劳动过程的社会结合不断地发生变革。这样,它也同样不断地使社会内部的分工发生革命,不断地使大量资本和大批工人从一个生产部门投到另一生产部门。因此,大工业把人的全面发展问题当作现代生产的普遍规律的生死攸关的问题提了出来。

另一方面,由于自然科学和工艺学在生产中的运用,使人的全面发展具有了可能。也就是说虽然大工业生产把整个生产过程分解为各个构成要素,使之五光十色,但自然科学和工艺学的基本知识一旦被掌握,人就能适应这种更普遍的要求。此外,以科学技术为基础的大工业生产,客观上必然要求打破脑力劳动和体力劳动的分工,趋向体脑的结合。生产的全盘机械化使生产部门越来越需要具有文化科学知识,了解机器性能,并能操作机器的劳动者。因此,机器大生产是人的全面发展的客观基础。但是,在资本主义社会里,自然是少数人剥削大多数人,这种剥削制度的存在,人的全面发展就不可能真正实现。

4. 共产主义社会将使人的全面发展得以实现

马克思、恩格斯认为,虽然资本主义制度下大工业生产的发展对人的全面发展提出了客观的要求,但由于资本主义社会生产的社会化和生产资料私人占有的基本矛盾以及少数人剥削大多数人的制度的存在,劳动者的全面发展不可能真正实现。要实现人的真正自由、全面发展,就必须彻底消灭限制人发展的资本主义生产关系,使劳动者成为社会物质财富的占有者,成为自己自由时间的享用者。只有劳动成为人的生活的第一需要,人的全面发展才得以真正实现。人的发展从原始的自然状态,经过片面、畸形的发展阶段,最后到共产主义社会获得自由、充分的发展,这是人的全面发展的历史过程。

5. 教育是实现人的全面发展的重要途径

马克思十分重视教育在人发展中的作用,认为教育可使年轻人很快就能够熟悉整个生产系统,它可使他们根据社会的需要或他们自己的爱好,轮流从一个生产部门转到另一个生产部门。因此,教育会使他们摆脱现代这种分工为每个人造成的片面性。培养全面发展的人,必须给予全面发展的教育,在资本主义条件下,马克思指出要给予儿童良好的智育、体育和技术教育,并强调指出实现人的全面发展的唯一方法是教育与生产劳动相结合。

总之,马克思主义关于人的全面发展的学说,为制订我国的社会主义教育目的提供了理论依据和方法论基础。

(三) 实现人的全面发展的条件

1. 社会生产力的高度发展,为人的全面发展提供必要的物质条件和基础

因为生产力发展水平最终决定着对人的智力和体力要求的水平,决定着社会可以提供多少物质生产资料为人的发展服务,也决定着社会可为人的发展提供除生产时间之外的闲暇时间。

2. 废除私有制,建立公有制,直至建立共产主义的社会制度

因为只有公有制的建立才能使生产力的发展水平为促进人的全面发展在制度上做出保证。所以,社会主义制度促进人的全面发展,共产主义制度将使人的全面发展最终实现。

3. 教育是实现人的全面发展不可缺少的条件,教育与生产劳动相结合是造就全面发展人的唯一方法

只有教育,才能改变一般人的本性,使他获得一定劳动部门的技能技巧,成为发达的和专门的劳动力。只有教育与生产劳动相结合,才使人的体力、智力、精神力量和谐统一地发展。

四、全面推进素质教育

自 1993 年 2 月《中国教育改革和发展纲要》提出:“中小学要由‘应试教育’转向全面提高国民素质的轨道,面向全体学生,全面提高学生的思想道德、文化科学、劳动技能和身体、心理素质,促进学生生动活泼地发展,办出各自的特色”的号召以来,从“应试教育”转向“素质教育”,已多次写进了教育的政策文件,成为广大教育工作者的自觉语言。特别是 1999 年 6 月中共中央国务院做出了“关于深化教育改革全面推进素质教育的决定”,“素质教育”进一步被确定为我国教育改革和发展的长远方针。

(一) 素质教育提出的背景

作为一个新的教育观念、教育思想,“素质教育”出现在当代并非是偶然的。在一定程度上,它是人类社会发展到今天对学校教育提出的一种更高的要求,是对原有教育的一种否定或革新,也是当代教育对当代社会出现的一些形势所作出的一种主动顺应。

“素质教育”之所以要提出,是因为我们原有的教育中存在着许多的缺陷,这些缺陷已使我们的教育不能发挥出最佳的功能,不能与整个社会的发展相吻合。因此,原有的教育需要变

革。"素质教育"是与"应试教育"、"传统教育"相对应的概念,那么"应试教育"究竟是一种什么样的教育?

"应试教育"在我国由来已久。我国封建社会的科举制度,是从隋朝到清朝末年各封建王朝通过设科考试选拔官吏的一种制度,因是分科取士,所以叫科举。它深刻地影响着我国民族文化教育。在当代,科举制作为一种制度已不复存在,但其价值取向却左右着现代人的教育观念,"十年寒窗"换来"金榜题名"。因此,应试教育在一段时期成为我国教育的主导思想。在过去长期的计划经济体制下,经济成分单一,国营以外的其他经济成分很不发达,劳动就业的指标十分有限,就业门路相当狭窄。青少年能够应付考试、能够升学就意味着能够就业。由于城乡差别、工农差别的存在,农村青少年发奋读书挤"独木桥",希望通过高考跳出"农门","知识改变命运"。就干部制度而言,在干部的选择和使用上,一度出现"唯学历"的倾向,片面理解干部专业化就是学历化,忽视品德、才能、工作能力和工作实绩,因此很多人盲目追求学历,想方设法通过考试大关。由此,人们在观念上只重视智育,忽视思想、道德、意志、情操及劳动等基本素质的培养;在教育过程中只重视书本知识的掌握,忽视思维的开发,忽视社会实践锻炼,忽视实际操作能力的训练;在教育评价方面衡量一所学校的教育质量往往只看其升学率,评价一个学生优差也是看其考试分数。教育质量评估上的误区势必导致学校领导、教师、学生、家长把全部精力用在应付考试上。

"应试教育"给我国青少年的身心发展以及经济与社会发展造成了诸多不良影响。其弊端与危害相当严重。体现在以下方面:

(1)不利于全面提高学生的素质。"应试教育"只能使学生学到一些死的知识,促进了学生的片面发展,而不能在德、智、体、美等方面得到全面和谐的发展。

(2)不利于教育面向全体学生。面向全体学生是社会主义教育的一条重要原则。应试教育只重视少数升学有望的尖子学生,忽视对大多数学生的培养,挫伤大多数学生的积极性。这就改变了我国基础教育的性质和任务,严重影响了我国九年制义务教育的实施。

(3)不利于教育管理人员和教师素质的提高。"应试教育"迫使大多数校长、教师把主要精力和时间用在如何对付各种考试上,他们没有时间去学习政治理论、教育科学理论和业务知识,不能进行教改实验和总结教改经验,进而影响了教育改革的深化和教育质量的提高。

(4)不利于教育面向社会主义现代化建设。应试教育只是关注学生考试成绩、关心学生升学率,结果使大部分未能升学的中学毕业生很难适应两个文明建设的需要。

1996年,联合国教科文组织"国际21世纪教育委员会"向联合国提交了一份题为《教育——财富蕴藏其中》的报告,这份报告首次提出了21世纪教育的"四个支柱":学会认知、学会做事、学会共同生活、学会生存。报告中指出:"在一般情况下,正规教育仅仅是或主要是针对学会认知,较少针对学会做事。而另外两种学习往往带有很大的随意性,有时也被看作是前两种学习的一种自然而然的延伸。"该委员会认为:"为了迎接下一个世纪的挑战,必须给教育确定新的目标,必须改变人们对教育作用的看法。扩大了的教育新概念应该使每一个人都能发现、发挥和加强自己的创造潜力,也有助于挖掘出隐藏在我们每个人身上的财富。这意味着要充分地重视教育的作用,不再把教育单纯看作是一种手段,是达到某些目的的必经之路。"在这种情况下,需要重新立足于教育与现代社会的多元化关系来考察教育内在的使命,需要从现代人所需具备的基本素质角度来理解教育的目的,从而使教育培养出来的人能真正融于我们这个日趋多元化的世界。于是,"素质教育"这一新的教育思想应运而生。

（二）素质教育的内涵

素质原是生理学概念，是指个体先天解剖生理特点，主要指神经系统、脑的特点以及感觉器官和运动器官的特点。现在，素质这一术语在教育领域广泛使用，认为它是在先天的、与生俱来的、不学而能的禀赋基础上，在后天环境、教育和个人努力的条件下形成并发展起来的身体和心理方面相对稳定而巩固的特性。

人的素质可以根据不同标准分类。

按素质内容分类，可以分为思想道德素质、科学文化素质、身体素质、审美素质、劳动技术素质。按素质发展层次则可分为自然生理素质、心理素质和社会文化素质三个层次。自然生理素质包括生理形态、生理机能、运动能力、适应能力等，是素质结构中的物质层面，促进这些素质发展，要求对其实施身体素质教育。心理素质包括知识才能品质、情绪与情感品质、意志性格品质、个性心理品质，它是人的生理组织结构（主要是人脑）的特殊机能。心理素质的发展要求实施心理素质教育。社会文化素质包括科学素养、道德素养、审美素养等。它是人的素质的重要内容，是人的本质的集中表现。促进这些素质的发展，要求对其施行社会文化素质教育。

所谓素质教育，顾名思义就是培养、提高学生素质的教育，其内涵应包括以下几点：

（1）教育内容的基础性：强调个体基本素质的培养，从而为自学、自我教育、终身教育、进入高一级学校打下基础。基础教育的"基础"不仅是知识、技术、能力的基础，更是人生的基础、做人的基础、精神的基础。

（2）教育空间的开放性：不局限于课堂。

（3）教育目标的全面性：幼儿教育、中小学教育、职业教育、成人教育、高等教育都要实施；倡导在教育中使每个形式都得到比较充分的全面发展。

（4）教育机制的主体内化性与发展性：充分唤起学生的主体意识、发展主体精神，促进生动、活泼地成长发展；发展性是指它重视接受性的学习，更重视独立的、创造性性格的养成；关心他们当下的学习成绩和发展水平，更关心他们未来的学习能力和发展的可能性。

（5）教育价值的多元性：不仅帮助学生适应社会，为社会的发展服务，也强调完善自身；激活、唤醒人的心灵，教育的根本目的是使心灵的和谐达到完善的境地。真正的教育并不是把外在于人的知识灌输到心灵中去，而是以知识的陶冶与智慧的激发来照料人的心魄，这样的教育是为了给心灵寻找安顿之所、意义之乡，而不是用各种知识技能粗糙地塞满人心。

（三）素质教育实施的策略

全面提高学生素质，变"应试教育"为素质教育，要从以下几方面着手：

（1）端正教育思想，转变教育观念。"只能选择适合学生的教育，不能选择适合教育的学生"；转变学生观，认识到学生是教育的主体。从传授知识、培养能力为重转向教育学生做人、做文明人。

（2）加强教育改革——从教学方法、教学组织形式等方面进行改革。苦学到乐学、被动学到主动学，愉快教育。

（3）改革课程设置——由偏重数、理、化等自然科学转向重视人文社会科学，以学科课程为中心向多种类型的课程相结合。

（4）改革考试制度，实现教育评价体系的科学化。一是全面评价，二是使用多方面评价标准和多种评价方法。最终目标是以评价促发展。

（5）提高校长、教师素质。

素质教育是一项复杂的系统工程，不是一蹴而就、一朝一夕就能实现的，而且实际的情况要复杂得多。许多情况下，素质教育的实施不过是在原来的模式上增加了特长教育而已，在学生沉重的书包上又加上了沉重的手风琴、电子琴、画笔画夹。有的地方，学校开始减轻学生负担，可家长不同意。素质教育要真正减轻学生负担，但在许多时候它却成为增添负担的旗号。所谓打着红旗反红旗。这就需要社会、家庭、学校各方面的密切配合，需要各级党政干部端正教育思想，对教育转轨进行正确领导和有力支持。

五、始终坚持全面发展教育

我国普通中小学教育的性质是基础教育，其任务是培养全体中小学生的基本素质，为他们将来学会做人、进一步接受专业教育奠定基础，为全面提高我国民族素质奠定基础。我国的教育目的是通过全面发展的教育来实现的。

(一) 什么是全面发展的教育

所谓全面发展的教育，指根据社会发展要求和人的身心发展规律，有目的、有计划、有组织地对受教育者实施的旨在促进人的素质结构全面、和谐、充分发展的系统教育。德育、智育、体育、美育、劳动技术教育既是我国全面发展教育的组成部分，又是实现我国教育目的的具体载体。全面发展的教育目的只有具体落实到各育之中，它才能实现。

(二) 全面发展教育的组成部分

1. 德育

德育是教育者按照一定社会要求，有目的、有计划地对受教育者施加系统影响，把一定社会的思想观点、政治准则、道德规范转化为受教育者思想品德的过程，一般来说是政治教育、思想教育、道德教育的总称。德育居于五育之首。

德育的基本任务包括：培养学生良好的道德品质，使学生成为具有良好的社会公德、文明行为习惯的遵纪守法的好公民；培养学生正确的政治方向，使学生形成正确的政治信念，具有为国家富强和人民富裕而努力奋斗的献身精神；培养学生正确的世界观、人生观，使他们形成科学辩证的思想方法，正确认识世界和人生，在社会生活中追求新知，解放思想，实事求是，勇于创新；培养学生良好、健康的心理品质，使学生能正确认识自己。

2. 智育

智育是向学生传授系统文化科学基础知识、训练技能，发展学生智力和能力的教育。

智育的基本任务包括：向学生系统传授科学文化基础知识，为学生各方面发展奠定良好的知识基础；使学生掌握相应的技能、技巧，并发展其思维能力、想象能力和创造能力；养成学生良好的学习习惯和自学能力；同时要注意培养学生良好的学习兴趣、情感、意志和积极的个性品质等非智力因素，为学生各方面发展奠定良好的知识基础。

3. 体育

体育是以身体活动为基本内容，促进中小学生生理正常发育，增强中小学生体质，促使中小学生身心和谐的教育。

体育的基本任务包括：指导学生身体锻炼，促进身体的正常发育和技能发展，增强学生体质，提高其健康水平；使学生掌握身体运动及锻炼的科学知识和基本技能，增强身体运动能力；使学生掌握身心卫生保健知识，养成良好的身心卫生保健习惯；发展学生的良好品德，养成学生的文明习惯，培养学生的顽强意志力。

4. 美育

美育是培养学生正确审美观念，发展他们感受美、鉴赏美、创造美能力的教育。

美育的基本任务是：培养学生正确的审美观点，使他具有感受美、理解美以及鉴赏美的知识和能力；培养学生艺术活动的技能，发展他们体现美和创造美的能力；培养学生美好心灵和行为，使他们在生活中体现内在美与外在美的统一。美育并不等于艺术教育，也不仅是"美学"的学习，它的内容要比艺术教育与"美学"学习宽得多，是自然美、艺术美、社会美、行为美的教育。

5. 劳动技术教育

劳动技术教育是培养中小学生劳动观点、劳动习惯和热爱劳动人民的情感，使中小学生初步掌握生产劳动或通用的职业技术基础知识和基本技能的教育。

劳动技术教育的基本任务包括：通过科学技术知识的教学和劳动实践，使学生了解物质生产的基本技术知识，掌握一定的职业技术知识和技能，养成良好的劳动态度和劳动习惯。同时，结合劳动技术教育，还可授予学生一定的商品经济知识，使学生初步懂得商品的生产、经营和管理，了解当地的资源状况和经济发展规划，以及国家的经济政策、法律，具有一定的收集利用商品信息的能力。

（三）五育的关系

德育、智育、体育、美育和劳动技术教育作为全面发展教育的有机组成部分，它们既不能相互代替又不能分割。

五育不能相互代替，是因为五育之间存在区别，每一育都有特定的内涵、任务，其社会价值和满足个人发展需要的价值都不相同。

五育不能分割是因为，其一，五育相互渗透，每一育都包含了对人的智力、情感、意志和行为的要求；其二，五育相互促进，存在着互为目的和手段的关系；其三，教育活动的综合性决定了五育的任务不是完全由不同种类的活动承担，而是在每一类的活动中都不同程度、不同范围地实现各育的任务。在某一类活动中，往往一部分处于显性状态，另一部分则处于隐性、渗透状态。教学活动并非只同智育有关，智育任务的实现也不是只通过教学，教师在一门课程的课堂教学中，既有对中小学生智力发展的影响和教育，也一定包括对中小学生思想品德、身心健康的影响。教育学上对人的全面发展划分成五育是出于研究的抽象的目的而非实践的目的，事实上，在具体的教学实践中这五种教育是相互渗透、相互交融的，是不能截然划分开的。

总之，全面发展教育的五个组成部分是既有区别又有联系的一个整体，其中德育对其他各育起方向保证和动力保持作用；智育为其他各育的实施提供知识和智力基础，是实施其他各育不可缺少的手段；体育其他各育提供健康基础，是其他各育实施的物质保证；美育和劳动技术教育是德、智、体的具体运用和实施。正确的审美观点既反映一个人的知识水平，又体现一个人的思想素质状况；劳动技术教育更离不开必要的知识基础，离不开良好的思想品德修养，它们互为条件，相辅相成，构成统一整体，从而保证教育目的的实现。

根据上述关系，在教育实践中必须避免将五育割裂开来，单独强调某一育而忽视其他的错误做法，坚持五育并举、五育并重，使全面发展教育的各个组成部分都有机地结合起来，把全面发展教育与因材施教结合起来，使中小学生既有比较完善的基本素质，又能充分发展个性及其禀赋，成为新时期的真正健康而全面的人。

理解·反思·探究

1. 什么是教育目的？教育目的有哪些功能？

2. 说明学校教育目的的层次结构。

3. 试对个人本位的教育目的观和社会本位的教育目的观加以评价。

4. 我国教育目的确立的依据是什么？

5. 试述马克思主义关于人的全面发展学说对我国教育目的的影响。

6. 如何理解当代我国全面发展的教育目的？

7. 什么是素质教育？结合实际谈谈实施素质教育的策略。

拓展阅读导航

《爱弥尔》

本书共分五卷。卢梭根据儿童的年龄提出了对不同年龄阶段的儿童进行教育的原则、内容和方法。在第一卷中，着重论述对两岁以前的婴儿如何进行体育教育，使儿童能自然发展。在第二卷中，他认为两岁至十二岁的儿童在智力方面还处于睡眠时期，缺乏思维能力，因此主张对这一时期的儿童进行感官教育。在第三卷中，他认为12岁至15岁的少年由于通过感官的感受，已经具有一些经验，所以主要论述对他们的智育教育。在第四卷中，他认为15岁至20岁的青年开始进入社会，所以主要论述对他们的德育教育。在第五卷中，他认为男女青年由于自然发展的需要，所以主要论述对女子的教育以及男女青年的爱情教育。

卢梭提出的按年龄特征分阶段进行教育的思想，在教育史上无疑是个进步，它对后来资产阶级教育学的发展，特别是教育心理学的发展，提供了极可贵的启示，但应该指出，这种分期以及把体育、智育和德育截然分开施教的方法，是不科学的。

参考文献

1. 罗玉莲.教育学原理[M].教育科学出版社,2015年。

2. 伍德勤,杨国龙.新编教育学[M].华东师范大学出版社,2013年。

3. 闫祯.教育学学程[M].北京大学出版社,2013年。

4. 余文森,王晞.教育学[M].北京大学出版社,2013年。

第六章 教师与学生

【内容摘要】

本章主要阐述了三个方面的内容：一是概述了教师职业的发展与性质定位、职业特点与角色定位，探讨了教师职业的作用和地位、权利与义务，分析了教师的职业素养、教师专业发展的概念、阶段理论、内容、途径和方法；二是阐述了学生的本质属性、社会地位、权利与义务；三是就师生关系的概念、表现形式、作用、类型、基本要求以及影响因素和良好师生关系的建构策略进行了讨论。

【学习目标】

1. 了解教师职业的发展过程、地位与作用，分析其特点与角色定位；
2. 理解教师的权利与义务、学生的权利与义务，认识学生的本质属性；
3. 掌握教师应具备的职业素养及其专业发展途径与方式；
4. 领会并掌握建立良好的师生关系的策略，并能应用于教育教学中。

第一节 教 师

《中华人民共和国教师法》(以下简称《教师法》)第三条规定："教师是履行教育教学职责的专业人员，承担教书育人，培养社会主义事业建设者和接班人、提高民族素质的使命。"这一规定包含以下三层涵义：第一，就教师的身份特征而言，教师是专业人员；第二，就教师的职业特征而言，教师的职责是教育教学；第三，就教师的工作目的而言，教师的使命是教书育人，培养社会主义事业建设者和接班人，提高民族素质。

一、教师职业的认识

(一) 教师职业的发展与性质定位

1. 教师职业的发展

在原始社会时期，由于生产力水平很低，教育还没有从社会生活中分化成专门的职业，也就没有专职教师。原始社会教育活动的承担者，都是一些年长的、地位显赫、经验丰富的人，如我国古籍记载的伏羲氏教民以猎、神农氏教民耕种的传说。古代原始部落的氏族首领和具有生产、生活经验的长者，为了部落自身的生存和发展，他们把生产知识、生活经验、风俗习惯、行为准则、部落或宗教信仰等有意识地传授给年轻一代，于是就成为最早的兼职教师，他们的从教活动可以说是教师职业的萌芽。

奴隶社会时期，教育从生产劳动与日常生活中分离出来，便产生了专门的教育机构——学校，这时，教育青少年的责任开始由氏族首领转移到专职人员身上，教师工作开始慢慢地向职业化过渡。但是在学校产生的初期，由于承担教师职责者多是"以吏为师"、"僧侣为师"，教师并不完全是专职的。如西周时，实行政教合一，官师一体，官学中设有专职的教育官"师氏"；战国时期韩非子主张以法为教，以吏为师。秦朝时期，秦始皇采纳丞相李斯"若欲有学法令，以吏为师"的建议，实行吏师制度；汉代以后，中央及地方官学中有"博士"、"祭酒"、"助教"、"直讲"、"典学"等专职教师；唐代以后，有"学正"、"学录"、"监丞"、"典簿"、"典籍"、"掌馔"等专职教师。除官学以外，春秋战国之后，大量私学兴起，既有官吏兼任或辞官还乡的专任教师，也有名儒大师不愿出仕，退而授徒；亦有清贫文人充任乡间塾师、书师。由于学术下移，有些"知识分子"在地方办学，出现了专门的教师职业，如孔子自己办学校、收徒讲学，成为较早的专职教师代表，教师职业逐渐显现。

近代，随着教育的制度化，教育教学工作日益成为一种越来越重要的专门的职业，教师的社会功能日益显著，师范教育兴起。以拉萨尔在法国创办世界第一所教师培训机构开始，德国也在1684年首办教师讲习所，作为教师职业的专业发展制度的起点，逐步发展成为大学教育制度的重要组成部分。我国于1897年创立了以专门培养教师为主的师范学校，1902年成立京师大学堂师范馆，即北京师范大学的前身，这是我国高等师范教育的肇始。师范教育的兴起标志着教师职业的专业化的开始。

2. 教师职业的性质定位

(1) 教师职业是一种专门职业，教师是专业人员

职业是依据人们参加社会劳动的性质与形式而划分的社会劳动集团，由于每种职业劳动性质与形式的差异及由此导致的社会地位的高低，唤起了社会学者对职业性质研究的兴趣。社会学者常常把职业划分为专门职业与普通职业。他们致力于专门职业的研究，并建立起了专业社会学这一分支学科。在专业社会学中，对于专门职业这一概念有两种不同的界定：一种是把专业界定为具有一定的专业知识与服务理想的职业群体；一种是把专业界定为对自身职业具有控制权的职业群体。人们往往根据这两种界定来判定某一种职业是否为专业。

教师职业属于专门职业。1966年，联合国教科文组织在《关于教师地位的建议》中提出，应该把教师工作视为专门职业，认为它是一种要求教师具备经过严格训练而持续不断的研究才能获得并维持专业知识及专门技能的公共业务。

教师是专业人员。在国际劳工组织制定的《国际标准职业分类》中，教师被列入了"专家、技术人员和有关工作者"的类别中。1986年6月21日，我国国家统计局和国家标准局颁布的《中华人民共和国国家标准职业分类与代码》中，各级各类教师被列入"专业、技术人员"这一类别。1993年，我国颁布的《教师法》中把教师界定为"履行教育教学工作的专业人员"。

(2) 教师是教育者，教师职业是促进个体社会化的职业

教师是教育者，承担着培养合格的社会成员、延续人类社会发展的重要职责。社会是一个自然的历史过程，这个过程是通过新老社会成员的更替而实现的。当人的个体离开母体来到人世间，起初只是一个自然人，只有在社会生活过程中才逐步成为社会人。这种转变不仅指生物性上的成熟，而且亦是在社会性相互作用的过程中，在学习、接受人类经验和消化、吸收人类文化的过程中实现的社会化。一个人从自然人转变为社会人，是社会教化的结果。个人只有通过接受社会教化，才能学会适应社会环境，才能具备成为合格的社会成员的资格和条件，才能完成个体社会化的过程。

教师根据一定的社会要求向年轻一代传授人类长期积累的知识经验，规范他们的行为品格，塑造他们的价值观念，引导他们将外在的社会要求内化为个体的素质，实现个体的社会化。

因此,教师职业是促成个体社会化的职业,是培养人、造就合格社会成员的职业。

教师不仅承担着人类社会延续的重任,而且对人类社会进步有着重大作用。教师应当代表并推动着社会进步的方向、未来的希望。因而,教师应是社会成员中各方面的先进分子。

(二)教师职业的特点与教师角色定位

1. 教师职业的特点

不同职业性质的差异,使每种职业所扮演的角色、承担的职责都表现出不同的特点,教师职业主要有如下特点。

(1)职业角色的多样化

一般来说,教师主要有如下的几种职业角色:①"传道者"角色。除了社会一般道德、价值观外,教师对学生的"做人之道"、"为业之道"、"治学之道"等有引导和示范的责任。②"授业、解惑者"角色。教师在掌握了人类经过长期的社会实践活动所获得的知识经验和技能的基础上,对其精心加工整理,然后以特定的方式传授给年轻一代,并帮助他们解除学习中的困惑,启发他们的智慧,使他们形成自己的知识结构和技能技巧。③示范者角色。学生具有"向师性"的特点,教师的言论行为、为人处世的态度会对学生耳濡目染、潜移默化。④管理者角色。教师对教育教学活动的管理,包括确立目标、建立班集体、制定和贯彻规章制度、维持班级纪律、组织班级活动、协调人际关系等,并对教育教学活动进行控制、检查和评价。⑤父母与朋友角色。低年级学生倾向于把教师看作是父母的化身,对教师的态度有点像对父母的态度;高年级学生则愿意把教师当作他们的朋友,希望在学习、生活、人生等多方面得到教师的指导,同时希望教师成为分担他们的痛苦与忧伤、分享他们的幸福与快乐的朋友。⑥研究者角色。教师工作对象是充满生命力的、千差万别的个体,传授的内容是不断发展变化着的人文、科学知识,这就决定了教师要以一种变化发展的态度来对待自己的工作对象及工作内容,要不断学习、不断反思、不断创新。

(2)职业训练的专业化

教师专业训练的内容主要包括五点:①专业意识。使未来的教师形成对教师职业意义与价值的认识,对教师职业的社会期望的认识,以及由此而形成强烈的从业、敬业、乐业的动机。②专业态度。对待教育,鞠躬尽瘁、甘为人梯;对待学生,倾心相爱、诲人不倦;对待同事,精诚合作、协同施教;对待自己,严于律己、为人师表。③专业知识。即具备广博的文化知识、所教学科的专业知识及教育心理科学知识。知识的掌握和运用程度是衡量教师职业专业化水平的最重要标志。④专业技能。包括了解学生情况、确定教学目标、制定教学计划与方案、设计教学程序、课堂讲授与板书、演示与实验、课外活动组织以及激发学生学习积极性、教会学生学习、评价教学效果等教学技能。⑤专业品质。包括具有广泛的兴趣,能与学生打成一片;有丰富的情感和教育上的乐观精神,相信每一个学生的发展潜能;热爱学生、热爱教育,能客观公平地对待每一个学生;沉着、自制、耐心,对艰苦的教育工作具有坚定不移的意志;具有创新精神,善于接受新事物、新观念等。

2. 教师角色定位

教师在教学中的角色是教师的多种社会属性和社会关系在教学活动中的反映,是教师在教育教学中的一整套行为规范和人们对教师的角色期待。

(1)学习者和学者

教师被认为是智者的化身,作为教师,首先必须是一个学者,要学习教材、了解与教材有关的信息,向学生讨教,要以严肃的态度来研究教材、处理教材,把知识客体内化为自身的主体结构。此外,教师还要不断地学习,更新自己的知识结构,以便使所教知识建立在更宽广的知识背景之上,适应学生的整体发展需要。

（2）知识的传授者

教学中的基本矛盾是知与不知、知之不多到知之较多、知之完善的矛盾。这一矛盾的正确解决是解决教学矛盾的基石。在解决这对矛盾中,教师无疑充当着主导的角色,学生是接受者的角色。即使作为传授者,古今的涵义也有区别,古代教师的传授,多以讲、诵、问、答为主,而现代教师作为知识的传授者,除讲究教学的科学性之外,还必须讲究教学的艺术性和创造性。

（3）学生心灵的培育者

教育的目的是为了使学生变得更聪明、更高尚、更成熟。只传授知识的教师是"经师",只有那些使学生能生动活泼地、主动地得到较好发展的教师,才是最好的教师。这样的教师不但教学生学习知识,而且教学生学会学习;善于激发学生的学习热情,培养学生自主学习的能力和习惯,调整学生的不良情绪和心态;经常提醒学生仔细认真、勤奋、刻苦,培养良好的学习心理品质;善于发现学生的学习差距,特别关注学习成绩不佳的学生;并善于使学生相互帮助,形成良好的学习风气。

（4）教学活动的设计者、组织者和管理者

首先,教师是教学活动的设计者。好的教学设计可以使教学有序进行,要精心地进行教学设计,就要求教师全面把握教学的任务、教材的特点、学生的特点等要素。其次,教师是教学活动的组织者,即教师在教学资源分配（包括时间分配、内容安排、学生分组）和教学活动开展等方面是具体的实施者。通过科学地分配活动时间,采取合理的活动方式,可以启发学生的思维,协调学生的关系,激发集体学习的动力。再次,教师是教学活动的管理者。好的教师在教学管理活动中的角色行为是:①建立各种教学常规,特别是课堂教学常规;②倡导学生参与管理,树立集体观念,充分发挥集体的凝聚力;③通过建立自己的威信,充分发挥情感在管理中的作用,教师扮演的是"向导"、"建议者"等角色。

（5）学生学习的榜样

教师不仅是教学的主体,又是学生认识的客体。教师作为一个整体,作为成人世界的代表,其言行举止、态度、个性等,无不在潜移默化中影响学生。教师的榜样作用具有双重性质。好的教师榜样,给学生留下公正、正义、理智、热情、坚强、果断的印象;而差的教师的"榜样"作用会给许多学生留下心理上的阴影,甚至导致行为上的缺陷。

（6）学生的朋友

虽然教师与学生有一定年龄、地位、阅历等方面的差异,但并不妨碍师生之间友情的建立。事实上,教师把学生当作朋友,可以使学生更亲近老师,教师也可以更全面了解学生。作为朋友,教师就应成为学生的交心对象,关心学生的生活和全面成长,以平等的身份与学生交往,帮助学生解决困难。苏霍姆林斯曾强调,最好的教师是在与学生的精神交往中,忘记自己是教师,而把学生视为志同道合的朋友的那种教师。

（三）教师职业的作用和地位

1. 教师职业的作用

（1）教师是人类科学文化的传播者,在社会的延续和发展中起着桥梁与纽带的作用

现今的人类文明是由文化科学的世代继承而来的,没有对前人文化遗产的继承就不可能有社会的巨大发展和进步,教师把人类长期积累起来的文化科学知识经过整理传授给下一代,对社会的延续与发展发挥着极其重要的作用。正如俄罗斯教育家乌申斯基说:"一个教师如果

不落后于现代教育进程，他就会感到自己是过去和未来之间的一个活的环节……。"这主要是从社会发展的纵向角度来说的；再进一步从社会文化交流的横向角度看，教师通过对科学文化知识的传播，使世界各民族的先进文化成果得以互相吸收，促进了社会的文明和进步。社会越向前发展，科学技术越进步，知识积累越多，无论是文化科学知识的世代传递，还是民族间的文化交流，都需要教师发挥更大的作用。

（2）教师是人类灵魂的工程师，对塑造新一代人的思想品德起着特别重要的作用

教师对新一代人在教授知识、发展智能的同时，还在培养其思想品德，把人类社会发展中形成的道德观念、行为准则传播给年轻一代，并在实践中教育学生养成良好的行为习惯。学生良好思想品德的形成有赖于多方面的因素共同发挥作用，教师是多因素之中的主导者，对学生，特别是可塑性大的基础教育阶段的学生，教师的教育作用十分重要。中小学阶段不仅要为学生智力、体力发展打下好基础，更要在思想品德方面为学生打好做人的基础，使学生终生沿着正确的方向发展成才。教师在思想品德教育方面的育人作用具有巨大社会价值，不仅为学生健康成长提供保证，更是为社会的文明进步，提高道德水准，树立良好社会风气，形成和谐人际关系等创造基础性条件。正是在这种意义上，加里宁称教师是"人类灵魂的工程师"。

（3）教师是人的潜能的发掘者，对人的智力的开发起着奠基作用

现代脑科学、神经生理学研究探明，人的智力发展具有巨大潜力，140亿脑神经细胞的功能尚未被充分开发利用。在社会生活条件基本相同的情况下，教育对人的潜能的开发具有决定性的意义。教师是学生群体的潜能开发者，使每个学生固有的发展可能性转化为现实，智能得到良好发展，学生整体的智力水平普遍提高。但是，人的潜能是存在个别差异的，个体在发展方向与发展水平上可能有着很大差异，但这种潜能上的差异要求教师及时认识，创造条件，施以正确的教育。从这一角度讲，教师早期发现学生潜能中的优势，并能做到因材施教，给予及时引导和培养，便是对潜能巨大的超常学生进行了及时的开发。无论是对学生群体还是对学生个体来说，教师对人的潜能的认识和早期开发，都对整个社会智力开发具有重大意义。

2. 教师职业的地位

教师职业的社会地位是通过教师职业在整个社会中所发挥的作用和所占有的地位资源来体现的，是教师职业在社会上各种职业群体中所处的位置，一般体现为教师的经济地位、政治地位、专业地位和职业声望四个方面。

（1）经济地位

指教师工作所获得的物质报酬，包括工资、奖金、医疗、保险、退休金等福利待遇，它是教师社会地位最直接、最基础的指标。自古以来，我国普通教师的经济待遇一直低下，俗话说"家有三斗粮，不当孩子王"。现代社会虽然重视教育，但是不同的国家，仍然存在着不同类型的教师经济地位，我国教师的待遇在国民经济12个主要行业一直排倒数第几位，目前略有提高。

（2）政治地位

指教师行业在国家政治生活所处地位和所起的作用，表现为教师的正式身份获得、自治组织的建立、政治参与度、政治影响力等。教师政治地位的提高是提高教师职业社会地位的前提。古代社会，教师有官吏或神职人员兼任，政治地位较高。新中国成立后，尽管我国教师一直被定位为国家干部，但是政治地位长期比较低下。"文化大革命"中，教师被污蔑为"臭老九"，将教师推到了人民的对立面。1985年第六届全国人大常委会第九次会议审议通过了关于设立"教师节"的议案，以法律形式明确了教师的节日。特别是1993年10月《中华人民共和国教师法》的颁布和实施，为维护和提高教师政治地位奠定了法律基础。

（3）专业地位

指教师职业的专门性问题。所谓"专业"是"专门职业"的简称,即区别于一般职业并具有不可替代性的专门职业。中国古代,教师职业没有确定的从业标准,是教师社会地位低下的重要原因之一。新中国成立后,由于教育发展快,教师短缺,大量补充民办教师、代课教师,曾经一度达到580万人,严重影响了我国教师职业专门化的发展。近些年来,我国师范教育发展很快,为中小学输送了大量具有合格学历的教师,并且对学历未达标的教师进行了补偿教育。但是,从教师专业化角度衡量,我国中小学教师总体的专业素质仍有待提高,所以,我国教师专业化是一个需要不断发展和深化的过程。

（4）职业声望

教师的职业声望是指社会对教师的职业评价及认可程度。教师职业声望反映了教师行业在人们心目中的地位和相应的价值判断。1989年6月20日《报刊文摘》报道:"1989年,中国科技促进发展研究中心与中国社会调查所对北京市民进行了一次民意调查,结果发现中国12种全民所有制职业中,教师形象最佳,排位第一。"2006年,中国科协联合中国科普研究所发布的第六次中国公众科学素养调查结果显示,我国公众认为的教师的职业声望最高,科学家居第二位,医生居第三位。从总体上看,我国的教师职业声望一直是较高的。当然,职业声望与真实的社会地位仍有一定差距,并且有时候职业声望可能只是反映人们对传统价值观念的向往与怀念,并不能预测职业发展前景。

（四）教师的权利与义务

1. 教师的权利

教师权利也称教师的法律权利,是指教师依法享有的某种权能和利益,表现为教师作为权利享有者能够作出或不作出一定的行为,或要求他人做出一定行为的资格。教师的基本权利可以分为两个部分,一是教师作为公民所享有的各种权利,可称之为教师的公民权利;二是身为教师所享有的权利,可称之为教师的职业权利,这两部分权利既相互联系,又相互区别。

（1）教师作为公民的基本权利

教师的公民权利是指教师作为公民依法享有相关法律赋予公民的基本权利。依照我国《宪法》的规定,教师的基本公民权利主要包括:政治权利、宗教信仰权、平等权、人身权、文化教育权、经济权以及监督权等。在这些基本权利中,人身权利和人格权利是教师作为一般公民权利中最重要的两个方面。

（2）教师作为专业教育教学人员的职业权利

职业权利是教师作为教育工作者依据教育法规享有的教育权利及与职业相关的其他权利。按照我国《教师法》等相关法律法规的规定,我国教师享有教育教学权、学术研究权、管理学生权、报酬待遇权、参与管理权、进修培训权等六项权利。

① 教育教学权

教育教学权是教师为履行教育教学职责而必须具备的基本权利。《教师法》第七条第一款规定,教师有"进行教育教学活动,开展教育教学改革和实验"的权利,任何个人或部门都无权干涉。

② 学术研究权

学术研究权是教师作为教育教学专业人员所享有的一项基本权利。《教师法》第七条第二款规定,教室拥有"从事科学研究,学术交流,参加专业的学术团体,在学术活动中充分发表意见"的权利。

③ 指导评价权

指导评价权是教师在教育教学活动中的主导地位相对应的一项特定权利。《教师法》第七条第三款规定，教师有"指导学生的学习和发展，评定学生的品行和学业成绩"的权利。教师的指导评价权是教师教育教学工作中专业性较强的一项权利，任何组织和个人都不得非法干预教师指导评价学生权的行使。

④ 报酬待遇权

报酬待遇权是宪法赋予公民享有的社会经济权利在教师职业范围内的具体体现。《教师法》第七条第四款规定，教师有"按时获取工资报酬，国家规定的福利待遇以及寒暑假期的带薪休假"的权利。另外，新《义务教育法》中对教师权利的报酬待遇权进行了具体的补充，例如：各级人民政府保障义务教育教师工资福利和社会保险待遇，义务教育教师的平均工资水平不得低于当地公务员，义务教育阶段的特殊教育教师享有补助津贴。

⑤ 参与管理权

参与管理权是公民民主权利在教师特定职业下的具体化。《教师法》第七条第五款规定，教师拥有"学校教育教学、管理工作和教育行政部门的工作提出意见和建议，通过教职工代表大会，或者其他形式，参加学校的民主管理"的权利。

⑥ 进修培训权

进修培训权是教师职业权利中最具代表性的一项。《教师法》第七条第六款规定，教师享有"参加进修或者其他方式的培训"的权利。

2. 教师的义务

教师的义务，是指教师依照《教育法》、《教师法》及其他有关法律、法规，从事教育教学工作，而必须履行的责任，表现为教师在教育教学活动中必须做出一定行为或不得做出一定行为。

（1）教师作为公民的基本义务

① 依照我国《宪法》的规定，教师具有维护国家统一和全国各民族团结的义务；②遵守宪法和法律，保守国家机密，爱护公共财产，遵守劳动纪律，遵守公共秩序，尊重社会公德；③维护国家安全、荣誉和利益的义务；④保卫祖国和依法服兵役的义务；⑤依法纳税的义务。

（2）教师作为专业教育教学人员的义务

根据教师的职业特点，结合《教育法》和《教师法》的有关规定，教师作为专业教育教学人员应承担：遵纪守法、履行教育教学职责、对学生进行思想政治教育、爱护尊重学生、保护学生合法权益、提高水平六项基本义务。

① 遵纪守法

《教师法》第八条第一款规定，教师应"遵守宪法、法律和职业道德，为人师表"，简称遵纪守法义务。

② 履行教育教学职责

教育教学工作是教师的本职工作，也是教师的基本义务。《教师法》第八条第二款规定，教师应当"贯彻国家的教育方针，遵守规章制度，执行学校的教学计划，履行教师聘约，完成教育教学工作任务"。

③ 对学生进行思想政治教育

《教师法》第八条第三款规定，教师有"对学生进行宪法所确定的基本原则的教育和爱国主义、民族团结的教育，法制教育，以及思想品德、文化、科学技术教育，组织、带领学生开展有益的社会活动"的义务。

④ 爱护尊重学生

《教师法》第八条第四款规定，教师应"关心、爱护、全体学生，尊重学生人格，促进学生在品德、智力、体质等方面全面发展"，这项可称"尊重学生人格"义务。

⑤ 保护学生合法权益

《教师法》第八条第五款规定，教师有"制止有害于学生的行为或者其他侵犯学生合法权益的行为，批评和抵制有害于学生健康成长的现象"的义务。教师应当制止有害于学生的行为或者其他侵犯学生合法权益的行为，主要是指教师有义务制止在教育教学过程中和学校工作中侵犯其所负责管理的学生合法权益的违法行为。至于批评抵制有害学生健康成长的现象，主要是指社会上出现的有害于学生身心健康的不良现象。

⑥ 提高水平

《教师法》第八条第六款规定，教师有"不断提高思想觉悟和教育教学业务水平"的义务。这项义务可简称"提高水平义务"。

二、教师的职业素养

(一) 教师职业道德素养

教师的职业道德，简称"师德"，是教师进行教育工作应遵循的基本行为准则，主要包括以下几个方面。

1. 热爱祖国，忠于人民的教育事业

在当今社会，国家的兴旺在人才，人才的培养在教育。"国家兴亡，匹夫有责"。忠于人民的教育事业、热爱教育工作是师德最基本的要求，是教师工作的重要动力之源。它不仅可以激发工作中的责任感，而且可以使教师产生对教育工作浓厚的兴趣和执着的追求。如果缺乏这一点，教师就不可能对学生满腔热情，真正担负起教书育人的责任；就不可能严于律己，为人师表；就不可能在业务上精益求精。一句话，就不可能成为一名合格的教师。

2. 热爱学生，尊重学生，诲人不倦

热爱和尊敬学生、诲人不倦是忠于教育事业、热爱教育事业的根本体现。在教育过程中，教师的爱是一座通向学生心灵深处的桥梁，是启迪学生智慧的一种重要的心理条件。教育实践表明：师生之间关系比较好，教育过程中学生常表现积极参与的态度，愿意主动配合；即使受到批评，他们也会心悦诚服，惭愧之余，还会产生内疚感；反之，师生关系冷淡，即便是开展有益的创造性教育活动，学生也会有抵触情绪。

3. 严于律己，以身作则，为人师表

实践证明，教师良好的道德素质及面貌在学生的心灵中起着潜移默化的教育作用。为此，教师应当处处以身作则，在自己的仪表、言语、作风、品格、情操等方面，成为学生的楷模。让学生由衷敬佩老师，主动以老师为楷模。

4. 学而不厌，刻苦钻研，不断进步

教师的工作总是在不断变化的动态发展中进行的。没有任何一项工作、一种职业像教师那样需要不断改进、不断创新。面对信息时代人类知识的急剧增长，教师仅有一桶水已远远无法适应时代发展变化的需要。教师必须有"长流水"。要像"海绵"一样，不断地从科学中、生活中、人民群众中吸取知识，充实自己，使自己的思想意识、知识素养真正做到与时俱进。教师要教学生"学会学习"，首先自己要"会学习"，也就是要努力做到学而不厌、刻苦钻研、勇于进取。

5. 团结协作，尊重集体，互勉共进

在学校里，给予学生影响的，不仅是单个教师，更重要的是整个教师集体。教师集体是一股整体的教育力量，学生则是这股整体力量中各个力量要素的着眼点。教师集体在促进学生素质发展的效果上，不仅与各种教育力量的大小、强弱有关，还与各种教育力量在用力方向上是否一致有关。在教师集体中，由于每个教师的年龄、经验、性格、兴趣、专业和教育方法上各有差异，时常会发生这样或那样的矛盾。每个教师都要善于处理这些矛盾，处理好劳动方式个体性和劳动成果集体性。要学会尊重别人的劳动，关心别人的工作，把自己的成绩与别人的劳动联系起来。这样才能达到理想的教育效果。

（二）教师专业知识素养

1. 比较精深的专业知识

掌握所教学科的专业知识，是教师胜任教学工作的前提和基础。苏联教育家加里宁说过，"教师首先应该精通他所教的学科；不懂这一门学科，或者对一门学科知道得不很好，那么，他在教学上就不会有成绩。"[①]所谓精通，就是指对所教学科的基本原理和整个知识体系有比较深入透彻的了解，熟悉每一基本原理的内容、意义和来龙去脉，了解本门学科的历史、现状和未来，懂得本门学科的学习和研究方法，熟知本门学科当前发展的最新趋势。

2. 比较广博的文化知识

当今各学科之间的互相交叉、渗透，呈现出高度综合发展的趋势，出现了许多边缘学科、横向学科和综合学科。这就要求教师既是某门学科的专才，又是熟知相关学科的通才；同时，中小学教育是基础教育，学生的发展尚不定，这就要求教师具有广泛的兴趣爱好和广博的文化知识基础，以适应不同学生发展的需要。所以，中小学教师应当力争使自己成为具有横向的、立体网络状的知识结构的复合型人才。

3. 比较扎实的教育科学知识

我们必须清楚，教育科学知识也是教师专业化最为重要的东西。是教师职业最具特色的专业知识。实践证明，如果一个教师不懂得教育学、心理学和学科教育法的有关知识，而且在自己的教育工作过程中也不去积累和丰富这方面的知识，那么是难以胜任自己工作的。每一个教师都应当认真学习教育学、心理学、学科教育法方面的知识，并自觉地将其与自己的教育实践活动紧密结合起来，这样才能真正提高自己的专业化水平和教育教学工作能力。

（三）教师专业能力素养

1. 细致观察学生的能力

了解学生是教育学生的前提，教师了解学生的基础就是善于观察学生。对一个有良好观察力的教师来说，学生的欢乐、惊奇、疑惑、恐惧、痛苦和其他内心活动的最细微的表现，都逃不过他的眼睛。观察学生既要观察个人，又要观察集体；既要观察他们的优点，又要观察他们的缺点；既要观察生理上的发展，又要观察心理上的变化。同时，教师又要对观察的结果进行分析，掌握其规律和特点。

2. 组织教学的能力

教师的组织能力，对于教育教学工作的开展和学生的健康成长至关重要。教师的教学组织能力主要表现在制定班级教育与个别教育的工作计划、教学过程的安排计划，组织课程资源，组织课堂教学活动，指导研究性学习与社会实践活动，组织课外教育活动等方面，也表现在

---

① 加里宁.论共产主义教育和教学[M].北京：人民教育出版社，1957：189.

对学生集体的组织与管理上。

3. 获取和处理信息的能力

世界正在进入信息化的时代,信息高速公路逐渐四通八达,人们生活在信息的汪洋大海之中,获取和处理各种信息已成为现代人生活的重要部分。教师不仅自己要获取和处理各种各样的信息,而且还要指导学生获取和处理各种各样的信息。因此,教师必须掌握现代社会中的一些基本的信息技术,特别是要掌握运用计算机获取和处理信息的能力。

4. 语言表达能力

在教育活动中,教师的工作主要是通过语言进行的,语言对于教师就犹如工人的工具、战士的武器一样关系重大。实践证明,教师的语言修养在很大程度上决定学生在课堂上和其他教育活动中的脑力劳动效率。教师只有具备较高的语言素养,才能用语言把学生能直接观察到的以及不能直接观察到的事物勾画出鲜明的轮廓,形成清晰的表象、概念,使其顺利地由形象思维转化为抽象思维。教师的语言表达能力包括口头语言表达能力、书面语言表达能力与体态语言表达能力三类。教师的语言表达能力要求准确、生动,富有感染力。

5. 运用现代教育技术的能力

传统的教育手段主要是通过粉笔、黑板,再加上教师的一张嘴。一般而言,传统的教师手段效率较低,表现力有限。随着现代科技的发展及其在教育上的日益应用,新的教育技术手段不断问世。特别是计算机辅导教学和多媒体教学,其优越性越来越为人们所认知,也逐步在教学活动中得到广泛应用。所以,现代的教师必须掌握现代教育技术手段,如会利用网络资源、会设计和制作课件等,从而不断提高教学的效率和效果。

6. 教育科学研究能力

无论是用教育理论指导教育实践,还是在教育工作中不断改革和创新,作为一个现代教师,都必须结合自己的工作开展一些教育科学研究,向科研要质量,向科研要效益,走科研兴教、科研兴校的路子。教师处在教育工作的第一线,有必要也有可能从事教育科学研究,特别是实践性强的研究,如行动研究、实验研究和个案研究等。通过开展教育科学研究,教师可不断提高自己的教育理论水平和教育实践能力。

(四)教师职业心理素养

心理学家指出:只有心理健康的教师,才能胜任教书育人的神圣使命。教师的心理素养是教师搞好教师工作的重要条件,是培养学生成才的可靠保证,是教师长期的教育实践中逐步培养和形成的。归结起来,教师应具有广博的兴趣、热烈的情感和坚强的意志等心理素养。

1. 广博的兴趣

具有广博的兴趣是教师创造性的完成教育工作的重要动力,因此,教师要广泛地涉猎相关知识。只有具备广泛而丰富的兴趣,才能熟悉学生的身心发展特点、掌握学生个性特征;才能了解学生的学习情况、兴趣爱好、生活习惯等;才能研究、探索并掌握先进的教育教学方法。

2. 热烈的情感

教师的情感不仅能推动教师积极的工作,而且能直接感染学生,影响教育过程。只有具备热烈而深厚的情感,教师才能深深热爱教育事业,热爱学生;才能有源于内心的不尽的动力,掌握打开学生心灵的钥匙;才能在教育工作中,使整个人都属于教育事业,属于学生。

3. 坚强的意志

坚强的意志是教师顺利而有效地进行教育工作的保证,也是学生学习的榜样。只有具备坚强的意志,教师才能跨越各方面的障碍,不因困难而退缩;才能坚持不懈地去努力,去实现教育目标；才能为学生树立意志坚强、勇于奋斗的榜样，以自身的行为陶冶学生的情操。

三、教师的专业发展

（一）教师专业发展的概念

什么是教师专业发展？从广义的社会学视角来说，"专业"是依据社会职业划分的专门职业，即某专业相对于其他专业有着独特的技术、运行及评估机制，不同的专业之间强调相异的理念与操作系统。所谓"隔行如隔山"反映的就是这个道理。教师专业发展就是要使教师职业达到"专业"化，也就是说，从事学校教育的人只能是通过特定训练而具备教师特质的人士来担任。

从有关教师专业发展的研究文献来看，在对教师专业发展概念的理解上主要存在以下两种情况。

1. 教师专业发展等同于教师专业化

认为教师专业发展等同于教师专业化的理解又可以区分出三种情况。首先，两者同指教师职业从非专业或半专业逐渐发展成为一门专业的过程。在构词上，"教师专业化"和"教师专业发展"分别应当是"教师专业·化"和"教师专业·发展"。在提出教师专业化理念的最初，两个概念在这种涵义上的使用比较多，人们对教师专业化的研究和实践，主要是从教师群体角度来关注。第二，两者同指教师个体从新手逐渐成长为专家型教师的过程。在构词上，"教师专业化"和"教师专业发展"分别应该是"教师·专业化"和"教师·专业发展"。第三，两者都包含了教师职业专业化和教师个体专业化两个过程。在构词上，"教师专业化"和"教师专业发展"既可以分解为"教师专业·化"和"教师专业·发展"，又可以分解为"教师·专业化"和"教师·专业发展"。

2. 教师专业发展有别于教师专业化

教师专业发展和教师专业化具有不同的涵义。教师专业化是指教师职业专业化的过程；教师专业发展则是指教师个体由新手逐渐成长为专业型教师的过程。在构词上，"教师专业化"和"教师专业发展"分别应该是"教师专业·化"和"教师专业·发展"。

我们认为，把教师专业发展与教师专业化区分开来，不论是对教师专业化的研究与实践，还是对教师专业发展的研究与实践都是非常重要的。相对于教师专业化的群体和外在维度，教师专业发展强调的是教师个体内在专业特性的提升。教师专业发展是指教师个体的专业知识、专业技能、专业情意、专业自主、专业价值观、专业发展意识等方面由低到高，逐渐符合教师专业人员标准的过程。

实际上，"教师专业发展"这一概念有两个基本涵义：一是指教师的专业成长过程；二是指促进教师的专业成长的过程（教师教育）。教师专业发展的是种动态发展的过程，教师的态度、价值、信念、知识技能和种种行为表现需要不断调整、修正、重新审视、评估、接受挑战和考验。

同时，我们也要看到，教师专业化与教师专业成长是相通的。教师专业化是教师个体专业不断发展的过程，本质上是个体成长的历程，是教师不断接受新知识和增长专业能力的过程。教师专业化相对教师专业发展强调教师群体的、外在的专业性的提升，而教师专业发展则是教师个体的、内在的专业性的提高。

（二）教师专业发展的阶段理论

1. 教师成长的三阶段理论

福勒和布朗根据教师的需要和不同时期所关注的焦点问题，把教师的成长划分为关注生存、关注情境和关注学生三个阶段。

（1）关注生存阶段

这是教师成长的起始阶段，处于这个阶段的一般是新手型教师，他们非常关注自己的生存适应性。他们经常注重自己在学生、同事以及学校领导心目中的地位，出于这种生存忧虑，教师会把大量的时间用于处理人际关系或者管理学生。

（2）关注情境阶段

当教师认为自己在新的教学岗位上已经站稳了脚跟后，会将注意力转移到提高教学工作的质量上来，如关注学生学习成绩的提高，关心班集体的建设，关注自己备课是否充分等。一般来说，老教师比新手型教师更关注这个阶段。

（3）关注学生阶段

在这一阶段教师能考虑到学生的个别差异，认识到不同年龄阶段的学生存在不同的发展水平，具有不同的情感和社会需求，因此教师应该因材施教。可以说，能否自觉关注学生是衡量一个教师是否成熟的重要标志。

由上述可见，教师发展的每个阶段都有不同的关注重点和需要，这会影响教师的教学活动和课堂行为。但是需要指出的是，并不是每个教师的发展都会完全经历这三个阶段，事实上，有很大一部分教师就并没有进入到第三个阶段。

2. 教师发展的五阶段理论

教师发展的五阶段理论，是美国亚利桑那州立大学的伯丽纳在人工智能领域的"专家系统"研究以及德赖弗斯职业专长发展五阶段理论的基础上，根据教师教学专业知识和技能的学习和掌握情况提出的。

（1）新手阶段

新手型教师是指经过系统教师教育和专业学习，刚刚走上教学工作岗位的新教师，他们表现出以下特征：理性化，处理问题缺乏灵活性，刻板依赖规定。这个阶段教师的主要需求是了解与教学相关的实际情况，熟悉教学情境，积累教学经验。

（2）熟练新手阶段

新手型教师在积累了一定的知识和经验后逐渐发展成为熟练新手，其特征主要表现为：实践经验与书本知识的整合；处理问题具有一定的灵活性；不能很好地区分教学情境中的信息；缺乏足够的责任感。一般来说，具有两三年教学经验的教师处于这一阶段。

（3）胜任阶段

大部分的新手型教师在经过三四年的教学实践和职业培训之后，能够发展成为胜任型教师，这是教师发展的基本目标。胜任型教师的主要特征是：教学目的性相对明确，能够选择有效的方法达到教学目标，对教学行为有更强的责任心，但是教学行为还没有达到足够流畅、灵活的程度。

（4）业务精干阶段

一般来说，到第五年，积累了相对知识和教学经验的教师便进入了业务精干的发展阶段。在此阶段，教师表现出以下的特征：对教学情境有敏锐的直觉感受力，教师技能达到认知自动化水平，教学行为达到流畅、灵活的程度。

（5）专家阶段

专家阶段是教师发展的最终阶段，只有少部分教师才能达到这个阶段。专家教师在教学方面的主要特征是：观察教学情境、处理问题的非理性倾向，教师技能的完全自动化，教学方法的多样化。

(三) 教师专业发展的内容

教师专业发展一般包括六个内容。

1. 专业理想的建立

教师的专业理想是教师对成为一个成熟的教育教学专业工作者的向往与追求,它为教师提供奋斗的目标,是推动教师专业发展的巨大动力。具有专业理想的教师对教学工作会产生强烈的认同感和投入感,会对教育教学工作抱有强烈的期待。

2. 专业人格的形成

教师的专业人格是教师在教育教学工作中所必须具有的道德品质方面的自我修养,诚实正直、善良宽容、公正严格是教师专业人格的重要内容。诚实正直是做人的根本,善良宽容是对学生的爱,公正严格是出于教师的责任。学高为师,身正为范,才能赢得学生的信任和尊重,使学生心悦诚服,在潜移默化中成长。

3. 专业知识的拓展与深化

教师作为一门专业职业,必须具有从事专业工作所需要的专业知识。教师想要获得专业发展,就必须要系统的深化专业知识,丰富更多专业领域知识,解决存在的疑问。进一步阅读大量专业书籍,拓宽知识的广度,提高思考的深度。因此,专业知识是教师专业发展中的一个重要内容。

4. 专业能力的提高

教师的专业能力是教师综合素质最突出的外在表现,也是评价教师专业性的核心要素。教师专业能力可以分为教学技巧和教育教学能力两个方面。

(1) 教学技巧

教学技巧是指教师运用已有的教学理论知识,通过练习而形成的稳固、复杂的教学行为系统。教师常用的教学技巧主要有导入技巧、提问技巧、强化技巧、变化刺激技巧、沟通技巧、教学手段应用的技巧以及结束的技巧等。

(2) 教育教学能力

教育教学能力是指教师从事教师职业所必须具备的基本能力。主要包括设计教育教学活动的能力、教育实施的能力、教学组织管理能力、语言表达能力、学生评价能力、课程开发与建设能力、自我反思与教育教学研究能力等。

5. 专业态度和动机的完善

教师专业态度和动机是教师专业活动的动力基础。教师在这个方面的发展主要表现在教师对职业的态度、工作的积极性以及职业满意度等。从我国目前的情况来看,很多人从事教师职业都是考虑到教师的福利待遇以及教师的工作特点(稳定、假期长)等方面。这样的工作动机不利于自身更加投入地工作,也不会有较高的职业满意度。

6. 专业自我的形成

专业自我包括自我意象和自我尊重等。教师的专业自我是教师个体对自我从事教育教学工作的感受、接纳和肯定的心理倾向,这种倾向将显著地影响到教育教学工作效果。

(四) 教师专业发展的途径

一般而言,教师专业发展的途径包含着互相联系的四个方面。

1. 职前培训

职前培训是教师从事专业工作的重要的基础阶段,是入职前的准备阶段。在职前培训要掌握从事教师所必需的学科专业知识和教育教学知识，掌握专业技能，培养专业态度，形成专业素养，为从事教育工作奠定基础。

教育者必须把握实际的教育活动，才能很好地将书本上的专业知识运用到专业实践中去。在实践中有效地把理论和实践相结合。在这个过程中教育者获得了一种知识，人们称之为"实践性知识"。在教师教育机构中所开展的教师职前培训，都包括了专业实践的部分。专业实践的方式包括：参观学校活动、教育现场观察和教育实习等。

2. 入职培训

教师入职培训，是指经历过教师职前培训的人，在刚获得的教职岗位上，进一步了解、学习和掌握岗位知识和能力的培训。新教师对自己的工作岗位作全面地了解和学习，并在老教师的指导下学习岗位知识，提高岗位工作能力。

教师要获得岗位知识，必须在自己的岗位上进行学习。这就要求入职者，一方面自觉地把自己的岗位作为学习的对象，全面悉心地了解自己的岗位要求，掌握岗位知识；另一方面，也在老教师的指导下进行岗位知识的学习，这两个方面都不可缺少。师徒结对是很多学校帮助新手教师入职专业发展的方法。

3. 在职培训

在我国，有大量的教育机构承担着教师的在职进修提高的任务，为教师提供多样化的在职学习课程。同时，国家和地方也制定了一系列教师在职学习进修的制度，引导和鼓励教师不断地学习。具体包括以下途径：

① 参加培训

参加培训，是指教师到大学或者教师进修学院参加学历教育或继续教育培训的途径。目前的任务主要有两种：一种是学历教育，即学历没有达到规定标准，而参加大专或本科学历的学习；另一种是各种类型的继续教育培训，诸如教师资格证培训、新课程培训、新教材培训、教学法培训、提高性培训、骨干教师培训等，一般是短期的。

② 参加学术团体和学术活动

对教师个人而言，参加某个教育学术团体也是提高自己专业化水平的要求和途径。参加教育学术团体，对教师有多方面的帮助。第一可以及时获得专业方面的最新信息和动态，有利于自己在专业上处于比较前沿的水平。第二，教育学术团体的主要活动是学术会议，参加会议要提交论文，这对于教师而言可以促进科研，提高科研能力、写作能力、思维能力等。第三，这是我们向他人学习的重要途径。第四，可以促进自己的反思。

③ 教育考察与观摩

教育考察、教育观摩也是教师向他人学习、向先进的教育理论与实践经验学习的重要途径。在教育考察和观摩过程中，教师应该事先制定考察的提纲和问题，有所准备；考察和观摩时，要做好记录，有条件的可以照相或者摄影，搜集或购买有关资料；同时，还要和所考察学校的教师、领导进行交流，询问关心的情况；考察之后，要对搜集的资料进行整理和分析，吸取其精华，找出可以借鉴的地方，甚至可以写出"考察报告"和"听课的案例分析"，不要仅仅满足于有一点表面的印象。

4. 自我教育

教师的自我教育就是教师专业自我的主动构建过程。在教育教学活动中，进行教学反思，在实践中提升专业发展。一个教师要从"新手教师"成长为一个成熟的教师，甚至是一个专家型的教师，获得成长的最重要的途径是实践。许多优秀教师成长过程的研究都表明，做反思的

实践者,在教育实践中研究教育,是教师获得自身专业发展的重要途径,也是最直接、最普遍的途径。具体可以包括以下途径:

① 专业阅读

读书阅报仍然是教师学习的最主要的形式。第一,掌握信息来源,大量收集信息。要在经济条件允许的情况下,多买些书,适当订阅一些主要的教育报刊。第二,掌握读书方法和资料积累方法,善于处理信息,丰富自己的知识。具体的方法如读书的时候要画线、做记号、写批语和摘要;读报时,要做卡片、摘要记录其要点和重要信息;对资料和卡片进行分类,把相同资料放在一起;围绕研究的问题读书、积累资料等。

② 网络学习

网络学习是随着网络的出现而采用的一种新的学习形式。

通过网络我们可以实现如下功能:第一,通过大学的网络课程,可以参加大学的学习。第二,可以到网上图书馆查书和资料,可以到网上书店查书、买书。第三,可以从网上阅读和查找资料,了解即时信息,可以给出关键字,查询有关的论文和资料。第四,通过电子邮件,与他人通信,或者交换资料,也可以把自己的论文发给专家进行批改。第五,通过建立自己的博客,可以记录自己的教育历程和思想。

③ 校本教研与培训

校本教研与培训是近年来在我国学校出现的一种重要的教师专业发展模式。它强调的是基于学校、为了学校、在学校几个特点。总之,突出学校的实际特点,而不同于高等院校和培训机构的培训。校本教研有诸多具体的形式,最常见的是听课、评课;此外,还有集体反思、交流经验、教师沙龙、专家讲座等。教师从这种活动中,更能够获得贴近实际的帮助。

④ 行动研究

行动研究是行动和研究结合的产物,是研究型的教学实践,使教师的教学实践活动带有学术的、思考的、理性的成分。一般由教师自己提出教学中的问题,作为研究的课题,自己设计实践方案,边实践边记录情况,了解实践效果和存在的问题,并不断修正方案,以期达到更理想的教学效果。教师运用这种方法,既能够学习有关的理论,又能结合自己的教学实践,还能够开展科学研究,最终促进教学的改进,是十分有效和综合的发展途径。

(五) 教师专业发展的方法

教师可以采用多种形式和方法促进自身的专业发展,一般来说可以通过以下方法。

1. 观摩和分析优秀教师的教学活动

课堂教学观摩可分为组织化观摩和非组织化观摩。组织化观摩是有计划、有目的的观摩,非组织化观摩则没有这些特征。为培养、提高新教师和教学经验缺乏的年轻教师可以进行组织化观摩;非组织化观摩要求观摩者有相当完备的理论知识和洞察力。

2. 开展微格教学

微格教学指以少数学生为对象,在较短的时间内(5~20分钟),尝试做小型的课堂教学,可以把这种教学过程摄制成录像,课后再进行分析。这是训练新教师、提高教学水平的一种重要手段。

3. 进行专门训练

要想促进教师的成长,我们可以对其进行专门化的训练。其中的关键程序有:①每天进行回顾;②有意义地呈现新材料;③有效地指导课堂作业;④布置家庭作业;⑤每周、每月都进行回顾。

4. 反思教学经验

对教学经验的反思又称为反思性实践或反思性教学，是指教师以自己的教学活动为意识对象，对自己的教育理念、教学行为、决策以及由此产生的结果进行认真的自我审视、评价、反馈、控制、调节的过程。

第二节　学　生

学生是指教师指导下从事学习的人，主要指在校的学习者。学生是教育活动的主体，是教育尤其是学校教育存在的重要基础。成功的教育必须建立在对学生正确认识的基础上，树立符合现代社会发展要求的学生观是开展教育活动的前提。

一、学生的本质属性

（一）学生是具有独立意义的主体

学生不是被动加工的对象，而是具有独立意义的主体，表现在三方面：一是学生在教育活动中处于主体地位。学生是学习的主体，教师主导对学生客体的教育与改造，只是学生发展的外部条件，学生的主体活动才是学生获得发展的内在机制。这是因为学生是具有一定主体性的人，是学习活动的主体，教学过程在于建构学生主体。二是学生具有个体独立性，不以教师的意志为转移。学生作为个体，具有主观的意志，学生接受知识的过程并非简单的被动接受知识，而是经过自己的考量之后做出的判断。三是学生在教育活动中具有主体的需求与责权。学生的主体性的根源在于个体需求与责权的统一，学生作为独立的个体认识世界和改造世界，是认识的主体，因而，在教育教学活动中，学生具有学习的自主需求和动力，拥有享受相关需求的权利。

（二）学生是发展的人

学生的发展，特别是青少年学生的发展是人生理上的激变期和心理上的过渡期，是人生发展最明显的时期。这一时期的学生在身体和心理发展的速度、广度、深度方面都存在着错综复杂的矛盾，具有独立性与依赖性双重特点。如学生的身高、体重、胸围、大脑等及其相关机能，学生的认知、情感、意志、品德和个性等心理素质都处在快速发展变化之中。因此，教育应该以促进学生全面发展为着眼点，教师不能依据学生的一时表现来断言学生没有发展的可能，而应该坚信每一个学生都具有巨大的可供挖掘和开发的资源和潜能，应该看到学生的未完成性，并给学生创造发展的良好环境和机会，创造各种有利条件，把学生存在的多种潜能变成现实。

（三）学生是具有个性与差异的人

个性也叫人格，是一个人所具有的各项比较重要的和相当持久的心理特征的总和。人的个性是在遗传因素、生理成熟度等生物因素与自然环境、文化环境、家庭、学校教育等社会因素的交互作用中形成的，由于遗传与后天各种因素的影响，每个人的个性都是千差万别的。学生不仅有生理上的差异，更重要的是心理上的差异。因此，教师要尊重学生的个性，以学生主动发展为本，让学生充分认识个体价值，树立自信心。同时，看到学生的差异性，实行差异教学，有利于教师全面准确地认识学生、了解学生和理解学生，有利于教师将教育要求的统一性和学生的差异性结合起来，做到因材施教，充分发挥每个人的潜力，促进全体学生的全面发展。

（四）学生是完整的人

学生并不是单纯的抽象的学习者，而是有着丰富个性的完整的人。在教育活动中，作为完整的人而存在的学生,不仅具备全部的智慧力量和人格力量,而且体验着全部的教育生活。学生是一个完整的生命体,教育的本质实际上是一种"全人"教育。教育过程中,不仅有认知,还有情感、态度和信念,注重生命发展的教育是让学生的认知、情感、态度等都参与到学习、生活中来,使学生在认知的同时感受和理解知识的内在意义,获得精神的丰富和完整生命的成长;学生是一个完整的生命体,不仅要学习文化知识,还要学习道德的生长,学习体育、美育知识,学习全人类一切有用的知识。总之,学生作为生命体,绝不是一架只会学习的机器,或者一个装知识的容器,而是一个有着广泛的需求,需要全面发展的人。要把学生作为完整的人来对待,就必须反对那种割裂人的完整性的做法,还学生完整的生活世界,丰富学生的精神生活,给予学生全面展现个性力量的时间和空间。

二、学生的社会地位

(一) 学生在教育教学过程中的地位

学生在教育教学过程中的地位一直是教育史上争论的焦点问题,其中主要有两种对立的观点。一种观点是"学生中心论",该观点认为学生在教育过程处于中心的地位,"儿童变成了太阳,而教育的一切措施则围绕着他们转动,儿童是中心,教育的措施便围绕着他们而组织起来"[①],全部的教育教学都要从学生的兴趣、需要出发,教师只能处于辅助地位。另一种观点是"教师中心论",该观点把学生看成是可以随意涂抹的一张白纸,一个可以任意填灌的装知识的容器,对教师来说,学生处于一种从属地位。这两种观念都不适当地贬低或抬高了学生的地位,是不科学的。

现代教育理论认为,学生在教育教学过程中既是认识的主体又是认识的客体。学生作为教育认识的主体,是指学生是学习的主人,指学生学习的自觉性与创造性,他们主动建构、转化外界的一切影响,并不是简单地、毫无批判地接受。学生作为教育认识的客体是指学生相对于社会的要求、新的教学内容和教师的认识来说都处于一种被动状态,需要教师有目的、有计划、有组织地引导,将一定社会要求转化为学生的内部需要,将新的教学内容转化为学生的素质。因此,学生在教育教学过程中处于主体地位,是主体与客体的统一,任何有效的教学必须既依靠学生独立自主的学习又依靠教师的主导。

(二) 学生在社会中的地位

学生的社会地位是指他们作为社会成员应具有的主体地位。青少年儿童是未来社会的主人,有着独立的社会地位,并依法享受各项社会权利。要确保儿童的社会地位,关键是看儿童的合法权利是否得到保障。

1989 年联合国通过了《儿童权利公约》,明确指出:18 岁以下的任何人都是积极和创造性的权利主体,拥有包括生存、发展和充分参与社会、文化、教育、生活以及他们个人成长与福利所必需的其他活动的权利。《中华人民共和国宪法》第 49 条规定:"父母有抚养教育未成年子女的义务。"新修订的《中华人民共和国义务教育法》第 3 条规定:"凡具有中华人民共和国国籍的适龄儿童、少年,不分性别、民族、种族、家庭财产状况、宗教信仰等,依法享有平等接受义务教育的权利,并履行接受义务教育的义务。"根据《中华人民共和国未成年人保护法》和联合国《儿童权利公约》,我国儿童应享有受教育权、生命权、身体权、健康权、身体自由权和内心自由

---

① 赵祥麟,王承绪.杜威教育论著选[M].上海:华东师范大学出版社,1981:32.

权、肖像权、名誉权、隐私权、财产受到管理保护权、独立财产权、生活获得照顾权、民事活动代理权、休息娱乐权、获得良好的校园环境权、拒绝乱收费的权利、拒绝不合理劳动权、拒绝不合理校内外活动权、荣誉权、著作权及平等对待权。

三、学生的权利与义务

学生的权利与义务取决于人们对学生身份的确认。从社会学角度看,学生是一种独特的社会存在。他既非不承担任何社会义务的婴幼儿,也非以职业劳动而与社会进行交换的成人,他们是介于婴幼儿与成人之间的"半"社会成员。从法律角度看,在我国未满18周岁的公民被称为未成年人。《国际儿童权利公约》亦规定"儿童系指18岁以下的任何人"。中小学的学生基本属"儿童"和"未成年人"这个范畴,中小学生身份的特殊性决定了他们的权利与义务的特殊性。

(一) 学生的权利

学生的权利是在公民一般权利基础上,根据学校、教师和学生特点而规定的学生应该享有的和受到保障的权利。它一般体现在具体的法律条文中,受法律保护。我国宪法与法律规定少年儿童的合法权利有:

1. 生存权利

《中华人民共和国宪法》规定:"父母有抚养未成年人子女的义务。"《中华人民共和国未成年人保护法》更具体地规定:"父母或其他监护人应当依法履行对未成年人的监护职责和抚养义务,不得虐待、遗弃未成年人;不得歧视女性、未成年人或者有残疾的未成年人;禁止溺婴、弃婴。"对儿童的生存权利给予了保护。

2. 受教育的权利

《中华人民共和国宪法》第四十六条规定:"国家培养青年、少年、儿童在品德、智力、体质等方面全面发展。"《中华人民共和国义务教育法》明确规定:"国家、社会、学校和家庭依法保障适龄儿童、少年接受义务教育的权利。"《中华人民共和国教育法》又从总体上规定:"中华人民共和国公民有受教育的权利和义务。公民不分民族、种族、性别、职业、财产状况、宗教信仰等,依法享有平等的受教育的机会。"这些都从法律上对少年儿童享有受教育的权利给予保证。

3. 受尊重的权利

《中华人民共和国未成年人保护法》第十六条规定:"学校、幼儿园的教职员应当尊重未成年人的人格尊严,不得对未成年学生和儿童实施体罚、变相体罚或其他侮辱人格尊严的行为"。并在其他条款中具体规定:"任何组织和个人不得披露未成年人的隐私",对未成年人的信件,任何组织和个人不得隐匿、毁灭;除对无行为能力的未成年人的信件由父母或其他监护人代为拆开外,任何组织和个人不得开拆","国家依法保护未成年人智力成果和荣誉权不受侵犯"。

4. 安全的权利

《中华人民共和国未成年人保护法》第十六条规定:"学校不得使未成年学生在危及人身安全、健康的校舍和其他教育教学设施中活动"。"严禁任何组织和个人向未成年人出售、出租或者以其他方式传播淫秽、暴力、凶杀、恐怖等毒害未成年人的图书、报刊、音像制品"。"任何人不得在中小学、幼儿园、托儿所的教室、寝室、活动室和其他未成年人集中活动的室内吸烟"。

(二) 学生的义务

学生的义务是在公民义务的基础上,针对学校、教育及学生的特点而规定的对学生行为的限制和要求。它一般体现在具体的法律条文和学校的各种规章制度中。比如,《中华人民共和国教育法》第四十三条规定受教育者应当履行下列义务：

（1）遵守法律、法规。

（2）遵守学生行为规范，尊敬师长，养成良好的思想品德和行为习惯。

（3）努力学习，完成规定的学习任务。

（4）遵守所在学校或其他教育机构的管理机制。

（5）我国各级各类学校的学生守则的内容也都是对学生应该履行的义务的规定。学生的权利与义务是统一的，有些权利同时又是义务，比如接受义务教育既是学生的义务同时又是学生的权利。学生的义务可以使学生明确自己的责任，约束自己的行为，对自己的某些行为负责。所以，对学生义务的规定既要符合社会、国家、学校和教育的利益，体现社会的要求，又要符合学生的行为特点，体现学生的身心发展需要。超越学生实际的义务规定是不可行的，它不但不能约束学生，有时还会引起学生的逆反心理和反抗行为，给社会和学校造成危害。

（6）终身学习。崇尚科学精神，树立终身学习观念，拓宽知识视野，更新知识结构。潜心钻研业务，勇于探索创新，不断提高专业素养和教育教学水平。

第三节　师　生　关　系

师生关系是教育过程中最基本最重要的人际关系，良好的师生关系是顺利完成教学任务的重要手段。因此，在教育教学活动中教与学两方面的协调一致，教师的理想、信念、人生观、价值观、职业道德、事业心的支配等，会影响学生性格特征和人格发展，这要求教师尊重热爱自己的学生。同时也要求学生在强调尊严、权利和被尊重的同时尊师重道、虚心求教。

一、师生关系的概念及作用

（一）师生关系的概念

《中国大百科全书·教育》认为，师生关系是"教师和学生在教育、教学过程中结成的相互关系，包括彼此所处的地位、作用和相互对待的态度等"。师生关系可以从不同角度进行考察。从双主体的角度来看，师生关系是一种主体与主体的交往关系，这是一种特殊的社会关系，是学校中最基本的人际关系。就其指向目标而言，师生关系是教师与学生在教育过程中为完成一定的教育任务而发生的工作关系；就表现形式看，有以组织结构形式表现的组织关系，也有以情感、认知等交往为表现形式的心理关系；就师生的年龄差距看，又是成年人与未成年人之间的代际关系。师生关系虽然内容复杂，但是最主要、最基本的还是人与人之间的一种关系。这种关系在教育过程中是一种特定的人与人之间的关系，即教师要对学生施教，并对其学习、发展负责，学生要向教师学习、获得发展的关系。综上所述，我们可以认为，师生关系是指教师和学生在教育、教学活动中形成的相互关系，包括彼此所处的地位、作用和相互对待的态度。

（二）师生关系的主要表现形式

1. 在工作关系方面，师生之间为了完成一定的教育任务而产生的人际关系

师生之间的工作关系是由双方各自的职责和任务所决定的，并不为教师和学生的主观态度而转移，他们最终目的是实现教育目标，完成教育任务。在教师与学生的相互作用中，不仅可以完成某项教育任务，也可以使他们的交往需要得到一定的满足，从而产生特定的人际关系。学生，特别是低年级的学生往往为了博取教师的喜爱，获取与教师交往的满足而努力完成学习任务。教师也会因学生对于他的爱戴和尊敬而更加努力工作。所以，师生之间良好的人

际关系是建立良好的工作关系的前提,它可以缩短师生之间的心理距离,使学生乐于接受教师的教育,从而有助于教育任务的完成。

2. 在组织关系方面,师生之间会在一定的组织的制度中结合特定的角色关系

教师和学生在教育过程的组织结构和制度规范中,分别占有不同的位置,履行不同的职责,这种从组织和制度上决定的师生之间的关系必然会要求师生在教育过程中充当不同的角色。几乎在一切社会制度和社会时代中,教育都充当着教育者和组织者的角色,有一定的权威和权力;学生充当着受教育和被领导者的角色。听从教师的领导,服从教师的要求。这两种角色的关系反映了一定社会的意志和要求,教师和学生是否进入角色,直接影响着教育过程的进行和效益,由于在教育过程中,教师同时充当多种角色。如知识传播者、家长代理人、模范公民、学生知己,可能会发生角色冲突,因此,师生之间的组织关系就显得非常复杂。

3. 在心理关系方面,师生之间会在教育过程的交往中形成相互认知和情感关系

师生之间的心理关系需要建立在相互认知的基础上,师生彼此之间的正确认知有利于教育目的的实现和教学任务的完成。然而,师生之间的认识总是要受到情感因素的影响,若控制不当,则会影响师生之间的正确认知。因此,教师要善于处理在认知过程中的情感和理智的关系,使师生之间在良好的感情关系中保持正确的认知。

师生之间的心理关系对教育活动的影响很大,教师对学生的认识和感情能产生积极的教学效果,著名的"罗森塔尔效应"[①]就是一个很好的例证。而学生对教师的信任和爱戴也会增强学生的学习动机,提高学习效果。

(三) 师生关系的作用

1. 良好的师生关系是教育教学活动顺利进行的保障

教育教学过程实质是一种教师与学生的交往过程。它不仅是教师与学生在知识、技术、能力和道德观念上的交往,也是师生间情感、心理的相互沟通、相互交流的过程。师生关系如何,直接影响教师教的积极性和学生学的热情和效果。良好的师生关系能使学生产生安全感,乐于接受教师的引导和影响;良好的师生关系能激发学生学习的兴趣、学习的注意力,启发学生的积极思维;良好的师生关系也能够唤醒教师的教学热情和责任感,激励教师专心致志地从事教育工作。相反,师生关系紧张,师生互不信任、彼此冷漠,将会干扰教育教学活动的顺利进行。

2. 良好的师生关系是构建和谐校园的基础

良好的师生关系是教师与学生为完成教育教学任务而形成的和谐状态。师生之间有效的沟通,平等的对话,是构建良好师生关系最关键的因素,是学生获取知识的前提,也是教育教学获得成功的保证。良好的师生关系,是建设和谐校园的一个重要内容,是一所学校精神风貌、教学风貌的整体反映。良好的师生关系有利于提高教学质量,保障教育教学获得成功。能激发学生的学习动机,培养良好的思想品德和创新能力。有助于解决当前师生关系中存在的部分现实问题。从而推进学校的和谐发展。具体而言,良好的师生关系表现为:课堂上交流互动,配合默契,气氛活跃,教师能公正处理学生事务,师生互相尊重,相互信任,情感容易沟通,

---

① 1968 年,美国心理学家罗森塔尔和雅各布森做了个实验:他们来到一所小学对所有学生进行潜能测验,然后把一份学生名单通知有关教师,说名单上的这些学生被鉴定为具有很大的发展潜力,并再三嘱咐教师对此保密。其实,这份学生名单是随意拟定的,根本没有依据测验结果。但8 个月后再次进行智能测验时出现了奇迹:凡被列入名单的学生,不但成绩提高很快,而且性格开朗,求知欲强烈,与教师的感情也特别深厚。

交往自由民主,取长补短,建立朋友式的师生关系。

3. 良好的师生关系是实现教学相长的催化剂

首先,师生关系对健康的心理状态的形成、稳定个性养成有着重要的影响。大量研究表明,使学生产生问题的不是物质环境而是心理环境。即由教育者的教育理论、教育行为等对学生心理产生的影响。其次,良好的师生关系一方面能够使学生产生"爱屋及乌"的情感,激发学生浓厚的学习兴趣;另一方面也有利于教师教学水平的发挥。实现教学相长的双赢。

4. 良好的师生关系能够满足学生的多种需要

首先,良好的师生关系能够促进学生的心智发展。心理学家研究发现,如果儿童缺乏与成人的正常交往以及由此建立起来的稳定的亲密关系,智力的发展会受到明显的阻碍。例如,在孤儿院成长的孩子,由于不能像在普通家庭中那样受到照看者的充分注意和与他们保持积极的交往并建立起稳定的亲密关系,因此,这些孩子的智力发展水平远低于同年龄的一般儿童。但是,当孤儿院的儿童被普通家庭领养,心理交往的状况发生根本变化之后,他们的智力发展速度很快就能赶上普通儿童。① 其次,良好的师生关系能带给学生幸福和快乐。人与人之间心理距离越近,双方都感到心情舒畅,无所不谈,彼此都不会有不愉快的情绪体验,那么爱与被爱的需要,尊重的需要,归属和依赖的需要等将会得到不同程度的满足。再次,良好的师生关系有利于促进学生的社会成熟。按照交往原则,用理智去驾驭冲动,自觉维护人际关系交往社会规范,以责任换取信赖,这些要求能有效地促使学生社会化水平不断提高。

二、师生关系的类型

(一) 民主—平等型的师生关系

民主—平等型的师生关系表现为教师与学生之间相互平等、相互信任、相互合作等。这种师生关系既肯定教师在教育过程中的主导作用,发挥教师教育教学的积极性;又强调学生的主体性,发挥学生学习的主观能动性。

(二) 命令—服从型的师生关系

命令—服从型的师生关系只片面地强调教师的权威作用,而忽视学生在教育过程中主体地位的存在,强调教师所说的话具有权威效应,要求学生不问是非,绝对服从。这种师生关系表现为教师决定教育教学过程的一切,学生只是被动地接受或顺应教师的安排,这种师生关系容易引起学生的反抗与抵触,阻碍师生的健康交往。

(三) 放任—自流型的师生关系

放任—自流型的师生关系把教师置于旁观者地位,淡化教师的权威,片面强调学生的独立性、自觉性,对学生的管理采取听之任之的态度,因而教学中很容易出现无目的、效率低下等后果。

三、良好师生关系的基本要求

(一) 民主平等

教师和学生在社会地位和人格上是平等的,每位学生受教育的权利也是同等的。学生是学习的主体,教师是教学的主体,他们是为了一个共同的目标而形成的一种特殊关系,不存在

---

① 米迪·C·皮尔逊. 如何交往[M]. 长沙:湖南人民出版社,1987:167.

身份的高低之分。在教学过程中,教师要发挥教学民主,应允许和鼓励学生发表自己的见解,师生共同服从真理、探讨真理。

实践证明,教师尊重学生的民主权利,对学生既讲民主、又讲集中;既严格要求,又热心指导;既尊重学生的独立性、主体性及创新精神,又发挥教师的主导作用,彼此尊重、信任,相互促进,才能建立起民主、平等、和谐的师生关系。

(二) 爱生尊师

在师生关系中,要强调尊重性原则。尊重性原则是相互的,学生要尊敬师长,教师要尊重学生。但在这样一个范畴中,教师尊重学生是主要的方面,也是建立新型师生关系的主导型因素。

教师要尊重学生的人格,特别是要尊重学生的自尊心。俗话说"自尊之心,人皆有之"。现在的学生,大都是独生子女,自尊心与自信心都比较强。他们总希望得到家长、教师的尊重和鼓励。取得成绩时,希望给予赞扬;出现错误时,在内疚的同时更希望得到谅解。任何情况下都不要使学生的自尊心受到伤害,因为这是学生个性发展的基本点和内动力。

教师要尊重学生的个性。在这个日益开放的时代里,他们有着不一样甚至是与教师截然不同的世界观和价值观。他们也有着不同的兴趣爱好、独立个性。所以,教师要尊重学生的个性。

(三) 教学相长

教学活动是师生关系的核心,在教学活动中,教师是课堂教学的组织者和学生学习的促进者,而学生是学习的主体。在教与学的交往互动中,师生双方相互交流、相互沟通、相互启发,是师生之间能分享彼此的思考、经验和知识,交流彼此的情感体验,丰富教学内容,求得新的发现,实现教学相长和共同发展的"双赢"效果。

四、良好师生关系的建立

(一) 影响师生关系的因素

1. 教师方面

(1)教师对学生态度。学生受教师的评价影响很大。教师对学生的评价往往通过语言暗示、表情等反映。教师偏爱优生、忽视中间学生、厌恶"差生",就会使学生与教师产生不同的距离。罗森塔尔等人的实验不仅证明了教师态度与学生成绩的关系,而且证明了教师态度对师生关系的直接影响。

(2)教师领导方式。教师领导方式有专制型、民主型、放任型三种。大量事实表明,在民主型领导方式下,师生关系民主、平等、融洽,而在专制型领导方式下,师生关系对立。

(3)教师的智慧。教师的智慧不仅表现在学识上,而且表现在教师的创造性上。学识渊博是学生亲近教师的重要因素之一。

(4)教师的人格因素。教师的性格、气质、兴趣等是影响师生关系的重要原因。如性格开朗、气质优雅、兴趣广泛的教师通常较受学生欢迎。

2. 学生方面

学生的心态。学生受师生关系影响的主要因素是学生对教师的角色期待,对教师的期望和要求。学生在与教师交往的过程中会自觉不自觉地评价老师,如果教师的某个方面不能达到学生的期望,或者学生自认为瞧不起教师或教师不喜欢自己,就会对教师冷漠,给师生关系造成负面影响,教师也得不到学生们的认可,最终导致师生关系淡然。如果师生关系良好,学生就会配合老师,参与课堂教学活动,主动亲近教师。

3. 环境方面

影响师生关系的环境主要是学校的人际关系环境和课堂的组织环境。学校领导与老师的关系、教师与教师的关系、教师与家长的关系,必然影响师生关系。课堂的组织环境主要包括教室的布置、坐位的排列、学生的人数等,不同的课堂组织环境对师生关系的形成和亲疏有不同的影响。我国中小学课桌的排放多呈"秧田式",教师讲台置于块状空间的正前方,这种格局阻隔了师生之间的交往及生生之前的交往,有的地方尝试取消讲台,拉近师生关系。

(二)良好师生关系建立的策略

1. 教师应该做的努力

(1)采用民主的教学方式,平等对待每个学生。在实际的教育教学过程中,民主型的教师能够站在学生的角度理解学生、尊重学生,并与学生共同讨论问题,充分发挥学生的主观能动性,同时发挥教师的主导作用,以便更好地指导学生,更接近学生的内心,营造出积极向上、轻松愉快的教育教学氛围。

(2)努力提高自我修养,树立教师的人格和威信。一位合格的教师其自身的道德水平必须达到为人师表的高度,才能够树立教师的人格和威信。因为教师是以高尚的人格、渊博的学识、过人的智慧来感召学生,形成教师特有的人格魅力和威信。教师必须具备良好的个人素养,才能在学生心目中树立较高威信,才对所学课程做到"不令而行"。为此,教师要不断加强师德修养,学习业务知识,更新教育理念,不断发展自我,对待教书育人的工作耐心而灵活、严肃而认真,在学生面前树立自己的人格和威信。

(3)研究学生,树立科学的学生观。学生观就是教师对学生的基本态度与看法,它影响教师对学生的科学认识。正确的学生观包括:学生具有巨大的发展潜力;学生具有主观能动性;学生是责权主体,有正当的权利和义务等。正确的学生观来自教师向学生的学习和对自我的反思,来自教师对学生的观察和研究,教师要研究学生个体的智力与非智力因素以及班集体的实际。研究学生的方法有:在自然条件下对学生进行有目的、有计划的直接观察;对学生进行家访、问卷等调查;对单一的事情或个别学生进行深入的个案分析等。

(4)善于倾听,胸怀满腔的教育爱。庄子说:"听之以心。"苏霍姆林斯基说,教师"要学会用心灵去倾听、理解、感受被称为儿童世界的这种音乐,首先是其中光明愉快的曲调。不要只当儿童世界音乐的听众、欣赏者,而要当它的创作者——作曲家"①。"用心听"意味着教师以胸怀满腔的教育爱全身心地投入教书育人中,深潜到学生的心灵深处,将学生的心灵从沉睡中唤醒,让学生在灵魂深处生发出高度自觉的内驱力和自策力,感悟学生内在生命的震颤与跳动,不断进行着精神上的拥抱和融合,变二元对立为两极对话,真正形成"我——你"的师生关系。

(5)提高法制意识,保护师生合法权利。教育法制观念是现代教育观念体系中日益重要的组成部分。教育法制观念作为一种自觉的心理活动,直接影响着教师执行和遵守教育法规的自觉性。教师职业的性质和特点,要求教师应具有较强的教育法制观念,自觉遵守,依法执教,不能侵犯学生合法权益。《中华人民共和国义务教育法》、《中华人民共和国教师法》、《中华人民共和国未成年人保护法》,以及教育部《中小学班主任工作规定》这些法律、规定保护的既有学生合法的权利与义务,也有教师合法的权利与义务,饱含着对生命的尊重。

---

① 苏霍姆林斯基.给教师的一百条建议[M].天津:天津人民出版社,1981:14.

简明教育学教程

2. 学生应该做的努力

（1）正确认识自己。学生的逆反心理是青少年学生成长过程中的一个普遍现象,这个阶段期间,他们一般不能够站在客观的角度思考和看待自己。只有正确认识自己的优缺点以及应该努力的目标,学生才能找准比较适合自己发展的路径,对于教师的指导才能认真倾听和思考,这对于形成良好师生关系有很大的促进作用。

（2）正确认识教师。每位教师都有其自身的特征、缺点和优点,当学生发现教师不能满足他们某些方面的期待或不喜欢某位教师时,学生应该摒弃对教师的固有成见,要学会客观地认识和理解教师的付出,积极主动地和教师沟通,这样互相理解的师生双方才是良好师生关系的形成基础。

3. 其他方面应该做的努力

加强校园文化建设,确保校园文化的相对独立性、完整性和纯洁性。加强学风教育,促进良好学风养成,使学生在一个良好的学风氛围下健康地学习。而良好的学风又促成良好的校园文化,在良好的校园文化熏陶下,学生的人格特征将更趋于健康发展。

理解·反思·探究

1. 为什么说教师职业是一种专业性职业? 其专业性表现何在?

2. 你认为教师必须树立怎样的学生观才能有利于学生发展?

3. 优秀教师需具备哪些职业素养? 如何建立良好的师生关系? 请结合下列案例谈谈你的看法。

某些学历较高、在学科研究方面有造诣的教师,虽然兴趣狭隘、性格呆板、缺少热情,却仍被视为优秀教师。其结果往往是学生学习兴趣不足,各方面能力也得不到应有的发展。还有一些教师虽然兢兢业业,起早贪黑地工作,但对学生冷酷无情、严厉苛刻、缺乏爱心,但由于他们常常能让学生取得较高的分数,也被"理所当然"地视为优秀教师。其结果往往是学生带着各种各样的心灵创伤在学习,视学习为惩罚,视师生关系为敌对,严重扭曲了青少年的身心发展。

拓展阅读导航

《德国教师培养指南》

第斯多惠(1790—1866)在德国教育史上被誉为"德国教师的教师"。1811年,他大学毕业后在曼海姆担任家庭教师,开始了他的教育生涯。1813年,他应聘到受瑞士教育家裴斯泰洛齐教育思想影响的法兰克福模范学校任教。1820—1847年间,他先后担任莱茵省梅乐斯国立师范学校校长和柏林师范学校校长。1835年,他发表了代表作《德国教师培养指南》。该书分为两编,共6章。在第一编(分为4章,由他本人撰写)中,第斯多惠主要论述了五个问题:(1)教师的使命和任务;(2)培养教师智力的有效方法;(3)教育学、教学论和教学法的学习;(4)人的天资;(5)源于天资本质的一般教学原则。在第二编中(分为2章,由他和柏林师范学校教师合作撰写),则论述了教师的社会关系和学校纪律两个问题。该书在他去世前就出过四版,并成为19世纪40年代后德国学校教师手边必备的一本书,深受广大教师欢迎。

（资料来源:单中惠、朱镜人主编:《外国教育经典解读》,上海教育出版社,2004年版,第173—175、184页）

参考文献

1. 袁振国.当代教育学[M].教育科学出版社,2010 年。

2. 李帅军.教育学[M].北京师范大学出版社,2011 年。

3. 扈中平,李方,张俊洪.现代教育学[M].高等教育出版社,2005 年。

4. 全国十二所重点师范大学联合编写.教育学基础[M].教育科学出版社,2002 年。

5. 庞国彬,靳涌韬.教育学[M].东北师范大学出版社,2011 年。

6. 伍德勤,杨国龙.新编教育学[M].华东师范大学出版社,2013 年。

7. 黎翔.教育学[M].航空工业出版社,2014 年。

8. 赵昌木.教师专业发展[M].山东人民出版社,2011 年。

9. 魏会廷.教师学习共同体:促进教师专业发展的新途径[M].武汉大学出版社,2014 年。

简明教育学教程

第七章 课　　程

【内容摘要】

　　课程是实现教育目的的载体，集中体现了一个国家对学校教育的具体要求。本章将从四个方面对课程理论与课程实践展开论述：（1）课程概述，主要探讨课程的涵义、类型与特征及课程流派；（2）课程目标与课程内容，主要探讨课程目标的内涵、分类、特点及其确定的方法，中小学课程内容的表现形式等；（3）课程开发与课程评价，主要探讨课程开发的内涵与基本原则、影响课程开发的主要因素、课程开发的模式，课程评价的概念与课程评价的主要模式；（4）我国当前基础教育课程改革，主要探讨我国当前基础教育课程改革的背景、理念与目标。

【学习目标】

　　1. 了解不同课程流派的基本观点，掌握基本的课程类型及其特征；

　　2. 了解课程目标、课程内容、课程评价等涵义及相关理论；

　　3. 了解课程开发的基本原则与基本模式，理解课程开发的主要影响因素；

　　4. 了解我国当前基础教育课程改革的理念、改革目标及基本实施状况。

　　课程缘起于人们对实现教育目的之载体的思考。我们的教育目标是培养人，促进学生德、智、体、美诸方面全面发展；而要实现人的全面发展，就需要借助一定的载体或中介，课程就是这样一种载体，是实现教育目的的中介。

第一节　课　程　概　述

一、课程的涵义

　　在我国，"课程"一词始见于唐宋年间。唐代孔颖达为《五经正义》里的《诗经·小雅》中的"奕奕寝庙，君子作之"一句作疏："维护课程，必君子监之，乃得依法制"。这里的"课程"一词涵义甚泛，指"殿堂"、"庙宇"及其喻义"伟业"。宋代朱熹在《朱子全书·论学》中提到课程："宽着期限，紧着课程"，"小立课程，大作功夫"等。这里"课程"即"功课及其进程"。[①]

　　在西方，"课程"（curriculum）一词从拉丁语"currere"一词派生出来的，意为"跑道"（racecourse），由此，课程通常被理解为"学习的进程"。把课程用于教育科学的专门术语，则始于英国哲学家、教育家斯宾塞，其在 1859 年发表的《什么知识最有价值》一文中明确提出"课程"（curriculum）一词，意指"教学内容的系统组织"。[②]

　　到了近代，人们对课程的理解更为多样化。国内著名学者、课程与教学论专家施良方在梳

---

① 张华.课程与教学论[M].上海：上海教育出版社，2000.

② 施良方.课程理论：课程的基础、原理与问题[M].北京：教育科学出版社，1996.

理国内外学者相关研究的基础上，将课程的定义归纳为六种类型：①课程即教学科目；②课程即有计划的教学活动；③课程即预期的学习结果；④课程即学习经验；⑤课程即文化再生产；⑥课程即社会改造的过程。[①]

知识拓展

几种典型"课程"定义

1. 课程即教学科目

把课程等同于所教的科目，在历史上由来已久，而且，大部分一线教育工作者往往持有此种观点。但这种课程定义没有反映课程的全部；未能包括学生学习活动中所获得的体验，也容易忽视学生的心智发展、情感陶冶、个性培养及师生互动等方面。

2. 课程即有计划的教学活动

这一定义把教学的范围、序列和进程，甚至把教学方法和教学设计都组合在一起，以图对课程有一个较全面的看法。然而，这种课程定义过于强调静态的课程，忽视课程的动态涵义；关注教师的教而忽视学生的实际体验。

3. 课程即预期的学习结果

这种课程定义可以较好地区分课程与教学的涵义（教学则是实现结果的手段）。然而，将课程视为预期的学习结果，有可能忽视非预期的学习结果；其次，过于注重结果，忽视了对学习过程的关注。

4. 课程即学习经验

此种课程定义关注到了学生的实际体验，也关注了学生的学习过程。然而，这种课程定义忽视对学习目标的关注，忽视系统知识的学习，同时如何在教学过程中满足所有学生独特的个性体验也是一个极为困难的事情。

5. 课程即文化再生产

这种课程定义有助于加强课程与社会生活的联系。然而，此种课程定义容易忽视当前文化的合理性，可能会使现存的偏见永久化。

6. 课程即社会改造的过程

这种课程定义认为，课程不是要使学生适应或顺从社会文化，而是要帮助学生摆脱现存社会制度的束缚。然而，这种课程定义过于夸大学校组织的政治作用。

事实上，不同的课程定义反映了人们对课程认识的不同视角和不同取向。我们认为，课程的涵义有广义和狭义之分。广义的课程是指学生在校期间所学内容的综合及进程安排。狭义的课程是指某一门学科，如语文课程、数学课程等。本书探讨的课程是广义层面上的课程，就其内容而言，不仅包括课程表中所规定的课程，还有配合课内教学所组织的全部课外活动、家庭作业和社会实践活动，以及在整个学校生活中教师和学生的集体情感、态度、价值观和行为方式等校园文化因素对学生的影响；就其进程安排而言，主要包括各门学科设置的程序和课时分配、学年编制和学周安排等。[②]

---

① 施良方.课程理论：课程的基础、原理与问题[M].北京：教育科学出版社，1996.

② 孙俊三，雷小波.教育原理[M].长沙：湖南教育出版社，2007.

简明教育学教程

二、课程的类型及其特征

课程类型是指课程的组织方式或课程设计的种类。关于课程的类型,不同国家、不同时期、不同的教育家,持有不同的分类标准,对课程所划分的类别也不同。根据课程组织方式划分,课程可以分为分科课程、综合课程与活动课程;根据课程计划对课程实施的要求划分,课程可以分为必修课程、选修课程;根据课程设计、开发和管理主体划分,课程可分为国家课程、地方课程、学校课程;根据课程的呈现方式和影响受教育者的方式,课程可分为显性课程和隐性课程。[①]

(一) 分科课程、综合课程、活动课程

1. 分科课程

分科课程也叫做学科课程,以文化知识为基础,按照一定的价值标准,从不同的知识领域中选择一定的内容,根据知识的逻辑体系组织编排的课程。分科课程是学校课程的基本形式。

分科课程是最古老的的课程,也是使用范围最为广泛的课程,我国古代的"六艺"和古希腊的"七艺"都属于古老的分科课程,近代学校的分科课程则是从文艺复兴后逐步形成的。分科课程是一种单学科的课程组织模式,它强调不同学科门类之间的相对独立,强调学科逻辑体系的完整性,其主导价值在于使学生获得体系严密、逻辑清晰的学科知识。分科课程的优点是易教易学,便于系统知识的学习,易于编制修订,也易于考核;其缺点是分科过细,容易脱离学生的生活实际,不利于学生从整体上认识世界。

2. 综合课程

综合课程是指有意识地运用两种或两种以上学科的知识观和方法论去考察和探究一个中心主题或问题的课程形态。

根据中心主题或问题来源的不同,综合课程可以分为学科本位综合课程(即中心主题或问题源于学科知识)、社会本位综合课程(即中心主题或问题源于社会生活现实)、儿童本位综合课程(即中心主题或问题源于学生自身的兴趣和经验)。综合课程主导价值在于通过相关学科的整合,促进学生认识的整体性发展,把握解决问题的全面视野和方法。综合课程的优势在于:(1)有助于打破学科界限、实现课程内容及教育价值的有机整合;(2)有利于密切教学与社会实践的关系,培养学生分析问题和解决问题的能力;(3)有助于实现学生身心的整体发展。其不足之处在于:(1)难以向学生提供单一学科系统完整的知识;(2)课程内容组织难度大,容易出现"假"综合的现象;(3)课程实施难度大,对教师能力和素质要求较高。

3. 活动课程

活动课程也叫做儿童中心课程或经验课程,是指以儿童的需要和兴趣为基础,以活动为组织方式的课程形态。

活动课程既可作为课堂教学的一部分,又可作为课堂教学的一种补充。活动课程种类繁多,如探索学习、实地考察、社会实践、社会服务等。[②] 活动课程的主导价值在于使学生获得关于现实世界的直接经验和真切体验。活动课程的优点在于:(1)能充分满足学习者的需要、动机、兴趣,有助于使学习者成为真正的学习主体;(2)有利于学生在与文化、学科知识交互作用过程中实现学生的个性发展;(3)容易激发学生的学习兴趣,有助于发展学生的实践和创新能

---

① 洪明,张锦坤.教育知识与能力(中学)[M].北京:北京大学出版社,2014;中公教育教师资格证考试研究院.国家教师资格考试专用教材(中学一本通)[M].北京:世界图书出版公司北京公司,2014.

② 全国十二所重点师范大学联合编写.教育学基础[M].北京:教育科学出版社,2002.

力。其不足之处在于：(1)以活动为中心而不是以知识为中心组织课程，容易导致学科知识的支离破碎，不利于学生掌握系统完整的学科知识；(2)活动课程在实施过程中容易导致"活动主义"，为活动而活动，不利于教师主导作用的发挥，会极大地影响教学效率和教学质量；(3)课程缺乏明确的社会方向，完全的直接经验难以适应社会的新情况，难以适应社会需要，也难以使儿童为未来生活做好准备。[①]

(二) 必修课程、选修课程

1. 必修课程

必修课程是指某一教育系统或教育机构规定学生必须学习的课程种类。在我国基础教育领域，必修课程特指同一年级的所有学生必须修习的公共课程，是为保证所有学生的基本学力而开设的课程。

必修课程是社会或机构权威在课程中的体现，具有多方面的功能，如选择传递主流文化、帮助学生掌握系统化知识与形成特定技能、能力和态度，促进社会政治、经济、科技的发展等。在基础教育中，必修课程分为国家规定必修课程、地方规定必修课程和学校规定必修课程。必修课程的最大优点即在于能使学生养成未来社会公民所需的基本素养，而其不足之处也显而易见：过于关注学生的共性发展，容易忽视学生的个性发展。

2. 选修课程

选修课程是指某一教育系统或教育机构中，学生可以按照一定规则自由选择学习的课程种类。

选修课程是依据不同学生的特点与发展方向，容许个人选择的课程，是为适应学生的个性差异而开发的课程，其主导价值在于满足学生的兴趣、爱好，培养和发展学生的良好个性。选修课程一般分为限定选修课程与任意选修课程。选修课程在适应地区间经济文化差异、适应不同学校的特点以及适应学生个性差异具有独到的优势。

(三) 国家课程、地方课程、校本课程

根据课程设计、开发和管理主体划分，课程可分为国家课程、地方课程、校本课程。

1. 国家课程

国家课程也称"国家统一课程"，是由中央教育行政机构编制、审定、实施和评价的课程，其管理权属中央级教育机关。国家级课程是一级课程。它编订的宗旨是保证国家确定的普通教育的培养目标，规定学生应掌握的基础知识和基本能力。这类课程由国家统一审定，未经批准，地方不得随意变动。国家课程的编制往往采取"研制-开发-推广"的模式，自上而下地实施，以确保一个国家所实施的课程能够达到共同的质量要求。[②] 国家课程具有权威性、多样性和强制性等特征。

2. 地方课程

地方课程是指由在国家课程的框架内，由地方教育行政部门依据地方政治、经济、文化和民族等具体发展需要而开发的课程。

地方课程属于二级课程，其编订权在省、自治区和直辖市，县、校不经批准无权编订。这类课程编订的宗旨是补充、丰富国家级课程的内容，或满足地方社会发展的现实需要。它既可以安排学科类课程，也可以安排各种活动课程；既可以安排必修课，也可开设选修课。地方课程

---

① 孙俊三，雷小波.教育原理[M].长沙：湖南教育出版社，2007.
② 本书编写组.教育知识与能力[M].济南：山东教育出版社，2013.

具有地域性、民族性、文化性、针对性、灵活性、探究性、开放性等特征。

3. 校本课程

校本课程亦称"学校课程",是指在具体实施国家课程和地方课程的前提下,以学校教师为主体,通过对本校学生的需要进行科学评估,充分利用当地社区和学校的课程资源而开发的多样的、可供学生选择的课程。

校本课程属于三级课程,其编订权主要在学校。这类课程编订的目的在于尽可能展示学习的办学宗旨和特色,实现学生的个性发展。校本课程通常以选修课或特色课的形式出现,其开发可以分为新编、改编、选择、单项活动设计等。校本课程具有现实性、适应性、探究性、综合性等特征。

(四)显性课程与隐性课程

根据课程的呈现方式和影响受教育者的方式,课程可分为显性课程和隐性课程。

1. 显性课程

显性课程亦称为"正式课程"、"公开课程",是指为实现一定的教育目标而正式列入学校教学计划的各门学科,以及各类课外活动等。显性课程通常是采用专门的数目文件呈现,按照编制的课表实施,是教材编写、学校教学、学生学习和教学评价的依据之一。计划性是显性课程最主要的特点。

2. 隐性课程

隐性课程又称为"潜在课程"、"非正式课程",是指难以预期的、对学生发展起着潜移默化影响的教育因素。隐性课程存在于各种情境之中,包括物质情境、人际情境、文化情境(校园文化、礼仪、习惯等)。隐性课程并不是我们通常所理解的课程,它并不在正式的教学中进行。隐性课程具有潜在性、整体性、持久性、非预期性等特点。

三、课程流派

在课程理论与实践发展过程中,受不同哲学、心理学和社会学等思想的影响,学者们关于课程的理念和主张也各不相同,从而就形成了不同的课程流派。课程流派丰富多样,本书主要介绍三种课程流派:学科中心课程论、活动中心课程论和社会中心课程论。

(一)学科中心课程论

学科中心课程以有组织的学科内容为材料,以及按照学科结构来确定所要学习的内容,注重学科知识体系完整性的一种课程组织理念。这一课程流派是以苏联人造卫星上天为契机而出现的,主要有结构主义课程论、要素主义课程论和永恒主义课程论。

结构主义课程论的主要代表人物是美国的科学家、教育家布鲁纳。布鲁纳认为,课程的价值在于提供给学生每一学科特有的基本概念和基本结构。布鲁纳在《教育过程》中写道:不论我们选教什么学科,务必使学生理解学科的基本结构。所谓学科的基本结构,是指一门学科的一般原理、概念以及相应的学习和探究该学科的基本态度。在课程组织上,布鲁纳提倡螺旋式课程,即在不同学习阶段重复特定的学科内容;在课程实施上,他倡导"发现法",认为发现行为有助于记忆的保持,有助于引起学习的内部动机,有助于直觉思维能力的发展。

要素主义课程论的主要代表人物是美国教育家巴格莱。这一流派强调课程的内容应该是人类文化的"共同要素",他提出,课程设置原则中首先要考虑的是国家和民族的利益。要素主义课程推崇智力学科,主张学术强的分科课程体系,认为智力学科在学校课程中应处于核心、基础的位置;强调严格的智能训练,重视英才教育,认为学生应该在教师的严格教导下,以掌握按照一定逻辑顺序编排的间接经验为主,并适当伴随少量的直接经验活动。

永恒主义课程论的主要代表人物是美国教育家赫钦斯,这一流派认为教育内容或课程涉及的第一个根本问题就是,为了实现教育目的,什么知识最有价值或如何选择学科。永恒主义对此的回答是明确而肯定的,那就是具有理智训练价值的传统的"永恒学科"的价值高于实用学科的价值。为此,要选择那些经久不衰的、具有永恒价值的名著作为课程和教材,来达到理智训练的教育目的。

知识拓展

永恒主义的课程主张

永恒主义课程论主张学习名著,认为名著课程和教材具有如下优越性:第一,它是实现教育目的的最好途径。经典名著包含了关于宇宙的见解和观念、正确的思维方法,论述了人类永恒的道德问题,因而体现人类应该考虑的永恒的原则和内容;第二,名著的定向都是概念的、理论的,从任何意义上讲,它都不是技术的、应用的,学习名著比学习一般教材更能促进学生智慧的发展;第三,读书本身就是一种很好的理智训练。名著都是出自作为人类之精华的伟大的知识分子之手。人们在阅读名著的过程中,不仅受到他们伟大思想的熏陶,而且实际上也是在同这些伟大人物进行交流、对话和讨论,最重要的是,读书对智慧训练的价值还在于可以发展人们独立思考的能力,养成独立思考的习惯;第四,不读这些名著,就不可能理解当代的世界。在永恒主义看来,这些名著中的思想提供了现代科学的基础。

（资料来源:全国十二所重点师范大学联合编写. 教育学基础[M]. 北京:教育科学出版社,2002.）

学科中心课程理论的基本主张可以归纳为如下几个方面:(1)知识是课程的核心,学校教育的目的在于把人类千百年来积累下来的文化科学知识传递给下一代;(2)学校课程应以学科分类为基础,学校教学以分科教学为核心,以掌握学科的基本知识、基本规律和相应的技能为目标;(3)教师的任务是把各门学科的知识教给学生;(4)学生的任务是掌握预先为他们准备好的各门学科的知识;(5)学科专家在课程开发中起重要作用。[①]

学科中心课程理论是迄今为止使用最为广泛的课程理论,其在知识传授与人类文化传递方面具有不可替代的优势,正因为这一点,各种新的课程理论目前还无法取代它的地位。但是,在该理论的实践过程中,容易出现轻视儿童需要、以成人生活世界代替儿童生活世界、割裂知识的整体性、学科知识内容脱离现实生活等问题。

(二) 活动中心课程论

活动中心课程又称为儿童中心课程或经验课程,是以学习者的主体性活动和经验为中心组织的课程,即以选择和组织学习经验为基础,让学习者在活动中进行学习,获得成长。其代表人物主要是美国的杜威(John Deway)及其学生克伯屈(W. H. Kilpatric)。

该理论流派认为,以学科为中心的传统课程是不足取的,应代之以儿童的活动为中心的课程。为此,他们主张:(1)重视学生的需要与兴趣,尊重学生,发挥学生学习的积极性、主动性;(2)强调教材的组织心理学化,要求学生在与文化、与科学知识的交互过程中获得发展;(3)强

[①] 洪明,张锦坤. 教育知识与能力(中学)[M]. 北京:北京大学出版社,2014.

调实践活动,让学生通过解决实际问题获得直接经验;(4)重视综合课程,主张以社会生活问题来统合各种知识,实现学生对世界的完整认识。①

活动中心课程理论看到了学科中心课程理论的不足,看到了学生在学习中的作用,承认儿童的主体地位,关注现实社会生活,其关于课程的基本思想对于 20 世纪以来的课程理论、课程实践与改革产生了重大影响。但是,由于它过分注重经验,强调心理逻辑,重视实用性,以至于忽视了系统知识的学习,忽视教师的作用,同时,"活动中心"也容易导致"活动至上"进而影响儿童智力发展等。

(三) 社会中心课程论

社会中心课程理论,又称社会改造主义课程理论,主张围绕重大社会问题来组织课程内容的理论。其早期代表人物有康茨和拉格等人,20 世纪 50 年代后的主要代表人物是布拉梅尔德(Brameld)等。

社会中心课程论的主要观点包括:(1)课程目标要指向社会改造,培养学生的批判精神和改造社会现实的技能;(2)课程内容要以广泛的社会问题为中心,主张以社会问题为中心统合各科内容;(3)课程要以解决实际社会问题的逻辑来组织课程,实施弹性的、多样化的课程,注重利用校内外环境;(4)尽可能让学生参加到社会生活中去,增强学生适应社会生活的能力。②

社会中心课程论以现实社会问题为课程的核心,呼吁学校课程的社会责任,提倡学生深入到社会生活中进行学习,培养学生的社会批判意识与社会改造能力,因此,它在一定程度上了满足了社会对课程提出的要求。但是,社会中心课程论通常也容易走向另一个极端:夸大学校在社会变革中的作用。

第二节 课程目标与课程内容

一、课程目标

(一) 课程目标的内涵

1. 课程目标的内涵

课程目标是指课程本身要实现的具体目标和意图。它规定了某一教育阶段的学生通过课程学习以后,在发展品德、智力、体质等方面期望实现的程度,它是确定课程内容、教学目标和教学方法的基础。

课程目标是指导整个课程编制过程最为关键的准则,它不仅为课程设计提供指导准则,制约课程的设置,而且能为课程内容的组织和选择提供基本方向,支配学生的学习方式,并为课程的实施和评价提供基本依据。

2. 课程目标与教育目的、培养目标的关系

课程目标是教育目的或培养目标的具体化。教育目的或培养目标是对受教育者质量规格的总体要求,这些目的或目标的实现是以课程为中介的;课程是达到教育目的或培养目标的中介,课程目标的制定需要以教育目的或培养目标为基础,教育目的或培养目标之后转化为课程目标,才能真正得以实施。③

①②③ 洪明,张锦坤.教育知识与能力(中学)[M].北京:北京大学出版社,2014.

（二）课程目标的分类

2001年出台的许多学科的课程标准，将课程目标分为以下三类：一是知识与技能，这是要求学生掌握各门学科的基础知识和基本技能；二是过程与方法，这是新课程标准中增加的一个类别的目标，它注重的是学习的过程、探究的过程；三是情感、态度、价值观。[1]

（三）课程目标的特点[2]

1. 整体性

各级各类的课程目标是相互关联的，而不是彼此孤立的。

2. 阶段性

课程目标是一个多层次和全方位的系统，如小学课程目标、初中课程目标、高中课程目标。

3. 持续性

高年级课程目标是低年级课程目标的延续和深化。

4. 层次性

课程目标可以逐步分解为总目标和从属目标。

5. 递进性

低年级课程目标是高年级课程目标的基础，没有低年级课程目标的实现，就难以达到高年级的课程目标。

6. 时间性

随着时间的推移，课程目标会有相应的调整。

（四）确定课程目标的方法

确定课程目标的方法有多种，比较常用的是筛选法和参照法。[3]

1. 筛选法

这是美国北加州大学课程开发中心研制的方法，多年来被许多教育机构模仿，其具体步骤如下：

（1）预定若干课程目标，涉及课程的各个方面；

（2）书面征求有关人员对预定课程目标的意见，同时允许他们补充其他课程目标；

（3）把原先预定的课程目标和补充的课程目标汇总在一起；

（4）请有关人员根据汇总的目标，依次选出若干项重要的课程目标；

（5）根据统计结果，确定名次靠前的若干项课程目标。

2. 参照法

在确定目标的过程中参考过去的课程目标和其他国家的课程目标，并根据本国国情和教育状况，确定符合本国情况的课程目标。依靠参照法制定课程目标往往容易导致水土不服，因而颇受争议，也经常招致批评，不过，从比较、借鉴和参考现有资料与材料的角度看，也不失为一条便捷之路。

二、课程内容

课程内容是为了促进学生发展而精心选择出来的人类文明的精粹，是经过改造加工适合于教与学活动的材料。

---

① 丁念金.课程论[M].福州：福建教育出版社,2007.

② 中公教育教师资格证考试研究院.国家教师资格证考试专用教材[M].北京：世界图书出版公司,2014.

③ 华东师范大学教育学编写组.基于教师资格考试的教育学[M].上海：华东师范大学出版社,2015.

中小学课程内容通常表现为课程计划、课程标准和教材三种形式。其中,课程计划是课程的总体规划,课程标准与教材乃是课程内容的具体体现。

(一) 课程计划

课程计划即学校课程的总体规划,是国家教育主管部门根据教育目的和不同类型学校的培养目标而制定的有关学校教学和教育工作的指导性文件。课程计划一般由培养目标、课程设置、学科顺序与学时分配、学年编制、考试考查、实施要求等几个部分构成,其中,课程设置是课程计划的核心内容。[①]

1. 培养目标

培养目标是课程设置的依据和前提,是根据教育目的制定的对各级各类学校的具体培养要求。

2. 课程设置

课程设置是课程计划的核心内容,主要规定中小学开设哪些科目、开展哪些课外活动及其教学要求。基础教育课程改革以来,我国小学阶段课程设置以综合课程为主,初中阶段课程设置以分科与综合相结合为原则,高中则以分科课程为主。

3. 学科顺序与课时分配

课程计划中设置的各门学科既不能同时齐头并进,也不宜单科独进,应按照规定年限、学科内容、各门学科之间的衔接、学生的发展水平,由易到难,由简到繁,合理安排,使先学的学科为以后学习的学科奠定基础。课时分配包括各门学科授课的总时数、每门学科在各学年(或学期)的授课时数和每周的授课时数等,应根据学科的性质、作用,教材的分量和难易程度,恰当地分配各门学科的授课时数。

4. 学年编制

学年编制主要是指学年阶段的划分、各个学期的教学周数、学生参加各种活动的时间、假期和节日的规定等。如我国学校一般均为秋季招生与始业,一学年分为两个学期,学期之间有寒假或暑假。

5. 考试考查

考试考查主要是对学生的思想品德、知识能力和身心素质等方面作出检验和评估,是对学校教育教学工作的鉴定和考核。它对考试考查的行政、组织、考试考查的方式、命题要求及毕业考核的科目等做出规定。

6. 实施要求

实施要求是课程计划的有效组成部分。它对课程计划的地位、调整权限、适用范围等做出指令性解释,是顺利完成课程计划的必要保证。

(二) 课程标准

课程标准是课程计划中每门学科以纲要形式编订的、有关学科教学内容的指导性文件。它规定了学科的教学目的与任务、知识的范围、深度和结构、教学进度以及有关教学法的基本要求。课程标准是衡量各学科教学质量的重要标准。

我国课程标准的基本框架:

---

① 本书编写组.教育知识与能力[M].济南:山东教育出版社,2013.

1. 前言

结合本门课程的特点,阐述课程开设的意义、课程的性质、课程的基本理念与课程标准的设计思路。

2. 课程目标

按照国家的教育方针以及素质教育的要求,从知识与技能、过程与方法、情感态度与价值观三方面阐述本门课程的总体目标与学段目标(如果有学段的话);学段的划分大致规定在一至二、三至四、五至六、七至九年级,有些课程只限在一个学段,有些课程兼两个或两个以上学段。

3. 内容标准

根据上述的课程目标,结合具体的课程内容,用尽可能清晰的行为动词来阐述目标。

4. 实施建议

为了确保国家课程标准能够在全国的绝大多数学校的绝大多数学生身上实现,减少中间环节的"落差",需要在国家课程标准中附带提供推广或实施这一标准的建议,主要包括教与学的建议、评价建议、课程资源的开发与利用建议以及教材编写建议等。同时要求在易误解的地方或陈述新出现的重要内容时,提供适当的典型性的案例,以便于教师的理解,同时也是引导一种新观念的有效方法。

5. 术语解释

对标准中出现的一些重要术语进行解释与说明,以便使用者能更好地理解与实施标准。

(三) 教材

1. 教材的涵义

广义的教材即教师和学生据以进行教学活动的材料,包括教科书、参考书及各种视听材料。

狭义的教材即教科书,是指根据课程标准和教学法的要求,为一定年级的师生编写的、系统而简明扼要地叙述各学科内容的教学用书。下文的探讨即是从教材的狭义层面——教科书的视角展开的。

2. 教材的编排

教材的编排形式要有利于学生的学习,符合卫生学、教育学、心理学和美学的要求。教材的内容阐述要层次分明;文字表述要简练、准确、生动、流畅;篇幅要详略得当。标题和结论要用不同的字体或符号标出,使之鲜明、醒目。封面、图表、插图等,要力求清晰、美观。字体大小要适宜,装订要坚固,规格大小、厚薄要合适,便于携带。[①]

3. 教科书的使用

教科书是教师教学的主要依据,因此,教师在使用教科书时,应做到以下几点:[②]

(1)整体把握教科书。认真钻研并深刻理解教科书中各章、节、目之间以及各篇课文之间的联系,从整体上掌握教科书的框架、脉络、知识、技能体系,并通过教学,使学生对其正确理解和大体掌握。

(2)重点设计教科书。在透彻理解教科书内容的基础上,围绕教学重点、难点和关键点精心设计教学过程,把重点和难点化为学生可接受的信息。

① 华东师范大学教育学编写组.基于教师资格考试的教育学[M].上海:华东师范大学出版社,2015.
② 本书编写组.教育知识与能力[M].济南:山东教育出版社,2013.

（3）充分利用教科书。教师的教学应以教科书为基本依据，不脱离教科书，但不能照本宣科，不应只是简单重复教科书的内容，而应对其作说明解释，帮助学生理解和领会。

（4）适当删减内容。对于教科书中的内容应根据教学目标和学生基础等实际情况，灵活引进适合学生年龄特点、能为学生所理解的有关学科的新知识。并可根据本地区的需要，适当补充乡土材料和校本材料。

（5）指导学生用好教科书。培养学生阅读教科书的能力、方法和习惯，防止发生学生把教科书丢在一边，单纯记笔记、抄笔记的倾向。

第三节　课程开发与课程评价

一、课程开发

（一）课程开发的内涵

课程开发是指根据一定的课程理念，利用一定的课程资源，在课程决策的基础上，对各种课程要素（如目标、内容、学习活动、评价程序）进行计划、组织、编排，从而形成一种课程的过程。

（二）课程开发的基本原则①

1. 超前性原则

即课程设置必须对未来经济发展趋势、未来人才市场需求做出准确分析和预测，为超前开发课程提供可靠的依据。

2. 多元性原则

即课程设置要适应社会发展对知识结构多样化的需求，开发多元化课程，如开设必修课、选修课、活动课等。

3. 基础性原则

即课程设置要强化学科基础知识，加强基础能力训练，增强学生的潜在能力。

4. 实践性原则

即课程设置既要充分体现教学的实践环节和内容，又要体现各种实践的可操作性。

5. 灵活性原则

即课程设置在纵向上要能满足不同层次人才培养需要，在横向上要能够兼顾和融合专业特点。

（三）影响课程开发主要因素

课程是随社会的发展而发展的，课程要反映一定社会的政治、经济的要求，受一定社会生产力和科学文化发展水平以及受教育者身心发展规律和特点的制约。因此，社会、知识、学生便构成了制约学校课程开发的三大主要因素。②

1. 社会因素

课程总是存在并服务于一定的社会，社会的需要和条件是制约课程的决定性因素。首先，从社会需要看，社会生产力、政治经济制度和科技发展水平从根本上制约着课程的发展水平。如古代社会，生产力和科技发展水平低下，学校课程内容狭窄，科技成分有限；进入近代社会

① 洪明，张锦坤.教育知识与能力（中学）[M].北京：北京大学出版社，2014.
② 孙俊三，雷小波.教育原理[M].长沙：湖南教育出版社，2007.

后,伴随着生产力和科技的迅速发展,大量的自然科学知识进入课程。其次,从社会提供的条件上看,社会的发展水平、民族文化特点、学校的办学条件等都影响着学校课程。如同样的课程,经济不发达国家的课程标准往往低于发达国家的课程标准。

2. 知识因素

知识是人类在社会实践过程中认识自然、社会和人的精神产物,是现实世界各种事物的本质和规律的反映,包括自然科学知识、社会科学知识和人文科学知识。知识对课程的制约主要体现在:课程内容应反映各门学科中那些具有高度科学价值和实践价值的基本理论、法则和基本要领;课程编制应考虑学科体系的完整性、知识结构的内在逻辑,反映现代科学技术发展的水平,以保证学校课程的科学性、系统性。

3. 学生因素

学生的发展既是课程开发的依据,也是课程开发的归宿。学生对课程开发的影响主要体现在:课程内容的深度、广度和逻辑结构,不仅要适合学生的年龄特征,符合学生身心发展的一般规律,而且要正确处理需要与可能、现实与发展的关系,从而最大限度地促进学生身心和谐的发展。

以上三因素对课程的影响是综合的、交错的,无论偏重哪一个因素或是忽略哪一个因素,都会影响学校课程的质量。当然,不只是上述三个因素影响学校课程开发,除此之外,课程还受课程传统、课程理论和课程自身发展规律等因素的制约。总之,课程的发展是受多种因素相互作用的结果,各种因素要从整体上协同发挥作用。

(四) 课程开发的模式

课程开发模式就是关于课程开发的价值取向及相应的操作方式的统一。[①] 20 世纪以来,课程开发的主要模式有两种:目标模式和过程模式。

1. 目标模式

目标模式是以目标为课程开发的基础和核心,围绕课程目标的确定及其实现、评价而进行课程开发的模式。课程开发目标模式的代表人物是美国课程论专家拉尔夫·泰勒。在其著作《课程与教学的基本原理》中,泰勒指出,开发任何课程的过程中都必须回答四个基本问题:

第一,学校应该达到哪些教育目标?

第二,提供哪些教育经验才有可能实现这些目标?

第三,怎样才能有效组织这些教育经验?

第四,我们怎样才能确定这些目标正在得到实现?

我们可以把这四个问题看作是课程开发的四个步骤或阶段:确定目标,选择经验,组织经验,评价结果,这也就是著名的"泰勒原理"。其中,确定目标最为关键,因为其他步骤都是围绕目标展开的,因此泰勒原理又被称为"目标模式"。

目标模式的基本流程见下图。

2. 过程模式

斯滕豪斯在 1975 年出版的《课程研究与开发导论》一书中对目标模式的课程理论进行了分析批判,以此为基础,提出了过程模式的课程理论。

(1) 对目标模式的反思

---

① 张华.课程与教学论[M].上海:上海教育出版社,2000.

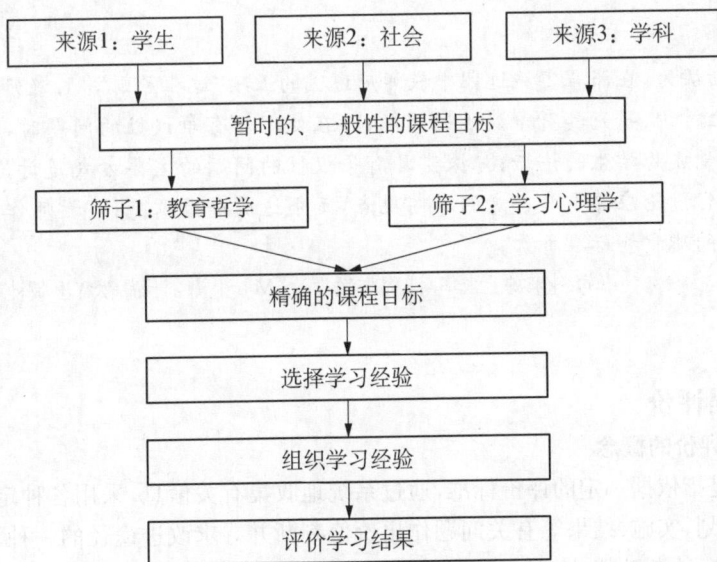

来源1：学生　　来源2：社会　　来源3：学科

↓

暂时的、一般性的课程目标

↓

筛子1：教育哲学　　　　筛子2：学习心理学

↓

精确的课程目标

↓

选择学习经验

↓

组织学习经验

↓

评价学习结果

课程开发的目标模式

斯滕豪斯认为，目标模式是一种有条理的、系统的课程编制过程。它把一般的、宽泛的目的分解成具体的行为目标，并根据这些行为目标来选择和组织课程内容，最后根据目标实现与否来评价课程的成败。这种课程开发模式的长处是：首先，它与建立在心理学基础上的教育研究传统是相吻合的；其次，目标模式提供了教育成功与否的准则——目标的达成，这使教育评价变得相当简单明了；最后，它引导教师在教学中分析性地思考他们正在努力达到些什么，使教师有据可依，使课程开发成为一个"理性"的过程。然而，这种模式也有其显著的缺陷：第一，目标模式并不以对课程教学的经验研究为依据，与那些研究成果不符；第二，把课程内容分解成行为目标，是与知识的性质和结构有矛盾的；第三，目标模式把与教育的控制、教育的抱负、教育的个人化联系在一起的伦理和政治的问题撇在一边，或变得模糊起来；第四，目标模式过高估计了我们理解教育过程、预测学习结果的能力；第五，目标模式只根据学生的行为变化来衡量课程与教学的成败，这会导致一些误解。[①]

（2）过程模式的基本思想

斯滕豪斯提出的过程模式，多半基于他关于教育目的、知识的性质和价值的观点。他认为，过程模式比目标模式更适合于那些以知识和理解为中心的课程领域。其基本思想是：人们可以通过详细说明内容和过程中的各种原理的方法来合乎理性地设计课程，而不必用目标预先指定所期望达到的结果；人们可以从具有内在价值的知识形式中，挑选出那些足以体现该知识形式的内容，这些选择出来的内容，能够代表那些最重要的过程、最关键的概念和该知识形式（或领域）中固有的标准；[②]在课程实施过程中，教师的身份是"和学生一起学习的学习者"，因此，课程实施应遵循"过程原则"，鼓励教师通过发现法和探究法而不是通过传授法进行教学。

---

① 施良方.课程理论：课程基础、原理与问题［M］.北京：教育科学出版社,1996.

② 靳玉乐.教育概论［M］.重庆：重庆出版社,2006.

二、课程评价

(一)课程评价的概念

课程评价是指依据一定的评价标准,通过系统地收集有关信息,采用各种定性、定量的方法,对课程的计划、实施、结果等有关问题作出价值判断并寻求改进途径的一种活动。课程评价具有导向功能、诊断功能、决策功能和促进发展功能。

(二)课程评价的主要模式

课程评价的指导思想、程序等的差异,形成了不同的课程评价模式。20世纪60年代以来国外逐步形成了各具特色的课程评价模式。概括来讲,具有代表性的课程评价模式主要有:目标评价模式、目标游离评价模式、CIPP评价模式、外观评价模式、回应评价模式等几种。[1]

1. 目标评价模式

目标评价模式首先是由美国"当代教育评价之父"、"现代课程理论之父"泰勒提出来的,它是针对20世纪初形成并流行的常模参照测验的不足而提出的,是在泰勒的"评价原理"和"课程原理"的基础上形成和发展起来的,其具体的评价程序包括以下步骤:

① 确定教育计划的目标;

② 根据行为和内容来解说每一个目标;

③ 确定使用目标的情境;

④ 设计呈现情境的方式;

⑤ 设计获取记录的方式;

⑥ 收集学生的行为表现资料;

⑦ 将学生的表现与行为目标进行比较,确定达成程度。

目标评价模式的优点在于注重目标的确立和课程实施的反馈与改进,便于操作,容易见效。但该模式忽略了未预期的、生成性目标,更忽略了丰富的互动的课程教学历程,因而也备受人们的批评。

2. 目标游离评价模式

目标游离评价模式是美国学者斯克里文(Scriven, M.)针对目标评价模式过于关注预定目标,而对目标以外的副效应(非预期效应)没有给予应有的重视而提出的。斯克里文认为,目标评价模式太易受课程计划目的的限制,也容易受课程计划的使用者和设计者的影响,因此,评价应把重点由"课程计划预期的结果"转向"课程计划实际的结果"上来,即课程目标与课程评

---

[1] 施良方.课程理论:课程基础、原理与问题[M].北京:教育科学出版社,1996.

价标准的"游离",使课程评价在一定程度上摆脱既定目标的制约,而专注于课程实施的实际效果,只有如此,才能对课程计划的实施做出准确的评价。

斯克里文提出的目标游离评价模式对于如何开展评价没有提出一个详细的程序,也没有提出操作化的规则。严格地说,目标游离评价不是一个完善的模式,它更多是一种评价的思想和原则。但它着力于打破课程制定者对课程评价的垄断,为更多的人参与到课程评价中提供了更大的可能性。

3. CIPP 评价模式

CIPP 是由背景评价(context evaluation)、输入评价(input evaluation)、过程评价(process evaluation)、成果评价(product evaluation)四种评价名称的英文第一个字母组成的缩略语。该评价模式的提出者是美国评价学者斯塔弗尔比姆(D. L. Stufflebeam)。他认为,评价不应局限于目标的达成程度,而应成为为决策提供信息的过程。CIPP 模式的要素主要包括如下四种:①背景评价,考察现存的目标与重点是否与使用者的需要一致,对目标本身进行评价;②输入评价,鉴定方案的可行性,包括能否达成目标、成本如何、资源配置的情况等;③过程评价,检查方案的实施情况,收集反馈信息;④成果评价,结合已有目标,对课程方案的实施结果进行测量、解释和评价。

CIPP 评价模式的核心思想是评价为决策服务。这种评价是对教育过程进行全面的评价,并与课程决策密切相连。因而,可以比较准确地了解课程在哪些方面是恰当的,在哪些方面还存在问题,以便纠正决策偏差,更好地保证课程的有效实施。但是,由于它的操作过程比较复杂,所需要的投入相对也高,所以难以被一般人所掌握。

4. 外观评价模式

所谓外观评价模式(countenance model)是由美国评价学者斯塔克(R. Stake)提出的。他认为,评价应该从三个方面收集有关课程的材料:前提条件(antecedent)、相互作用(transaction)和结果(outcomes)。前提条件是指教学之前业已存在的、可能与结果有因果关系的各种条件;相互作用主要是指教学过程中师生之间和学生之间的关系;结果是指实施课程计划的效果。对于这三个方面,都需要从两个维度收集信息,做出评价,这两个维度就是描述和评判。其中,描述包括课程计划打算实现的内容和实际观察到的情况这两个方面的材料;评判也包括根据既定标准的评判和根据实际情况的评判两个方面。

外观评价模式是一种对课程进行比较全面评价的模式,它能对课程整体进行评价,因而也就比以前的评价模式更为周到些。但这种评价模式把个人的观察、描述的判断作为评价的依据,很容易渗入个人的主观因素,从而影响评价结果的可靠性。

5. 回应评价模式

回应模式(responsive model)是由罗伯特·斯考克(Stake, R.)首先提出,古巴(Guba, E. G.)、林肯(Lincoln, Y. S.)等人进一步发展而成的一种课程评价模式。该模式的操作步骤是:①

(1) 评价者与一切跟评价对象有关的人接触,获取他们对评价对象的看法;

(2) 根据活动的信息,确定评价的范围;

(3) 评价者亲自对方案的实施作实地考察;

(4) 通过观察,评价者对方案希望达到的目标与实际取得成果进行比较;

(5) 评价者对评价应回应的问题进行理论上的修正;

---

① 张华. 课程与教学论[M]. 上海:上海教育出版社,2000.

（6）在此基础上，设计者评价设计方案；

（7）根据不同的要求，选择不同的搜集信息的方法；

（8）对收集来的信息资料进行加工处理；

（9）将处理过的信息按需要回答的问题进行分类；

（10）把分类的评价结果写成正式包报告，分发给有关人员；

（11）在分类评价报告的基础上对方案作出全面的判断。

第四节　我国当前基础教育课程改革

一、我国当前基础教育课程改革的背景

（一）基础教育改革的时代背景

教育的发展受制于时代的发展，换言之，时代的发展与变革必然催生教育的改革。随着我国新一轮基础教育课程改革的启动，它直接与这个社会和时代发展背景及其挑战紧密相关。

20世纪90年代以来，以信息技术为代表的科学技术蓬勃发展；同时，经济也越来越被视为"以知识为基础的经济"，知识量急速增长，知识创新的重要性越来越得到认可；再次，经济全球化趋势日趋明显。这些都对教育提出了新的挑战。信息技术的发展以及信息正成为全球珍贵的资源，使得我们需要新的教育思想和教育观念，需要新的人才观；同时，经济全球化对经济运行产生了极大的冲击，对人才培养也提出了新的要求。①

（二）国外基础教育课程改革浪潮的兴起

20世纪90年代以来，为了提高各自国家的综合国力以便在激烈的国际竞争中占据有利位置，基础教育课程改革在世界范围内受到了前所未有的普遍重视。世界上许多国家尤其是一些发达国家，无论是反思本国教育的弊端，还是对教育发展提出新的目标和要求，往往都是从基础教育改革入手，通过改革基础教育课程，调整人才培养目标，变革人才培养模式，来提高教育质量。由此，在全球范围内掀起了新一轮基础教育课程改革的浪潮。世界上各主要国家（不论是发达国家还是发展中国家）纷纷都把基础教育课程改革当作增强综合国力、积蓄未来国际竞争实力的战略举措加以推行。②

（三）我国现行基础教育课程体系自身存在问题

20世纪80年代中后期以来至20世纪90年代末实施的课程改革形成了我国现行的基础教育课程体系。毋庸置疑，这一时期的课程改革取得了辉煌的成就，对我国的政治、经济、文化和科技的发展作出了巨大的贡献。但另一面，我们必须实事求是地承认，面对21世纪我国改革开放和社会主义现代化建设事业的新需要、新要求，我国现行的基础教育课程体系越发暴露出自身存在的问题和弊端。这主要表现为：教育观念滞后，人才培养目标同时代发展的需求不能完全适应；思想品德教育的针对性、实效性不强；课程内容存在"繁、难、偏、旧"的状况；课程结构单一，学科体系相对封闭，难以反映现代科技、社会发展的新内容，脱离学生经验和社会实际；学生死记硬背、题海训练的状况普遍存在；课程评价过于强调学业成绩和选拔的功能；课程管理过于集中和统一，致使课程难以适应当地经济、社会发展以及学生多样发展的需求。我国现行基础教育课程自身存在的问题和弊端，决定了我国新一轮基础教育课程改革势在必行。③

① 伍德勤，杨国龙.新编教育学[M].上海：华东师范大学出版社，2013.
②③ 范蔚.基础教育课程改革[M].重庆：重庆出版社，2006.

二、我国当前基础教育课程改革的理念

新课程的最高宗旨和核心理念是"一切为了每一位学生的发展"。具体体现在：[①]

1. 关注每一位学生

每一位学生都是生动活泼的人、发展的人、有尊严的人，在教师的课堂教学理念中，包括每一位学生在内的全班所有学生都是教师应该关注的对象，关注的实质是尊重、关心，关注本身就是最好的教育。

2. 关注学生的情绪生活和情感体验

教师必须用"心"施教，不能只做学科知识的传声筒。用"心"施教体现着教师对本职的热爱，对学生的关切，体现着教师热切的情感。

3. 关注学生的道德生活和人格养成

教师不仅要充分挖掘和展示教学中的各种道德因素，还要积极关注和引导学生在教学活动中的各种道德表现和道德发展，从而使教学过程成为学生一种高尚的道德生活和丰富的人生体验，这样，学科知识增长的同时也促进人格的健全发展。

三、我国当前基础教育课程改革的目标

（一）总体目标

基础教育课程改革要以邓小平同志关于"教育要面向现代化，面向世界，面向未来"和江泽民同志"三个代表"的重要思想为指导，全面贯彻党的教育方针，全面推进素质教育。[②]

新课程的培养目标应体现时代要求。要使学生具有爱国主义、集体主义精神，热爱社会主义，继承和发扬中华民族的优秀传统和革命传统；具有社会主义民主法制意识，遵守国家法律和社会公德；逐步树立正确的世界观、人生观、价值观；具有社会责任感，努力为人民服务；具有初步的创新精神、实践能力、科学和人文素养以及环境意识；具有适应终身学习的基础知识、基本技能和方法；具有健壮的体魄和良好的心理素质，养成健康的审美情趣和生活方式，成为有理想、有道德、有文化、有纪律的一代新人。

（二）具体目标

为实现课程改革的总体目标，新世纪课程改革的根本任务是全面改革基础教育的课程体系、结构、内容，构建符合素质教育要求的新的基础教育课程体系，从而完成基础教育课程改革的具体目标，实现学生的全面发展，以适应现代社会对人才的要求，为此，《基础教育课程改革纲要（试行）》中提出了6项具体目标：

改变课程过于注重知识传授的倾向，强调形成积极主动的学习态度，使获得基础知识与基本技能的过程同时成为学会学习和形成正确价值观的过程。

改变课程结果过于强调学科本位、科目过多和缺乏整合的现状，整体设置九年一贯的课程门类和课时比例，并设置综合课程，以适应不同地区和学生发展的需求，体现课程结构的均衡性、综合性和选择性。

改变课程内容"繁、难、偏、旧"和过于注重书本知识的现状，加强课程内容与学生生活以及现代社会和科技发展的联系，关注学生的学习兴趣和经验，精选终身学习必备的基础知识和技能。

改变课程实施过于强调接受学习、死记硬背、机械训练的现状，倡导学生主动参与、乐于探

① 中公教育教师资格证考试研究院.国家教师资格证考试专用教材[M].北京：世界图书出版公司，2014.
② 钟启泉，崔允漷，等.《基础教育课程改革纲要（试行）》解读[M].上海：华东师范大学出版社，2001.

究、勤于动手,培养学生收集和处理信息的能力、获取新知识的能力、分析和解决问题的能力以及交流与合作的能力。

改变课程评价过分强调甄别与选拔的功能,发挥评价促进学生发展、教师提高、和改进教学实践的功能。

改变课程管理过于集中的状况,实行国家、地方、学校三级课程管理,增强对地方、学校及学生的适应性。

理解·反思·探究

1. 谈谈你对课程内涵的理解。

2. 结合学科背景,阅读该学科的课程标准,讨论该学科课程的本质,并说明影响该课程开发的主要因素。

3. 采用小组合作的形式,选择课程改革中的某一个或几个方面(如课程结构、课程内容、课程实施、课程管理、课程评价等),深入到中小学,对我国当前的课程改革实施现状进行调查。

拓展阅读导航

施良方.课程理论——课程的基础、原理与问题[M].北京:教育科学出版社.

该书是我国首本提供了课程理论分析框架的经典之作,同时也是深化与发展我国课程教学领域研究的一个重要标志。该书在梳理了课程理论的历史和现状之后,重点论述了四方面的基本问题:(1)课程的三大基础学科对课程理论的影响和意义;(2)课程编制的要素、过程及原理;(3)几种主要课程编制模式的理论和特点;(4)课程理论的基本问题及发展趋势。

参考文献

1. 丁念金.课程论[M].福建教育出版社,2007 年。

2. 洪明,张锦坤.教育知识与能力(中学)[M].北京大学出版社,2014 年。

3. 华东师范大学教育学编写组.基于教师资格考试的教育学[M].华东师范大学出版社,2015 年。

4. 教育知识与能力编写组.教育知识与能力[M].山东教育出版社,2013 年。

5. 靳玉乐.教育概论[M].重庆出版社,2006 年。

6. 全国十二所重点师范大学联合编写.教育学基础[M].教育科学出版社,2002 年。

7. 施良方.课程理论:课程的基础、原理与问题[M].教育科学出版社,1996 年。

8. 孙俊三,雷小波.教育原理[M].湖南教育出版社,2007 年。

9. 伍德勤,杨国龙.新编教育学[M].华东师范大学出版社,2013 年。

10. 张华.课程与教学论[M].上海教育出版社,2000 年。

11. 中公教育教师资格证考试研究院.国家教师资格证考试专用教材[M].世界图书出版公司,2014 年。

12. 钟启泉,崔允漷等.《基础教育课程改革纲要(试行)》解读[M].华东师范大学出版社,2001 年。

第八章 教　学

【内容摘要】

本章主要内容为教学的概念、意义和任务；教学过程的历史发展过程，当代国外教学过程理论的主要流派，我国当前对教学过程本质的认识，教学过程的基本规律以及教学过程的基本阶段；教学原则的涵义，中学常用的教学原则；中学常用的教学方法；教学组织形式、类型，教学工作的基本组织形式——班级授课制，以及教学工作的基本环节。

【学习目标】

1. 理解教学的概念、意义和任务，了解教学过程的历史发展过程，当代国外教学过程理论的主要流派，我国当前对教学过程本质的认识，教学过程的基本阶段；

2. 熟悉和运用教学过程的基本规律，分析和解决中学教学的实际问题；

3. 掌握和运用中学常用的教学原则、教学方法，了解教学组织形式的内容及要求，掌握教学工作中的基本环节及要求。

第一节　教　学　概　述

一、教学的概念

（一）教学的定义

教学是在教育目的的规范下，由教师的教与学生的学共同组成的一种教育活动。在我国，教学是以知识的授受为基础的。通过教学，学生在教师有计划、有步骤的积极引导下，主动地掌握系统的科学文化知识和技能，发展智力、体力，陶冶品德，培养美感，形成全面发展的个性。

（二）教学的特点

教学是学校进行全面发展教育的基本途径，是教师的教、学生的学两方面活动的统一。学校教育工作必须坚持以教学为主，教学也是实现教育目的的基本途径。其特点有以下几点：

第一，教学以培养全面发展的人为根本目的。教学通过系统知识技能的传授和掌握，促进学生身心发展。

第二，教学由教师的教与学生的学两方面活动组成。教学是师生双方的共同活动，教学双方在活动中相互作用。教师的教服务于学生的学，学生的学习是在教师指导下的学习。

第三，教学具有多种形态，是共性与多样性的统一。教学具有课内、课外、班级、小组、个别化等多种形态。教师和学生共同进行的课前准备、上课、作业练习、辅导评定等都属于教学活动。随着现代社会的发展，教学既可以通过师生间、学生间的各种直接交往活动进行，也可以通过印刷物、广播、电视、录音等远程教学手段开展。

（三）教学与教育、智育、上课的关系

1. 教学与教育的关系

教学与教育这两个概念的关系，是一种部分与整体的关系。教育包括教学，教学只是学校进行教育的一个基本途径。除教学外，学校还通过课外活动、生产劳动、社会活动等途径向学生进行教育。

2. 教学与智育的关系

智育是学校教育的重要组成部分，它主要通过教学这条途径来实现，但智育也需要课外活动等途径才能全面实现。教学不仅是智育的实施途径，也是德育、美育、体育、劳动技术教育的实施途径。

3. 教学与上课的关系

教学与上课是整体与部分的关系，教学包括上课，还包括备课、课外作业的布置与批改、课外辅导、学生学习成绩的检测和评定等一系列环节。上课是教学工作的中心环节，教学的任务主要是通过上课完成的。

二、教学的意义

（一）教学是传授系统知识、促进学生发展的最有效的形式

教学是一种专门组织的有计划、有目的的活动，通过教学能较简捷地将人类积累起来的科学文化知识转化为学生个人的精神财富，从而促进学生的身心发展，保证社会的延续和发展。

（二）教学是对学生进行全面发展的素质教育，把学生培养成为合格人才的基本途径

素质教育是以提高民族素质和民族创新能力为根本宗旨的教育，从本质上说，就是促进学生德、智、体、美等方面生动、活泼、主动、全面的发展。

（三）教学是学校工作的中心工作，学校工作必须坚持以教学为主

学校工作以教学为主，是新中国成立以来教育工作经验的总结。学校坚持以教学为主的原则，教育质量就能提高，反之，教育质量就必然下降。因此，要办好学校，提高教育质量，培养优质人才，就必须坚持以教学为主，全面安排。

三、教学的任务

（一）形式教育与实质教育

形式教育形成于17世纪，代表人物主要有英国教育家洛克和瑞士教育家裴斯泰洛齐。形式教育论者认为，教学的主要任务在于通过开设希腊文、拉丁文、逻辑、文法和数学等学科发展学生的智力，至于学科内容的实用意义则是无关紧要的，形式教育以官能心理学为基础。

实质教育论是在18世纪初出现的，德国教育家赫尔巴特和英国教育家斯宾塞是其主要代表人物。实质教育论者认为，教学的主要任务在于传授给学生对生活有用的知识，至于学生的智力则无须进行特别的培养和训练，实质教育以联想主义心理学为基础。

（二）我国现阶段的教学任务

1. 引导学生掌握系统的科学文化基础知识和基本技能

教学的首要任务是引导学生掌握科学文化基础知识和基本技能。因为教学的其他任务都只能在引导学生掌握基础知识和技能的前提下才能实现。所以，只有扎扎实实完成好这个教学任务，才能有条件完成其他教学任务，确保培养的人才的质量规格。

教学应当重视向学生传授基础知识和基本技能。所谓基础知识,是指构成各门科学的基本事实及其相应的基本概念、原理和公式等及其系统。它是组成一门学科知识的基本结构,揭示了学科研究对象的规律性,反映了科学文化发展的现代水平。所谓技能,是指学生应用所掌握的知识去完成某种实际任务的能力。而所谓基本技能,则是指各门学科中最主要、最常用的技能。如语文和外语的阅读、写作技能,数学的运算技能,物理和化学的实验技能等。此外,教学还要培养学生掌握技巧。所谓技巧,是指一种操作或动作的自动化。有的技能的操作、动作很简单,通过一定的练习便可以发展成为技巧,如读、写、算的技巧。但不是所有技能都能发展成为技巧,凡是包含着复杂操作的技能,如写提纲、作文等,无论怎样训练也不能自动化,它也不会转化为技巧。在知识、技能和技巧三者中,一般来说,知识的掌握是形成技能、技巧的基础,而技能、技巧的形成与提高又有助于进一步理解和掌握知识。

2. 发展学生的智力、体力和创新能力

发展学生的智力、体力和创新能力,不仅是顺利地、高质量地进行教学的必要条件,而且也是培养全面发展的新人的必然要求,因而也这是现代教学的一项十分重要的任务。

所谓智力,是指个人在认识过程中表现出来的认知能力系统。它包括观察力、记忆力、想象力和思维力,其中思维能力是智力的核心。它们均属于一般能力的范畴。人们的智力是先天遗传素质、后天环境、教育影响和个人努力等因素相互作用的产物。但对青少年学生来说,教学对他们的智力发展起着主导作用。所谓创新能力,对基本任务是学习人类知识的学生来说,主要是指学生能够运用自己已有的知识和智力去大胆探索、不断发现和掌握尚未知晓的知识的能力。当然,有时也可以发现新的真知、造出新的独特的具有社会价值的产品。创新能力不仅是智力发展的高级形式,而且也是学生个人的求知欲望、进取心和首创精神、意志力与自我实现决心的体现。只有开展发展性教学,善于启发诱导学生进行思维操作,进行推理、证明,去解决创造性作业,才能培养学生的智力和发展他们的创造才能。

教学还要注重发展学生的体力。这不只是体育的任务,也是各科教学的任务。教学特别要注意教学卫生,要求学生在坐、立、阅读、书写和其他学习活动中保持正确的姿势,保护学生的视力,防止学生课业负担过重,使学生有规律有节奏地学习与生活,保持旺盛的精力,发展健康的体魄。

3. 培养学生的社会主义品德和审美情趣,奠定学生的科学世界观基础

培养学生的社会主义品德和审美情趣,奠定学生的科学世界观基础,它既是教育的一项重要任务,又是社会主义社会的要求,还是青少年学生自身发展的需要,体现了社会主义教学的性质与方向。

青少年学生的品德、审美情趣和世界观正处在急速发展和逐步形成的重要时期,国家与社会都期望他们能具有社会主义的品德、正确的审美情趣和科学的世界观,教学在完成这个任务中起着重要作用。因为学生在教学中进行的学习和开展的交往,就是他们生活中认识世界和进行社会交往的主要部分,他们在生活中认识世界和进行社会交往的过程中,也将提高自己的思想认识、道德修养和审美情趣;他们在班级的集体教学活动中,也要依据一定的规范和要求来调节自己的思想和行为。这都会使他们具有良好的品德、审美情趣和形成科学世界观的基础。

4. 关注学生个性发展

现代教学论关注学生个性发展。以马克思主义关于人的全面发展学说为指导,协调学生的知识、智力、兴趣、情感、意志、性格等各方面的因素,追求教学与教育的统一,促进学生个性的发展。为此,通过教学激励发展每个学生的主观能动性,不仅使他们有现代科技文化知识,

而且有自觉能动性、独立性和开拓创新性，有强烈的竞争意识、平等观念和合作精神。

第二节　教　学　过　程

一、教学过程概述

教学过程是教师根据教学目的、教学任务和学生身心发展的特点，通过指导学生有目的、有计划地掌握系统的文化科学基础知识和基本技能，发展学生的智力和体力，形成科学世界观及培养道德品质，发展个性的过程。

人们对教学过程的认识，也经历了一个漫长的历史发展过程，直到现在仍在继续探索。

1. 教学过程理论的萌芽

在公元前 6 世纪时，我国教育家孔子的教育思想中便含有教学过程理论的萌芽。他提出"学而不思则罔，思而不学则殆"，提倡"躬行"，即身体力行，初步形成了把"学"、"思"、"行"看作统一的学习过程的思想。这是最早的教学过程思想。这一思想被后来的儒家思孟学派所发展，在《中庸》中明确提出了"博学之、审问之、慎思之、明辨之、笃行之"的学习过程理论。这一过程理论概括很简明、精辟，强调了学生个人能动地学习、思考和实践，比较符合认知规律，对我国后世的教学与学生自学产生了良好的影响。但此后在漫长的封建社会里，教学却演变成在书斋里诵读经典，在学习过程理论上一直没有突破。不过，在学习书本知识和进行修养上还积累了不少经验。如宋朝朱熹提出的"循序渐进、熟读精思、虚心涵泳、切己体察、居敬持志"的读书法，对教学、对如何读书是很有益处的。

在西方，古罗马的昆体良在他所写的《演说术原理》中，总结了他在修辞学校长期任教培养演说家的经验，提出了"摹仿、理论、练习"三个循序递进的学习过程理论。这一过程，重视直观、重视知识的掌握和技能的训练，是很可贵的。但在西方中世纪，教学理论的发展却很缓慢，囿于研读神学经典，脱离社会实际，搞繁琐哲学。不过，在注重理论的逻辑与条理性方面，仍有一些可取之处。

2. 教学过程理论的形成与发展

德国教育家赫尔巴特试图根据心理学来阐述教学过程，提出了明了、联想、系统、方法四个阶段，揭示了课堂教学的某些规律。这一理论对指导和改进教学实践起了积极作用，它也标志着教学过程理论的形成。赫尔巴特的教学过程理论后来被他学生所发展。席勒把明了分为两个阶段，组成了分析、综合、联想、系统、方法的教学过程。赖因则在前面加了一个预备阶段，并对原有的四个阶段作了更符合教学实际的修改，演变为预备（提出问题、说明目的）、提示（提示新课程、讲解新教材）、联系、总结、应用的教学过程。上述教学过程均为五段，俗称五段教学法。这种教学过程理论，在欧美各国流行、统治达半个世纪之久，被后人称之为传统教育派或传统教学，曾于清末兴学校后流传到我国。赫尔巴特的教学过程理论，注意运用心理学于教学，重视系统知识与技能的传授，发挥教师在教学中的领导作用，加强了课堂教学并使上课规范化，这都使教学得到改进、质量得到提高。但随着社会的向前发展，传统的教学理论与做法日益暴露出严重的弊病。它忽视学生的主动性，忽视学生个人经验和能力在教学中的重要作用，严重脱离社会生活实际，把课堂教学变成千篇一律的五个阶段的僵化格式，压抑了学生的积极性，不利于教学的改进。

19 世纪末 20 世纪初，随着大工业生产和科学技术的发展，科学实验的日益普及与其研究的战果不断地运用于教育，出现了一种反传统教育派的进步教育思潮，其思想代表是美国实用主义教育家杜威。他反对教材中心、教师中心和传统的课堂教学,主张儿童活动中心,重视学生的生活经验,通过从做中学来调动学生的积极性,促进他们的成长。在教学过程中,他依据学生在做中学的认识发展提出了五个阶段的过程:从情境中发现疑难;从疑难中提出问题;作出解决问题的各种假设;推断哪一种假设能解决问题;经过检验来修正假设、获得结论。它被简明地概括为困难、问题、假设、验证、结论五步,也有人把它叫做五步教学法。

杜威把教学理解为儿童通过亲身实践探取经验的过程,几乎同科学家从事科学研究的过程一样。这与赫尔巴特把教学理解为在教师传授下学生接受知识的过程根本不同。这就是历史上的"传统教育"派与"现代教育"派在教学过程理论上的对立。它对教学理论和实践的发展起了推动作用。"现代教育"注重引导学生通过个人的探索活动进行学习,紧密联系生活实际,确实容易使学生产生兴趣,发挥自身的主动性、创造性,能在获取和运用知识的过程中提高个人的能力。这些积极的方面,符合社会工业生产和科技发展的需要。所以杜威的教学理论于20世纪初在许多国家风靡一时,并曾传入我国。但这种活动教学很难组织好,要求儿童事事经过实践获取知识,违反了学生学习的特点,忽视了教师和教材的作用,因而使学生学不到系统的科学知识,导致教学质量的降低。故到20世纪30年代,杜威的教学理论便很快衰落。不过,其积极的一面不宜抹杀,对后世仍有深远影响。

十月革命后,苏联教育曾受杜威教育思想的影响,忽视系统科学知识的教学,无法适应社会主义建设的需要。20世纪30年代后,他们认真总结了历史的经验教训,力求运用马克思主义哲学指导教学,形成了以苏联教育家凯洛夫主编的《教育学》为代表的教学理论。凯洛夫认为,教学是教师以知识和技能、技巧的体系武装学生的过程,必须遵循列宁提出的从生动的直观到抽象的思维、并从抽象思维到实践的认识真理的辩证途径;但又有其特点:学生学习的是科学上可靠的知识而不负有发现真理的任务,走的是教师引导的捷径而避免前人在历史上曾走过的弯路。他提出了知觉具体事物,理解事物的特点关系或联系,形成概念,巩固知识,形成技能、技巧,实践运用等六个环节的教学过程。凯洛夫主编的《教育学》试图用马克思主义科学地解释教学过程,揭示学生认识的特点,概括教学过程的基本环节,提出并阐明教学必须遵循的原则。他确实在新的理论基础上发扬了传统教学论的优点,纠正了实用主义教育忽视系统知识的偏向,显著提高了学校的科学文化知识的教学水平,在理论和实践上都达到了新的高度。但由于过于强调学习书本知识、教师主导作用和课堂教学,尽管也提到要领导学生积极参与教学,发展他们的智力,实际上对学生在学习中的主体地位认识不足,对学生学习的生动性、积极性有所忽视,对发展他们的智力、能力强调不够,暴露了类似"传统教育"的一些弊病。这就不得不影响教学质量的进一步提高。

教学论史中有关教学过程阶段的提法:

① 赫尔巴特:明了、联想、系统、方法。

② 席勒:分析、综合、联想、系统、方法。

③ 赖因:准备、展示、联合、理解、运用。

④ 杜威:困难、问题、假设、验证、结论。

⑤ 克伯屈:提出目标、计划、实行、评定。

二、当代国外教学过程理论的几个主要流派

(一) 赞科夫的教学过程理论

苏联教育、心理学家赞科夫从1957年后,在小学进行了"教学与发展"的实验,"致力于探

求新的途径"，"以尽可能大的教学效果来促进学生的一般发展"。他所指的学生的一般发展，不等同于智力的发展，包括了身体发展和心理发展。而心理的发展，他认为主要是通过观察力、思维力、实际操作能力的发展三个方面来实现的。在教学过程理论方面，他主张教学应推动发展前进。他指出："只有当教学走在发展前面的时候，这才是好的教学"。赞科夫根据苏联心理学家维果茨基的"最近发展区"理论，把学生在教学过程中的发展分为两个水平，一个是现有发展水平，即学生已经达到的，能够独立解决问题的水平；另一个是最近发展区，即在教师的引导和帮助下能达到的解决问题的水平；它介于学生潜在发展水平和现有发展水平之间。他认为教学应为学生发展创造"最近发展区"，然后使学生的"最近发展区"转化为他的现有发展水平。他认为"教学结构是学生一般发展的一定过程发生的原因"，"教学的结构是'因'，学生的发展进程是'果'。这种因果联系很重要，因为它能决定学生的发展进程。"赞科夫的实验研究证明，在苏联传统的教学法条件下，学生的心理发展远不是已到极限，还可能有高得多的发展，只有建立新教学论体系才能够达到这一目标。例如他的实验证明，用新教学论体系指导，小学四年可以缩短为三年。应当肯定，赞科夫的实验成绩是显著的，但在理论上除了提出教学应推动发展和高难度、高速度、以理论为主导、使学生理解学习过程等著名教学原则外，对教学过程的结构则未作明确的论述。

（二）布鲁纳的教学过程理论

美国教育心理学家布鲁纳所著的《教育过程》一书，体现了美国 20 世纪 60 年代进行的一次教学改革的指导思想。他关心的是教育质量与智育目标，主张搞好中学课程设计，为此编定出"既重视内容范围，又重视结构体系的教材"。重视"内容"指要求教材现代化，重视"结构"则是指要求教材包含学科的基本的概念、法则及其联系，有助于学生"学习事物是怎样相互关联的"，怎么样来完成这样的教学任务呢？他认为"在提出一个学科基本结构时，可以保留一些令人兴奋的部分，引导学生自己去发现它"。这要学生通过发现法来掌握学科基本结构，易理解、记忆，便于知识的迁移、能力的发展。布鲁纳发扬了杜威教学理论中的积极因素，注意调动学生学习的主动性，通过发现、探索活动掌握知识。但他和杜威不同，重视科学知识，重视发挥教师的作用。虽然他强调学生的发现，但他认为发现法"消耗时间可能太多"，因而教师的讲授对学生来说仍然是很需要的，主张在发现与讲述"两者之间取得恰当的平衡"。布鲁纳认为，教学过程应以儿童的智力发展过程为依据。他依据皮亚杰的学说，把儿童智力发展分为三个阶段，第一阶段，前运算阶段，约 5～6 岁，儿童依靠动作去感知世界；第二阶段，为具体运算阶段，儿童已入学，他们依靠用手操作事物或在头脑里操作代表事物与关系的那些符号进行认识，不易处理那些不在他们面前或他们未经历过的事物；10～14 岁进入第三阶段，即形式运算阶段，儿童智力活动以假设性命题进行运算的能力为基础，不限于面前的事物。他要求按各年龄阶段儿童观察事物的方式阐述学科结构，又说："教授基本概念最重要的一点，是要帮助儿童不断地由具体思维向在概念上更恰当的思维方式的利用前进。"在学生掌握知识的过程上，布鲁纳认为学习包括三个差不多同时发生的过程。第一个是新知识的获得。由于新知识往往同一个人以往的模糊或清晰的知识相违背或是它的代替，故新知识的获得是先前知识的重新提炼。第二个是转换，即检核与估计知识的正确性。他举了一个例子，一位社会学科的教师在四年级讲文化往往发源于肥沃的河谷这个事实，然后在课堂讨论中鼓励学生思索：为什么这是事实？这就是使用发现法，先给儿童以必要的事实；然后引导他们靠自己思考探索获取知识；接着对其来源、出处进行检核或估计。他认为这个学习情节进行得很成功。布鲁纳的教学过程理论与杜威的相比，有较大的改进，提出了许多很宝贵的见解。但他的学科结构理论很难掌握，教学内容现代化的要求过高,对发现法的作用也估计过头,片面强调了教育过程的智力目标。所以,他的理论很难被教育工作者付诸实践。尽管如此,这并不否定他的理论可取之处。

(三) 巴班斯基的教学过程理论

苏联教育家巴班斯基在总结 20 世纪 60 年代顿河罗斯托夫地区克服大面积留级现象经验的基础上,运用辩证的系统方法来改进教学,提出了教学过程最优化的理论。巴班斯基认为,以往的教学过程理论在一定范围内也反映了某些教学的规律性,但只是过程中的某个侧面、某种关系,往往以偏概全。因此要运用辩证系统的方法,把教学过程置于系统的形式中加以考察,从整体与部分、部分与部分、整体与外部环境之间的相互关系中综合地研究对象,以期达到最优地处理教学过程问题,即在规定时间内以较少的精力达到当时条件下尽可能大的效果。这里所指的"最优",不是绝对的,而是与具体条件相联系的。在某一条件下的最优,在另一条件下未必最优。这就要用系统论的方法来达到最优或优化。巴班斯基以系统论研究教学过程,较全面、具体地阐述了教学的实际进程。这有助于教师最优地制定教学方案和组织教学过程以获得最佳效果。但是,他的教学过程最优化理论过于繁琐,要为广大教师掌握与推广,尚需作很大的改进。

三、我国当前对教学过程本质的认识

(一) 教学过程主要是一种认识过程

教学过程主要是引导学生掌握人类长期积累起来的科学文化知识的过程。学生循序渐进地学习和运用知识的认识活动是贯彻于教学过程始终的主要活动。学生是有意识的能动主体,教材所包含的知识及其所反映的客观事物是他们的认识客体,他们只有在掌握知识和运用知识,包括联系实际和进行社会交往的能动的活动中,才能使自身获得发展、提高。所以,教学过程要受认识论的一般规律所制约,要注意调动学生的学习主动性、积极性,遵循"从生动的直观到抽象的思维,并从抽象的思维到实践"这个认识真理、认识客观实在的辩证的途径。这是社会主义国家教育界运用马克思主义认识论指导教学并经过实践检验而得出的一个正确的结论,不应忽视。

(二) 教学过程是一种特殊的认识过程

教学过程又是一个特殊的认识过程,即它是学生个体的认识过程,具有不同于人类总体认识的显著特点。

1. 间接性

学生认识的客体是教材,教材是对客观世界的间接反映,即学生学习的内容是已知的间接经验。学生是通过认识教材来最终达到认识客观世界的目的。

2. 交往性

教学活动是教师的教和学生的学组成的双边活动,教学活动是发生在师生之间的一种特殊的交往活动。学生的认识如果离开了师生在特定情境和为特殊目的进行的交往,教学活动的概念就可以扩大到生活教育的领域。

3. 教育性

在教学中,学生的认识既是目的,也是手段,认识是发展的,认识中追求与实现着学生的知、情、意、行的协调发展与完全人格的养成。

4. 引导性

学生的个体认识始终是在教师的指导下进行,区别于一般的认识过程。教学认识是在主客体之间"嵌入"一个主导作用的中介因素——教师,形成学生(主体)——课程与教材(客体)——教师(领导)相互作用的特殊的"三体结构"。

5. 简捷性

通过间接知识认识世界,可以减少探索的实践,避免探索的弯路,能够尽快掌握人类的文化精华,因而是简捷的。

四、教学过程的基本规律

在教学过程中,其内部的各种因素相互依存、相互作用,形成了一些稳定的、必然的联系。这也是教学过程规律性的体现。

(一)直接经验与间接经验相统一的规律

1. 涵义

直接经验与间接经验相结合,反映的是教学中传授系统的科学文化知识与丰富学生感性认识的关系。直接经验就是学生通过亲自活动、探索获得的经验;间接经验就是他人的认识成果,主要指人类在长期认识过程中积累并整理而成的书本知识,此外还包括以各种现代技术形式表现的知识与信息,如磁带、录像带、电视和电影等。

2. 二者在教学过程中的关系

(1)学生以学习间接经验为主

在教学中,学生主要是学习间接经验,并且是间接地去体验。它的主要特点是,把科学文化知识加以选择,组成课程,引导学生循序渐进地学习,使学生能用最短的时间,最高效率地掌握大量的系统的文化基础知识。同时,还可以使学生在新的起点上继续认识客观世界,继续开拓新的认识领域。

(2)学生学习间接经验必须以直接经验为基础

怎样才能使书本知识转化为个人的精神财富呢?现成的书本知识,一般表现为概念、原理、定律与公式所组成的系统,是一种偏于理性的知识。这种知识对学生来说,是他人的认识成果、间接的经验,是很抽象的、不容易理解的东西。学生要把这种书本知识转化为自己理解的知识,就必须依靠个人以往积累的或现时获得的感性经验为基础。个人只有依靠已知的东西、已有的经验,才能认识尚未知晓的知识。所谓学生掌握知识,也就是启发诱导学生把个人的感性经验、已有知识和所学的新知识逻辑地联系起来。学生的直接经验是他们掌握书本知识的基础。所以,教学中要充分利用已有经验,增加学生学习新知识所必须有的感性认识,以保证教学的顺利进行。

可见,教学以学习书本知识为主是学生个人认识赶上人类认识、获得自身发展的捷径,要使学生便捷而高效地掌握书本知识,则必须根据教学的需要充分利用和丰富学生的直接经验,这是间接经验与直接经验之间的必然联系。

(3)防止忽视系统知识传授或直接经验积累的偏向

在处理间接经验与直接经验的关系时,要防止教学史上曾出现过的两种偏向。一种是在传统教育观影响下产生的偏向。搞书本至上,重视书本知识的传授,习惯于教师讲学生听;而不注重给学生感性知识,忽视引导学生通过一定的实际活动、独立操作去积累经验、探索知识,未能把书本知识和学生的直接经验很好结合起来。其结果必将导致注入式教学,造成学生掌握知识上的一知半解、形式主义。另一种是在实用主义教育观影响下产生的偏向,过于重视学生个人的经验积累,注重从做中学,强调学生通过自己探索来发现、获得知识;而忽视书本知识的学习、教师的系统传授。结果是学生往往难以掌握系统的科学文化知识。这二者都违反教学的规律性,人为地割裂了学生掌握知识过程中间接经验与直接经验的必然联系,严重了影响教学质量的提高。

(二) 掌握知识与发展能力相统一的规律

1. 涵义

在教学教程中既要重视知识的传授,又要重视能力的发展,并将二者辩证统一于教学活动之中。正如常说的授人以鱼不如授人以渔,教师不能满足于"授人以鱼",更要做到"授人以渔"。

2. 二者在教学过程中的关系

(1) 掌握知识是发展能力的基础

学生认识能力的发展有赖于知识的掌握。知识为智力提供了广阔的领域,只有具备了某方面的知识,才有可能从事某方面的思维活动,同时知识中也包含有认识方法的启示。向学生介绍关于归纳、演绎、解决问题等思维方法的知识,就是把心智操作的方式教给学生。掌握知识的过程必然要求学生积极进行认识、思考和判断等心智活动,只有在心智操作的活动中才能发展认识能力。

(2) 能力发展是掌握知识的必要条件

学生掌握知识的速度与质量,依赖于学生原有智力水平的高低。教学中教师应启发学生运用自己潜在能力,使学生在掌握知识的过程中发展认识能力。认识能力具有普遍的迁移价值,它不但能有效地提高学生的学习效率和知识质量,推动学生进一步掌握知识,而且有利于促使学生将知识应用于社会实践活动,从而获得完全的知识。

(3) 掌握知识与发展能力相互转化的内在机制

第一,传授给学生的知识应是科学的规律性的知识。

第二,必须科学地组织教学过程。

第三,重视教学中学生的操作与活动,培养学生的参与意识与能力,提供学生积极参与实践的时间与空间。

第四,培养学生良好的个性品质,重视学生的个别差异。

(三) 教师主导与学生主体相统一的规律

1. 涵义

教学过程中既要充分注重教师的教,也要充分调动学生学的积极性,使教师的主导作用与学生的主体作用有机结合,取得良好的教学效果。

2. 二者在教学过程中的关系

(1) 教师在教学过程中处于组织者的地位,应充分发挥教师的主导作用

教师的主导作用表现在:教师的指导决定着学生学习的方向、内容、进程、结果和质量,起着引导、规范、评价和纠正的作用。教师的教还影响着学生学习方式以及学生学习主动积极性的发挥,影响着学生的个性以及人生观、世界观的形成。

(2) 学生在教学过程中处于学习主体的地位,应充分发挥学生的主观能动性

在教学中,学生是学习的主体,其能动性具体表现在:受学生本人兴趣、需要以及所接受的外部要求的推动和支配,学生对外部信息选择的能动性、自觉性;受学生原有知识经验、思维方式、情感意志、价值观等制约,学生对外部信息进行内部加工的独立性、创造性。

(3) 建立合作、友爱、民主平等的师生交往关系

教学过程是师生共享教学经验的过程,在此过程中,师生共同明确教学目标,交流思想、情

感、实现培养目标。在师生交往活动中,教师要善于创设和谐情境,鼓励学生合作学习;教师要善于体验或引起学生的兴趣和需要,鼓励学生积极学习,主动参与;善于从学生的年龄特征和个别差异出发,对学生提出严格的要求;善于洞察学生的内心世界,尊重学生的个性和才能;善于引起学生在思想和情感上的共鸣,培养学生自我调控能力,鼓励学生大胆创新,同时创设自我表现的机会,使学生不断获得成功体验。

(四)传授知识与思想教育相统一的规律

1. 涵义

在教学过程中,不仅要引导学生掌握知识,而且要注重对学生进行思想品德教育。教学必须要注重教书育人。

2. 二者在教学过程的关系

(1)知识是思想品德形成的基础

人们思想观点和世界观的形成都离不开人们的认识,都需要以一定的经验和知识为基础。尤其是要培养学生的正确人生观、科学世界观,更需要有一定的科学文化知识为基础。

(2)学生思想的提高又推动他们积极地学习知识

学生掌握文化科学知识过程是一个能动的认识过程,他们的思想状况、学习动机、目的与态度,对他们的学习起着十分重要的作用。如果我们能够在教学中不断提高学生的思想,端正他们的学习态度,树立远大理想和抱负,将个人的学习与文化的昌盛、科技的发展、祖国的建设、人类的幸福联系起来,那么就能给学生的学习以正确的方向和巨大的动力,推动他们自觉地、主动地进行学习,尽个人努力来增长自己的知识、智慧和才干。

(3)引导学生对所学知识产生积极的态度才能使他们的思想得到提高

教学的特点为是通过传授富有思想性的科学文化知识来培养学生的优良品德的。但是学生掌握了知识并不一定能够提高思想。常有这种情况,有的学生虽然领悟了某个思想观点或掌握了某些道德规范,却不能用来调节自己思想与行为,往往无助于他们的思想提高、品德的形成。这里有一个态度问题、由知识到思想的转化问题。如果学生对所学的知识只是听听而已,态度消极,漠然置之,那么他们掌握的知识很难转化为他们的观点。因此,要使教学中传授的知识能给学生以深刻领悟,而且要善于引导和激发学生对所学知识的社会意义产生积极的态度,在思想深处产生共鸣,受到熏陶与感染,形成自己的善恶观念、爱憎情感和价值追求。引导学生以积极的态度和情感来吸取知识,科学知识中所蕴含的思想观点才能转化为学生自己的观点、信念,才能真正提高他们的思想修养。

(4)教学是有教育性的

在教学中要防止两种偏向。一种是单纯传授知识、忽视思想教育的偏向,持这种观点的人以为教材富有思想性,学生学了思想就会自然提高,无需教师多讲什么。他们不懂得教学的教育性必须经过教师给学生积极影响,必须通过启发、激励使学生对所学知识产生积极的态度才能得到实现;他们还低估了忽视思想教育的后果,看不到学生思想修养不高,必须导致学习积极性的不高和学习要求的降低。另一种是脱离知识的传授而另搞一套思想教育的偏向。这种思想教育是无本之木,不仅不利于学生思想的提高,而且有害于系统的文化科学知识的教学。

五、教学过程的基本阶段

(一)激发学习动机

学习兴趣和求知欲望是直接推动学生学习的动力。具有深厚的学习兴趣和较好的学习愿望是进行学习的基本条件和心理起点。

激发学生的求知欲与兴趣，主要靠以下三个方面：第一，所学习的内容及知识本身，如事实、现象、特点、逻辑等，具有吸引力；第二，经常强调学生的活动；第三，要依靠教师的引导，教师要特别注意把所学内容与学生的生活实际有机地结合起来。

（二）领会知识

这是教学过程的中心环节。领会知识包括使学生感知和理解教材。

第一，感知教材。教师要引导学生通过感知形成清晰的表象和鲜明的观点，为理解抽象概念提供感性知识的基础并发展学生相应的能力。感知的来源包括：学生已有的知识经验，直观教具的演示、参观或实验，教师形象而生动的语言描述和学生的再造想象以及社会生产、生活实践。

第二，理解教材，形成科学概念。引导学生在感知基础上，通过分析、比较、抽象概括以及归纳演绎等思维方法的加工，形成概念、原理，真正认识事物的本质和规律。领会知识是学生掌握知识的中心环节。理解教材可以有两种思维途径：一是从具体形象思维向抽象逻辑思维过渡；二是从已知到未知，不必都从感知具体事物开始。

（三）巩固知识

巩固所学的知识是教学过程的一个必要环节。巩固知识的必要性在于：第一，学生在课堂上所获得的知识是间接知识，容易遗忘，必须通过复习来加以巩固；第二，只有掌握与记住知识，才能为下一步学习奠定基础，才能顺利地学习新知识、新材料。在教学的每一个环节上，都应重视教材的识记与巩固。教学中用一段时间专门复习，定期复习，对巩固知识是十分必要的。

（四）运用知识

掌握知识是为了运用知识。在教学中，运用知识，形成技能技巧，主要是通过教学实践来实现的，如完成各种书面或口头作业、实验等。学生从掌握知识到形成技能，再从技能发展成为技巧，需要经过反复的练习才能达到。此外，运用知识还包括知识迁移的能力和创造能力等。

（五）检查知识

检查知识是指教师通过作业、提问、测验等方式对学生的学习效果进行考查的过程。检查学习效果的目的在于，使教师及时获得关于教学效果的反馈信息，以调整教学进程与要求；帮助学生了解自己掌握知识技能的情况，发现学习上的问题，及时调节自己的学习方式，改进学习方法，提高学习效率。

第三节　教　学　原　则

一、教学原则的涵义

（一）概念

教学原则就是根据教育教学目的、遵循教学规律而制定的对教学的基本要求，是指导教学活动有效进行的一般原理。它表明教学应当遵循何样的教育目的、教学要求；表明怎样依照教学规律而合理、有序、有效地组织教学。

（二）制定教学原则的依据

第一，学校教育的目的、任务。这也是教学原则具有社会性的一个重要原因，不同类型的学校性质会对教学原则有不同的要求。纵观教育史上各时期学校教育的性质，可以看到这一点。

第二，教学过程的客观规律。尊重规律，按规律办事是我们办好事情的前提，教学活动的开展离不开教学规律的指导，只有符合教学规律的教学实践才能取得成功，也只有以规律为前提才能提出正确的教学原则。

第三，心理学、生理学、生态学等相关学科的科学理论。教学所面对的是具有主体性的个体，作为一个有思维、有能动性的人，教学的实施需要从多方面去考虑，这样才能综合各种有利因素，消除各种不利因素，使教学达到最终目的，教学任务得以实现。

（三）教学原则的意义

教学原则在教育理论中占有特别重要的地位。它反映着人们对教学活动过程本质特点和内在规律性的认识，体现了人们对教学活动中反映出来的客观规律认识的深刻程度。在人类对教学理论探究的过程中，教学原则一直是重要的研究内容之一，它的研究及其理论发展的历史，也是人们对教学规律认识的深化和发展的历程。教学原则也是在发展变化的，不同的人对教学原则的认识也不尽相同。

二、中学常用的教学原则

根据我国的教育目的和基础教育的实践经验，我们认为，目前我国中学的教学原则主要有以下几条。

（一）直观性原则

1. 基本涵义

直观性原则是指在教学活动中，教师应尽量利用学生的多种感官和已有的经验，通过各种形式的感知，丰富学生的直接经验和感性认识，使学生获得生动的表象，从而比较全面、深刻地掌握知识。这一原则是根据直接经验与间接经验相统一的教学规律而提出的，它的提出也是由学生的年龄特征所决定的，其目的在于解决教学中词、概念、原理等理论知识与其所代表的事物之间相互脱离的矛盾。

直观手段种类繁多，一般分为三类：

实物直观。它是指通过各种实物进行的，包括观察各种实物、标本、实验、教学性参观等。

模象直观。它是指通过各种实物的模拟形象而进行的，包括各种图片、图表、模型、幻灯片、录像带等。

言语直观。它是通过教师对学生作形象化的语言描述而起到直观的作用。

2. 贯彻此原则的基本要求

（1）正确选择直观教具和教学手段。教师在直观手段的使用上，要有明确的目的性和必要性，直观材料要有典型性。一般来说，选择直观手段主要应根据学生的年龄特征、知识水平、教学的目的和内容来进行。自然学科较多地使用实物、标本、实验；社会学科较多采用图片、图表等。值得注意的是，直观是教学的一种手段而不是目的，过多的直观不仅会浪费教学时间，分散学生的注意力，而且也会影响学生抽象思维能力的发展。

（2）直观教具的演示要与语言讲解相结合。教学中的直观并不是学生随意地看，而是在教师指导下有目的地进行的。在展示直观教具之前，教师要引导学生开展积极的思维活动。在演示过程中，教师必须进行必要的补充讲解和说明。演示之后，教师还要进行总结，帮助学生从观察分析具体事物和现象中，得到科学的结论。

（3）要重视运用语言直观。在教学中,教师用生动的语言进行讲解,能够给学生以感性认识。言语直观可以摆脱实物直观和模象所需要的设备和条件的限制,但它必须借助于学生已有的知识经验。教师用语言使学生的知识经验重新组合,构成新的表象,以使教学顺利进行。

（二）启发性原则

1. 基本涵义

启发性原则是指在教学中教师要承认学生是学习的主体,注意调动他们的学习主动性,引导他们独立思考,积极探索,生动活泼地学习,自觉地掌握科学知识和提高分析问题和解决问题的能力。

2. 贯彻此原则的基本要求

（1）调动学生学习的主动性。这是启发的首要问题。学生学习的主动性受许多因素影响,教师要善于因势利导,使许多一时的欲望和兴趣,汇集和发展为推动学习的持久动力。

（2）启发学生独立思考,发展学生的逻辑思维能力。教师要善于创设问题情境,引导学生积极思维,鼓励学生提出问题,使学生养成善疑、善问、多思、深思的习惯,培养他们分析问题和解决问题的能力。

（3）让学生动手,培养独立解决问题的能力。要善于启发诱导学生将知识创造性地用于实际,向他们布置由易到难的各种作业,或提供素材、情境、条件和提出要求,让他们去独立探索,克服困难,解决问题,发展创造才能。

（4）发扬教学民主。它包括:建立民主平等的师生关系和生生关系,创造民主和谐的教学气氛,鼓励学生发表不同见解,允许学生向教师提出质疑。

（三）巩固性原则

1. 基本涵义

巩固性原则指教学要引导学生在理解的基础上牢固地掌握知识和技能,长久地保持在记忆中,能根据需要迅速再现出来,以利于知识技能的运用。

2. 贯彻此原则的基本要求

（1）在理解的基础上巩固。理解知识是巩固知识的基础。要使学生对知识掌握得牢固,首先在传授时要使学生深刻理解,留下极深的印象。在教学中,要引导学生把理解知识和巩固、记忆知识联系起来,当然,强调理解记忆,并不否定在教学中要求学生对一些知识作机械记忆。

（2）重视组织各种复习。为了组织好复习,教师要向学生提出复习与记忆的任务,要安排好复习的时间,要注意复习方法的多样化。要指导学生掌握记忆方法,学会通过整理编排知识、写成提纲、口诀帮助记忆。

（3）在扩充改组和运用知识中积极巩固。在教学中教师要引导学生通过努力学习新知识,扩大加深改组原有知识和积极运用所学知识于实际来巩固知识。它不是要求学生原地踏步,反复温习,而是在前进中巩固,在学习新知识的过程中不断联系、复习已有知识,在运用知识中不断巩固和深化已有的知识与技能。

（四）循序渐进原则

1. 基本涵义

循序渐进原则指教学要按照学科的逻辑系统和学生认识发展的顺序进行,使学生系统地掌握基础知识、基本技能,形成严密的逻辑思维能力。又称系统性原则。

2. 贯彻此原则的基本要求

（1）按教材的系统性进行教学。按课程标准、教科书的体系进行教学是为了保证科学知识的系统性和教学的循序渐进。教师要深入地钻研学科课程标准和教材，掌握其结构和体系，明确教学的目的和要求，了解教材的重点和难点，然后结合学生的认识特点和班级学生的实际情况，以指导教学的具体进程。

（2）抓主要矛盾，解决好重点与难点的教学。循序渐进并不意味着教学要面面俱到，平均使用力量，而是要求区别主次、分清难易，有详有略地教学。注意重点，就是注意要把基本概念、基本技能作为课堂教学的重点，把较多时间和精力放在重点上，围绕重点对学生进行启发诱导，以保证学生正确掌握基本概念和基本技能。

（3）由浅入深、由易到难、由简到繁。这是循序渐进的一般要求，是行之有效的宝贵经验，符合学生的认识规律，不可违反。学生的基础打好了，认识能力提高了，学习进度就会加快，效率就会提高。

（五）因材施教原则

1. 基本涵义

因材施教原则指教师要从学生的实际情况、个别差异出发，有的放矢地进行有差别的教学，使每个学生都能扬长避短，获得最佳的发展。

2. 贯彻此原则的基本要求

（1）要坚持课程计划和学科课程标准的统一要求。我国的课程计划和学科课程标准对学生德、智、体等方面都提出了明确的要求，体现在要具有良好的政治思想品德素质、扎实的文化科学知识、必备的基本能力和健康的身体素质等。教学必须努力实现这些要求，这是学生发展的必要基础。

（2）了解学生，从实际出发进行教学。教师要深入了解学生的年龄特征、知识水平、个人能力、兴趣和爱好，这是实施因材施教的前提。只有了解了自己的教育对象，才能确定教学的起点、要求和方法。在了解的基础上，教师要面向中间，兼顾两头。即在教学的速度，难度等方面应以中等学生的水平和能力为依据，同时，对优等学生和后进学生给予个别指导。

（六）理论联系实际原则

1. 基本涵义

理论联系实际原则是指教学要以学习基础知识为主导，从理论与实际的联系上去理解知识，注意运用知识去分析问题和解决问题，达到学懂会用、学以致用。

2. 贯彻此原则的基本要求

（1）书本知识的教学要注重联系实际。只有注重理论联系实际，教学才能生动活泼，使抽象的书本知识易于被学生理解，吸收转化为对他们有用的精神财富。

（2）重视培养学生运用知识的能力。教师应当根据教学的需要，组织学生进行一些参观、访问、社会调查，参加一些课外学科或科技小组的实际操作活动或从事一些科学观察、实验和发明以及生产活动等。

（3）正确处理知识教学与技能训练的关系。在教学中，只有将两者结合起来，学生才能深刻理解知识，掌握技能，达到学以致用。

（4）补充必要的乡土教材。由于我国幅员辽阔，各地各方面的差异很大，为了避免使教学脱离实际，必须补充必要的乡土教材。

(七) 科学性和思想性(教育性)相结合的原则

1. 基本涵义

科学性与思想性相统一的原则是指在教学中,既要保证教给学生正确、准确和科学的知识,也要结合知识教学对学生进行思想品德的方面的影响。这一原则要求正确处理教学过程中传授知识和进行思想教育、提高思想的关系,是根据我国教育目的、教学目标以及教学具有教育性的规律制定的。

2. 贯彻此原则的基本要求

(1) 保证教学的科学性。

(2) 要深入发掘教材和教学情境中蕴含的教育性因素,自觉对学生进行思想品德教育。

(3) 教师要不断提高自己的专业水平和思想修养。

第四节　教学方法

一、教学方法的概念

(一) 教学方法的涵义

教学方法是为完成教学任务而采用的办法。它包括教师教的方法和学生学的方法,是教师引导学生掌握知识技能、获得身心发展而共同活动的方法。

(二) 教学方法运用的指导思想

运用教学方法应坚持启发式和理论联系实际,反对注入式和教条主义。

启发式与注入式是两种对立的教学方法指导思想。前者是从学生的实际出发,本着充分调动学生学习的主动性、积极性,诱发学生学习的内在动机,启发学生独立思考,培养学生的能力,而运用教学方法的指导思想。注入式则相反,它是教师从主观愿望出发,简单地向学生灌输知识而运用教学方法的指导思想。注入式教学把学生看成是单纯接受知识的宣传品,忽视了学生学习的主观能动性,因而压抑了学生的思考力、主动性和独创精神,人们称它为"填鸭式"教学。理论联系实际要求教师在运用教学方法时应考虑上节所述的教学原则。

把启发式和理论联系实际作为运用教学方法指导思想的原因,一是任何教学方法只有教师联系学科、学生实际,本着调动学生学习的积极性目的而运用时,才能发挥出实效,提高教学质量;二是当前的教学实际,受传统的注入式教学思想的影响,教学实践中相当程度地存在着生吞活剥地套用教学方法和盲目追求表面热闹、忽视调动学生学习积极性的不良倾向。

二、中学常用的教学方法

(一) 国外常用的教学方法

20 世纪中叶以来,世界上所出现的教学方法主要有以下几种。

1. 探究—研讨法

美国哈佛大学教授兰本达在经过多年的理论研究与实践之后提出了科学教育的"探究—研讨法"。

2. 纲要图式教学法

纲要图式教学法是沙塔洛夫在自己 30 年的教学实践基础上创立的。所谓纲要图式是一种由字母、单词、数字或其他信号组成的直观性很强的图表,是教学辅助工具。它通过各种"信号"提纲挈领、简明扼要地把需要重点掌握的知识表现出来，帮助学生更快更深刻地理解课文。

3. 暗示教学法

暗示教学法又称启发教学法，是由保加利亚心理学家乔治·洛扎诺夫于20世纪60年代末70年代初首创的，被称为是一种"开发人类智能，加速学习进程"的教学方法。

4. 非指导教学法

非指导教学法是由人本主义代表人物罗杰斯提出的。

传统指导教学法是以教师为中心，注重知识和技能，采取比较固定的步骤；而非指导性教学则以学生为中心，不重视技术，只重视态度，主要是移情性理解，无条件尊重和真诚对待学生。

（二）我国中学常用的教学方法

1. 以语言交流为主的教学方法

（1）讲授法

讲授法是教师按照教学内容要求，运用口头语言，系统地向学生传授知识、观念的方法。它是一种最古老的、传统式的教学方法，也是迄今为止在世界范围内应用最广泛、最普遍的一种方法。从教师教的角度看，它是一种传授方法，从学生学的角度看，它是一种接受式学习方法。它的基本形式是教师讲、学生听，具体方式主要有：讲述、讲解、讲演和讲读四种。

讲述是指教师用生动形象的语言，向学生具体叙述、描绘事物和现象的方式。在语文、政治、历史等社会科学中运用得较多。

讲解是指教师对某个概念、原则、定理、定律等加以解释、剖析、论证的方式。在数理化等自然学科中运用得较多。

讲演是指教师不仅向学生描述事实，而且通过深入地分析论证，做出科学的结论的方式。常用在引进新课题，介绍一些重要而又不易理解的材料，以及思想品德教育过程中。

讲读是指教师边讲边读或边读边讲，讲读结合。主要用在语文、外语等语言课的教学之中。

这几种方式之间没有严格的界限，在教学活动中经常穿插结合使用。

讲授法的优点在于，可以使学生在比较短的时间内获取大量的系统的知识，有利于发挥教师的主导作用，有利于教学活动有目的、有计划地进行。讲授法的不足之处在于，容易束缚学生，不利于学生主动、自觉地学习，而且对教师个人的语言素养依赖很大。

运用讲授法的基本要求：

第一，讲授内容应确保科学性与思想性的统一。教师讲授概念、原理、事实、观点等必须正确，且富有思想性，能够对学生进行积极地思想教育。

第二，讲授力求做到系统性与逻辑性的统一。条理清楚，层次分明，重点突出，观点和材料统一，能够在学生已有的知识基础上理解未知的知识。

第三，讲究语言艺术。教师的语言水平直接决定着讲授的效果，因此，必须不断地注重和提高自己的语言修养。首先，要做到语言清晰、准确、精炼、详略得当；其次，要努力做到生动形象、富有感染力；再次，注意语音的高低、语速的快慢，讲究抑扬顿挫。

第四，讲授过程中注重启发学生积极思考，力求克服讲授法的不足。教师在讲授过程中努力创设问题情境，激发学生的思维活动，引导学生根据讲授的线索进行独立思考，探索新知。

第五，恰当地设计和正确使用板书，增强学生的理解和记忆。

（2）谈话法

谈话法又称问答法或答辩法,是指在教学过程中教师依据学生已有的知识经验,按照一定的教学要求,把教学内容概括成一系列的问题,借助口头问答的形式,引导学生通过比较、分析、判断等思维活动获取知识的一种教学方法。谈话法也是一种古老的教育方法,我国古代《学记》中即有"善问"、"善待问"的论述;西方苏格拉底的"产婆术"就是这种方法。它的基本形式是学生在教师的引导下通过独立思考进行学习。

根据教学任务不同,谈话法的具体方式有三种:传授新知识的谈话、复习和检查知识的谈话、指导和总结性的谈话。

传授新知识的谈话是指,在讲授新知识时,教师通过备课时设计出的前后连贯的序列性问题逐次向学生提出,启发学生运用他们已有的知识去一个一个地理解新知识和解决新问题。

复习和检查知识的谈话是指,教师将学生已学过的教材内容,编成一系列问题,要求学生做出正确的回答,教师作补充、说明,达到巩固知识、加深理解和使知识系统化的目的。

指导和总结性的谈话是指,教师在组织学生参观、访问、实习等过程中及其前后所运用的,目的在于指导学生顺利地完成独立作业或总结活动的收获。

谈话法的优点在于,能够比较充分地激发学生的主动思维,促进学生的独立思考,唤起和保持学生的注意力和兴趣,对于学生智力发展有积极作用,同时,也有助于学生语言表达能力的锻炼和提高。它的不足之处在于,与讲授法相比,完成同样的教育任务,它需要较多的时间。此外,当学生人数较多时,很难照顾到每一个学生。因此,谈话法经常与讲授法等其他方法配合使用。

运用谈话法的基本要求:

第一,做好充分准备。围绕什么内容进行谈话?提出哪些问题?按照什么顺序提出?以及学生可能做出什么样的回答?等等,教师都应事先考虑。要提前拟好详细的谈话提纲,设计好谈话的方案。

第二,谈话要面向全体学生,以克服谈话法的不足。尽管谈话只能在教师与个别学生之间进行,教师还是可以通过努力吸引所有的学生积极地参与思考。首先,谈话的内容应当是能够引起全体学生注意的,在教学中具有普遍性和重要性的问题,叫答机会要均等。其次,教师应当尽可能使得谈话对象有代表性,比如选择不同层次的学生。再次,在谈话时应根据需要适时加以适当的解释、说明,对谈话进行引导。

第三,提出的问题应明确具体、难易适度。教师所提问题要切合学生的理解能力和知识水平,由浅入深,循序渐进,不能模棱两可,也不可深奥难懂。候答环节要耐心,留给学生一定自主思考的时间。

第四,在谈话结束时要进行总结。在谈话中学生的理解和掌握往往表达得不一定十分准确、精炼,因此,在谈话的最后阶段,教师应当用规范而科学的表述对学生通过谈话所获得的知识加以概括总结,进一步明确谈话的目的和收获。

(3) 讨论法

讨论法是在教师指导下,学生以班级或小组为单位围绕某个问题,在独立钻研的基础上,通过相互启发、相互激励、相互争辩和相互学习而获取知识的一种教学方法。它的基本形式是学生在教师的指导下借助于独立思考和相互交流学习。根据学生讨论的组合方式可分为全班讨论和小组讨论两种。

全班讨论是指教师提出问题,并作为一名参加者来引导讨论,发动全体学生相互交流、发表见解。

小组讨论是指把全班学生分成几个小组，并为每个小组指定一名主持人，讨论中教师分组指导并评价学生的讨论，最后进行全班总结。

讨论法的优点在于，年龄和发展水平相近的学生共同讨论，容易激发学习兴趣，活跃思维，有助于学生听取、比较、思考不同意见，加深对知识的理解，有利于培养学生的团结合作的精神，有利于培养学生的批判思维能力和独立思考能力。此外，讨论法能够普遍而充分地给予每一个学生表达自己观点和意见的机会，调动所有学生的学习积极性，并且有效地促进学生口头语言能力的发展。讨论法的不足之处在于，受到学生知识经验水平和能力发展的限制，容易出现讨论流于形式或者脱离主题的情况。

运用讨论法的基本要求：

第一，讨论前，要选择好讨论的题目或内容。首先，教师要根据教学目标选择有讨论价值的问题。一般来说，讨论内容应当是教育教学内容中比较重要的事实、观点、原理等。难度应恰当，过于简单难以激起学生的兴趣，过于复杂容易挫伤学生的积极性。其次，教师要对学生提出具体要求。指导学生收集有关资料，拟订发言提纲等。

第二，讨论中，教师要充分调动学生思维积极性，不轻易地对学生的各种意见加以评价。就学生而言，对于未知的东西，任何意见都是有价值的。各种不同意见尽管可能离正确答案相去甚远，但至少是最真实地反映了学生的想法。教师要耐心倾听，让学生畅所欲言。

第三，教师要善于积极引导，克服讨论法的不足。教师在学生讨论时，也可适时、适量地介入讨论，以确保讨论不离题，并善于捕捉讨论中反映出来的新问题，对讨论遇到的障碍应及时点拨。在深入不下去时、在讨论脱离主题时、在讨论结束时等教师适当地加以提醒。

第四，讨论结束时，要及时地予以总结，并帮助学生整理结论和答案等。

2. 以直观形象感知为主的教学方法

（1）演示法

演示法是指教师配合讲授法和谈话法，通过展示各种直观教具、实物或运用现代化电教手段再现事物和现象或进行示范性实验，使学生通过对事物或现象的较直接地认知而获取知识的一种教学方法。它的基本形式是从教师的演示中通过直观感知而获取知识。具体操作可分为三种类型：单个演示、序列性演示、实验演示。

单个演示是指一次只演示单个的实物或模型、标本、图片等，主要使学生获得对事物某一方面的感性认识。

序列性演示是指进行成套模型、图片等构成的序列性演示，主要使学生了解事物的发生过程，从动态的过程中获得感知认识。

实验演示是指对有关事物的单项的或多项的实验过程和结果的演示，使学生认识客观事物的运动或变化规律。

演示法优点在于直观、具体、生动，使学生在直接的感知中认识事物，主动获取知识。适合青少年学生的身心特征，便于激发学生的兴趣，提高学生学习效果。同时，有利于促进学生观察力、思维力和想象力的发展。它的不足之处在于，演示如果选择对象不合适或出示时机不成熟，会造成课堂教学零乱，不紧凑等。

运用演示法的基本要求：

第一，教师要根据教学内容和教学需要选择好演示对象。所选对象要能够突出事物的本质，以帮助学生形成科学的认识。演示前，教师要尽可能先做演示，以保证课上演示成功。

第二，演示中，要善于引导学生进行周密的观察和思考。要尽可能地使全体学生都能观察到演示活动,并注意观察现象的主要特征和重要方面,不要分散学生的注意力。同时,要配合讲解加以引导和分析,不能使学生的感知总是停留在事物的外部表面特征上。

第三,演示要适时适当。应当在时机成熟时才展示演示对象,过早会分散学生的注意力,削弱新颖感;过迟又失去展示的意义。演示的教具贵精不宜多,不能为演示而演示。

第四,演示后,教师要及时地引导学生分析讨论他们所观察到的各项主要内容,最后得出必要的结论。

（2）参观法

参观法是教师根据教学目的和要求,组织学生到校外观察自然现象和社会现象,对实际事物进行直接感知,从而获取新知识或验证已经学习过的知识的教学方法。它的基本形式是学生在教师指导下获得直接经验和印象。根据参观活动与所学的有关知识的顺序不同,可将参观法可分为准备性参观、并行性参观和总结性参观三种。

准备性参观,即在学习某种知识之前,先组织学生参观有关的项目,为学生学习新课提供一定的感性材料和引起学生的学习兴趣。

并行性参观,即在学习某种知识的过程中的参观,帮助学生理解正在学习的知识,并提高学生学习新知识的兴趣。

总结性参观,即在学习某种知识之后进行的参观,目的是帮助学生巩固和加深理解学过的知识。

参观法的优点在于,以大自然和社会作为活教材,打破课堂和教科书的局限,能够有效地把书本知识与实际紧密联系起来,帮助学生深入地理解和领会所学习的理论知识;开阔学生的眼界,激发学生的求知欲,并使学生从中受到多方面的教育。它的不足之处主要在于,难以组织和管理,特别是安全问题。

运用参观法的基本要求:

第一,做好参观的准备。教师首先要明确参观的目的和对象,考虑参观的形式和方法,拟好参观计划。参观前教师还要让学生了解参观的目的,明确参观的要求和任务,如是否要做笔记、收集哪些资料等,以及明确参观的注意事项。

第二,加强参观过程的管理和引导。在参观过程中,教师要指导学生注意观察主要事物和现象,引导学生提出启发性的问题,提示值得注意的细节,要求认真听取介绍讲解等,避免"走过场"或走马观花。同时,时时提醒注意安全。

第三,参观后及时总结。检查参观计划的执行情况,把收集的材料进行归纳整理,把参观所得的感性材料,与所学知识结合起来,指导学生写好参观报告。

3. 以实际操作训练为主的教学方法

（1）实验法

实验法是在教师指导下,学生利用一定的仪器设备或其他手段,控制一定的条件,作用于一定的对象,以引起事物或现象的某种变化,从观察这些变化和具体数据中直接获得知识和技能的一种方法。在物理、化学、生物等课程的教学中,实验法是一种常用的重要方法。实验法可以使学生在理论指导下通过独立操作仪器而直接获得感性知识,使理论知识与实际事物、现象联系起来,这不仅有利于知识的掌握,激发求知的欲望,更有利于培养学生动手操作实验的能力和一丝不苟、实事求是的科学态度。

运用实验法的基本要求:

第一,做实验之前,教师要做好实验准备。如编制好实验计划,准备好实验用品,将学生分组，并使学生明确实验的目的及操作过程等。也就是在思想上、组织上、物质上作好各种准备。

第二，指导学生独立进行实验。教师应充分发挥学生的独立性和主动性。学生独立实验时，教师要巡视，了解学生的实验情况，当个别学生有困难时，教师应给予帮助和指导。同时要教育学生严格遵守纪律，注意实验安全，爱护实验设备和器材。

第三，实验结束后，要进行总结，写出实验报告。要教育学生以实事求是的态度对待实验数据，不可草率从事，要求学生按要求写出实验报告，并对实验过程和结果进行小结。

（2）练习法

练习法是指在教师指导下，学生通过独立的智力、体力和情感活动，运用已有的知识、观念解决有关问题，或反复多次完成某些动作和行为，以进一步理解和巩固已有的知识、观念，并培养相应的技能技巧和形成良好的行为习惯的方法。

在教学中恰当组织学生练习，可以使学生在应用知识解决问题的过程中，加深对知识的理解，形成技能、技巧，为进一步学习新知识创造有利条件。同时，也可以通过练习中的智力、体力活动，促进学生智力和体质的发展，激发求知欲望，调动学习的主动性、积极性。另外，通过练习，也可以培养学生勇于克服困难、认真完成任务、学习一丝不苟等优良品质。练习法在各科教学中广泛应用，但因各门学科的特点不同、教学的任务不同，所以练习的内容和形式也是多种多样的。

运用练习法的基本要求：

第一，要使学生明确练习的目的和要求，并掌握相应的理论知识。只有学生了解了练习的目的和要求，才可能有较高的自觉性和积极性，才能作自我要求和自我检查；只有掌握了相关的知识，用理论指导练习，才能保证练习的顺利进行。

第二，要精选练习题，注意练习方式的多样性。精选题目可以收到举一反三的效果。各门学科的题目是无穷尽的，我们要从教学要求出发，选择那些有典型意义的，解一题可弄清一类的题目给学生练习。选题应注意代表性和针对性，要防止搞"题海战术"。同时应注意采用多种练习方式，如口头练习、心理练习、书面练习、操作练习等，以减少学生练习的心理疲劳，提高练习效果。

第三，要注意练习的难度、分量和系统性、经常性。难度过大、分量过重，学生难以完成任务，并会增加心理负担；太容易了、分量太少，也不利于学生的发展。同时，练习要有系统性，注意前后连贯，应由浅入深、由易到难、由单项练习到综合练习、由模仿到独创，逐步提高练习的独立程度。布置练习还应该是经常性的，注意培养学生循序渐进地进行学习的良好习惯。

第四，及时检查和评价练习的结果。教师对学生练习结果要及时检查和评价，让学生及时获得练习的反馈信息，以便迅速调节自己的练习活动，使正确的得到强化，错误的得到及时纠正，防止错误的知识和行为成为定势。

（3）实习作业法

实习作业法又称"实习法"，是依据学科课程标准的要求，组织学生进行实际操作和锻炼，将理论知识运用于实际和或将思想观念付诸实践，以解决实际问题和形成行为习惯的教学方法。这种方法是理论联系实际原则的具体体现，在中学自然学科教学和德育中较为常用。由于学科性质不同，实习作业的方式也不同，如劳动技术教育课主要是进行生产技术的劳动实习，数学课主要是测量、作图实习，生物课主要是植物栽培和动物饲养实习，德育课主要是引导学生进行实际行为的锻炼等。这种方法的作用，与实验法、练习法相似。其实践性、综合性、独立性、创造性更强。它有利于促进教学与生产劳动相结合，有利于培养学生的品德和各种技能,有利于培养学生运用书本知识解决实际问题的能力和创造力。

运用实习作业法的基本要求:

第一、实习之前,要使学生明确实习的目的和要求,并制订出实习计划。实习要根据教学的需要来安排,首先要安排好实习内容,联系好实习单位和场所,组织好学生。

第二、学生进行实习时,教师要作切实的指导,充分发挥学生的主动性。不仅要介绍具体操作方法和规程,作示范操作,还要补充介绍一些专门的知识和思想。尽可能争取实习单位的老师或管理者的指导。并教育学生遵守实习过程中的各项规章制度,充分调动学生的主动性、积极性。

第三、实习结束后,教师要指导学生写出实习小结,并对全班学生的实习活动进行总结,对每个学生的实习成绩作出具体评定。特别是道德行为的实际锻炼一定要持之以恒,从身边的小事做起,日积月累,并重视平时的过程评价和描述性评价。

4. 以情感陶冶为主的教学方法

(1) 欣赏教学法

欣赏教学法是在教学过程中指导学生体验客观事物的真善美的一种教学方法。一般包括对艺术的欣赏、道德的欣赏和真理的欣赏三种。

(2) 情景教学法

情景教学法是指在教学过程中,教师有目的地引入或创设具有一定情感色彩的、以形象为主体的生动具体的场景,以引起学生一定的态度体验,从而帮助学生理解教材,并使学生的心理机能能得到发展的教学方法。情景教学法的核心在于激发学生的情感。情景教学,是在对社会和生活进一步提炼和加工后才影响于学生的。诸如榜样作用、生动形象的语言描绘、课内游戏、角色扮演、诗歌朗诵、绘画、体操、音乐欣赏、旅游观光等等,都是寓教学内容于具体形象的情景之中,其中也就必然存在着潜移默化的暗示作用。

5. 以探究为主的教学方法——发现法

探究教学是指在教师引导下,学生主动参与到发现问题,寻找答案的过程中,以培养学生解决问题能力的教学活动。以探究为主的教学方法最主要的就是发现法。

发现法作为一种严格意义的教学法是美国认知主义心理学家布鲁纳在《教育过程》一书中提出的。这种方法是指教师在学生学习概念和原理时,不是将学习的内容直接提供给学生,而是向学生提供一种问题情境,只是给学生一些事实(例)和问题,让学生积极思考,独立探究,自行发现并掌握相应的原理和结论。

(三) 选择和运用教学方法的依据

"教无定法,贵在得法",现代教育研究与教育实践的不断深入发展,为教师所提供的教学方法是极其丰富的,而且今后还会有许许多多新的教学方法不断涌现。教学是一种创造性活动,选择和运用教学方法要根据各方面的实际情况统一考虑。万能的教学方法是没有的,只依赖于一两种教学方法进行教学无疑是有缺陷的。因此,对教师的教育工作来说,在教学内容、目标等确定后,最基本和最主要的问题是如何科学、合理地选择和有效地、创造性地运用教学方法,以形成自己的教学艺术和教学风格。

科学、合理地选择和有效地运用教学方法,要求教师能够在现代教学理论的指导下,熟练地把握各类教学方法的特性,能够综合地考虑各种教学方法的各种要素,合理地选择适宜的教学方法。任何一种教学方法的最核心的作用,就是为了实现教学目标和完成教学任务。教学方法的实质就是把教师的教学、学生的学习和教学的内容有效地连接起来,使这些教学的基本要素能够在教学活动中充分地发挥它们各自的功能与作用,从而实现预期的教学目标、达成预期的教学效果。因此,教学方法与教学目标任务、教学内容、学生特征、教师素质、教学环境之间存在着内在的有机联系,它们就是教师在教学过程中选择和运用教学方法的基本依据。

1. 依据教学的目标和任务

一般来说,教学目标包括认知、情感和技能三个领域,每个领域又可以分为若干个层次。不同领域或不同层次的教学目标的有效达成,要借助于相应的教学方法和技术。每节课都有各自的目标和任务,所要达到的教学目标和任务不同,运用的教学方法不能千篇一律。如果教学目标主要任务是传授新知,就可以选择讲授法、谈话法等;如果教学目标主要任务是让学生掌握动作技能、技巧,则应选择实际操作训练为主的方法,如练习法、实验法、实习作业法等;如果一节课完成多重任务,则应选择多种方法,使之相互配合。对教学方法选择的指导性因素应是具体的教学目标。这些教学目标既应包含着知识的内容目标,也应包括认知技能和认知策略方面的目标,还包含培养和发展学生情意态度方面的目标。教师可依据这些具体的可操作性目标来选择和确定具体的教学方法。

2. 依据教学内容的性质

各学科的性质不同,各门课教学内容不同,对教学方法的要求也各不相同,所以学科的教学目标制约着教学方法的选择。即使同一学科,不同章节、不同课时的内容与要求也不一致,具有不同的特点,这就需要教师依据教学内容的性质特点,灵活地、多样地选择教学方法。这就要求教师应能把握各种教学方法的优势特征和适用范围,能够根据不同教学内容的教学需要选择教学方法。比如,语文、政治、历史等课程多采用讲授法、讨论法,理化生等课程常用讲解法与实验法,音体美等课程多注重练习法等。

3. 依据学生的特点

学生的特点,主要是指学生现有的知识水平、智力发展水平、学习动机状态、年龄发展阶段的心理特征、认知方式与学习习惯,以及班风和整体水平的差异性等因素,这些无疑是选择教学方法需要考虑的重要因素。这就要求教师能够科学而准确地研究分析学生的上述特点,有针对性地选择和运用相应的教学方法,使学生在学习和掌握知识、形成技能的同时,能够促进他们自身素质向更高水平和阶段发展。例如中学生,尤其是高年级中学生与小学生相比,其独立学习的能力增强了,因此,教师除了让他们进行接受性学习之外,还应更多地注意引导他们独立地开展探究式学习,以发展智力和能力。

4. 依据教师的自身素质

教师素质在教育活动中主要表现在他的语言表达能力、思维品质、教育技能、个性与特长、教学艺术与风格特征、教学组织与调控能力等方面。任何一种教学方法,只有适应了教师的素养条件,并能为教师充分理解和把握,才有可能在实际教育活动中有效地发挥其功能和作用。因此,教师在选择教学方法时,还应当根据自己的实际优势,扬长避短,选择与自己最相适应的教学方法。同时,教师应在自己的发展中,不断提高自身素养和水平,丰富和改造现有的教学方法,逐步形成具有个性特征的教学艺术风格。

5. 依据客观教学条件

即使教学的目标任务、教学内容、学生年龄阶段相同,由于我国各地学校之间不平衡,学校教学设备条件(信息技术条件、仪器设备条件、图书资料条件等)、教学空间(教室、场地、实验室等)和教学时间条件等方面都存在着差异。教学条件的优劣对教学方法功能的全面发挥也有着一定的制约作用,特别是现代信息技术手段的运用,会更进一步开拓教学方法的功能。教师在选择教学方法时,要在时间条件允许的情况下,最大限度地运用和发挥教学环境条件的功能与作用。因此,教学方法的选择也不能要求一律。如城市中小学与农村中小学教学条件、教学环境不同,所适用的方法也不尽相同。教师既要充分利用客观条件,又要创造条件,弥补客观条件不足。

此外,教师在选择教学方法时还应考虑现有的教学资源等因素,只有综合地考虑各种影响因素,才能保证所选择的教学方法在一定条件下能充分体现教学规律和原则,充分发挥教师特长,最大限度地调动学生主观能动性,从而确保教学过程的优化。

第五节　教学组织形式

一、教学组织形式的概念

(一) 教学组织形式的内涵

教学组织形式是指为完成特定的教学任务,教师和学生按一定要求组合起来进行活动的结构。

教学组织形式不是固定不变的东西。在教学史上先后出现的影响较大的教学组织形式有个别教学制、班级授课制、道尔顿制和分组教学制等。

(二) 教学组织的类型

1. 个别教学制

古代中国、埃及和希腊的学校大都采用个别教学形式。教师向学生传授知识,布置、检查和批改作业都是个别进行的,即教师对学生一个一个轮流地教;教师在教某个学生时,其余学生均按教师要求进行复习或作业。个别教学最显著的优点在于教师能根据学生的特点因材施教,使教学内容、进度适合于每一个学生的接受能力。所以,在个别教学中,由于每个学生的接受能力和努力的程度不同,即使是同时上学启蒙的学生,他们各自的学习进度也会有很大差别。但采用个别教学,一个教师所能教的学生数量是很有限的。这种个别教学形式在古代学校中普遍推行是与古代社会生产力发展水平比较低的状况相适应的。

2. 班级授课制

班级授课制是一种集体教学形式。它把一定数量的学生按年龄与知识程度编成固定的班级,根据周课表和作息时间表,安排教师有计划地向全班学生集体上课。班级授课制最显著的优点在于它比个别教学的效率高,一个教师同时能教几十个学生;比较适合学生身心发展的年龄特点和发挥学生之间的相互影响作用,有助于提高教学质量。从 19 世纪中叶起,班级授课制已发展成为西方学校教学的基本组织形式。中国采用班级授课制,始于清代(1862 年)于北京开办的京师同文馆。班级授课制注重集体化、同步化、标准化。

3. 贝尔-兰卡斯特制

也称为导生制,产生于 19 世纪初的英国。由教师先教年龄大的学生,再由其中的佼佼者"导生"去教年幼或学习差的学生。因由牧师贝尔和教师兰卡斯特创制,故称为贝尔-兰卡斯特制。

4. 道尔顿制

1920 年,美国的 H·H·柏克赫斯特在马萨诸塞州道尔顿中学创建了一种新的教学组织形式,人们称之为道尔顿制。按道尔顿制,教师不再上课向学生系统讲授教材,而只为学生分别指定自学参考书、布置作业,由学生自学和独立作业,有疑难时才请教师辅导,学生完成一定阶段的学习任务后向教师汇报学习情况和接受考查。由于每个学生的能力和志趣不同,他们各自的学习任务和内容当然就不同,甚至彼此不相干;学习任务按月布置,完成后再接受新的学习任务。道尔顿制最显著特点在于重视学生自学和独立作业,在良好的条件下,有利于调动学生学习的主动性,培养他们的学习能力和创造才能。

5. 文纳特卡制

文纳特卡制,是由美国教育家华虚朋提出,是 1919 年在伊利诺伊州文纳特卡镇公立学校实行的一种个别教学与集体教学相结合的组织形式。这种组织形式将课程分成两部分:一是指定作业,教学按学科进行,以学生自学为主,适当进行个别辅导,要求每个学生按自己按自己的能力和可能的进度拟定学习计划,并在工作簿上记录进展情况,最后以考试形式检验学习结果,学生自己根据考试成绩决定下一步学习方向。二是团体活动与创造性活动,由文化的和创造性的经验组成,分小组活动或施教,通过手工劳动、音乐、艺术、运动以及商业、编辑、出版等团体活动随机进行,没有确定的程序,也不考试,目的在于发展儿童的社会意识。

6. 设计教学法

设计教学法,也叫单元教学法,就是设想、创设一种问题的情景,让学生自己去计划、去执行解决问题。设计教学是一种有目的、有计划、有实际活动的学习方式。进行这种教学活动之时,一定要先设立一个实际的问题,然后由学生去拟定学习计划与内容,而后运用有关的具体材料,从实际活动当中去完成解决问题。因此,整个的设计教学是包括实际的思考与各样的活动在内,一面思考,一面执行,既用脑,也用手。

7. 分组教学制

为了解决班级上课不易照顾学生个别差异的弊病,19 世纪末 20 世纪初,分组教学在一些国家出现。所谓分组教学,就是按学生的能力或学习成绩把他们分为水平不同的组进行教学。

分组教学类型主要有:能力分组和作业分组。能力分组,是根据学生的能力发展水平来分组教学的,各组课程相同,学习年限则各不相同。作业分组,是根据学生的特点和意愿来分组教学的,各组学习年限相同,课程则各有不同。20 年代苏联的学校教学也受到西方道尔顿制和分组教学的影响,进行过分组实验教学制。把学生 5~6 人分成一组,让每组学生独立学习教师指定的材料,教师不作专门讲解,只作辅导。然后不是全体组员,而只是由组长向教师汇报所完成的作业。这样,教师的作用降低了,学生对学习成绩又缺乏责任感,导致教学秩序的紊乱,从而使分组教学遭到激烈批评。30 年代后,分组教学在世界范围内趋向衰落。

目前,分组教学在欧美一些国家又有起色。一般有内部分组和外部分组。内部分组是在传统的按年龄编班前提下,根据学生能力或学习成绩发展变化情况分组教学;外部分组是打破传统的年龄编组,按学生的能力或学习成绩的差别分组教学。70 年代末以来,我国部分学校也采用过分组教学:一种是在新生入校时实行按考试成绩分班;另一种是对已学习了一定年限的平行班的学生重新按现时的考试成绩分班(或分快班、普通班,或分快班、中班、慢班)。

分组教学最显著的优点在于它比班级上课更切合学生个人的水平和特点,便于因材施教,有利于人才的培养。但是,它仍存在一些较严重的问题,一是很难科学地鉴别学生的能力和水平;二是在对待分组教学上,学生、家长和教师的意愿常常与学校的要求相矛盾;三是分组后造成的副作用很大,往往使快班学生容易产生骄傲,使普通班、慢班学生的学习积极性普遍降低。

8. 特朗普制

近年来,美国学校出现了一种新的教学组织形式。它是由教育学教授劳伊德·特朗普提出的。这种教学形式试图把大班、小班和个人三种教学形式结合起来。实行大班上课,即把两个以上的平行班合在一起上课,讲课时应用现代化教学手段,由出类拔萃的教师担任;小班研究,每个小班 20 人左右,由教师或优秀生领导,研究、讨论大班授课材料;个别教学,主要由学生独立作业,部分作业指定,部分作业自选,以促进学生个性的发展。其教学时间分配为:大班上课占 40%,小班研究占 20%,个别教学占 40%。目前,这种教学形式尚在实验学校中实验。

9. 合作学习

合作学习是一种结构化的、系统的学习策略和教学组织形式,由 2～6 名能力各异的学生组成一个小组,以合作和互助的方式从事学习活动,共同完成小组学习目标,在促进每个人的学习水平的前提下,提高整体成绩,获取小组奖励。合作学习(cooperative learning)是 20 世纪 70 年代初兴起于美国,并在 70 年代中期至 80 年代中期取得实质性进展的一种富有创意和实效的教学理论与策略。

二、教学工作的基本组织形式——班级授课制

(一) 班级授课制的基本特征

第一,以"班"为人员单位,把学生按年龄和知识水平分别编成固定的班级,即同一个班级学生的年龄和学习程度大致相同。

第二,以"课时"为单位,把每一节课规定在统一而固定的单位时间里进行,教师同时面对全班学生上课。

第三,以"课"为单位,把教学内容以及传送这些内容的教学方法、教学手段综合在课上,把教学活动划分为相对完整且互相衔接的各个教学单元,从而保证了教学过程的完整性和系统性。

(二) 班级授课制的优点和局限性

1. 班级教学的优点

第一,把相同或相近年龄和水平的学生组织在一起,教师可以同时教授许多学生,全体学生可以在教师指导下共同前进。而且,在集体中,学生彼此之间可以互相作用相互交流,有助于其社会性的健全发展。

第二,教学按规定的课时来安排,可以有条不紊地进行,有利于预定的教学目标和教学任务的顺利完成。

第三,分科教学有利于教师发挥主导作用,教师可以系统地讲授规定学科内容,学生也可藉此获得系统的知识技能。

第四,按照国家规定的课程标准确定教学内容,可以保证所有公民的基础学力的发展。

2. 班级教学的局限性

第一,学生的主体地位或独立性受到限制,教学活动多由教师做主。

第二,实践性不强,学生动手机会少。

第三,教学面向全班学生,强调的是统一和齐步走,难以照顾学生的个别差异,不利于因材施教。

第四,教学内容、时间和进程都程序化、固定化,难以在教学活动中容纳更多的教学内容和方法。

第五,由于以课为单位,而课又有时间限制,因而往往将完整的教学内容和教学活动人为地分割,以适应课的要求。

第六节 教学工作的基本环节

一、备课

(一) 备课的涵义

备课就是教师根据学科课程标准的要求和本门课程的特点,结合学生的具体情况,选择最合适的表达方法和顺序,以保证学生有效地学习。

备课是教师教学工作的起始环节,是上好课的先决条件。对教师而言,备好课可以加强教学的计划性,有利于充分发挥主导作用。

(二) 备课的要求

1. 备教学内容

备教学内容就是研究课程标准(或教学大纲)、钻研教材、阅读有关参考资料等。课程标准是教材编写、教学、教学评估和考试命题的依据,是国家管理和评价课程的基础。它体现国家对不同阶段的学生在知识与技能、过程与方法、情感态度与价值观等方面的基本要求,并规定各门课程的性质、目标、内容框架,提出教学和评价建议。研究课程标准就是要理解课程标准的精髓,领会课程标准的内涵与理念。钻研教材就是要掌握教学的基本内容。掌握教材一般可分三个水平:"懂、透、化"。懂,就是要对教材上的每一知识点甚至包括插图、表格、注释、附录等都要弄清楚明白;透,就是要透彻地掌握教材的全部内容,把握教材的编写意图、组织结构、重难点和关键,做到上下贯通、前后贯通、熟悉于心;化,就是要将教师的知识、智慧、思想、情感与教学内容的科学性和思想性融为一体,而且运用自如。

2. 备教学对象

了解学生包括对全班学生的整体了解和对每个学生的个别了解。了解他们原有的知识、技能、智力发展的水平;了解他们的兴趣、需要、性格和思想状况;了解他们的学习方法和学习习惯等等。在了解的基础上,经过研究确定教学的基点和预见学生的困难。一般可将学生分成好、中、差三个层次,教师备课应以中上等学生为基线,兼顾两头,一定要照顾到全体学生。

3. 备教学方法

吃透了教学内容,明确了教学目标,了解了教学对象,接着就要考虑如何把教学内容有效地传授给学生。这里包括如何精选某一单元所讲授的内容,如何组织这些内容,通过什么方式和手段进行传授等。也就是确定教学的程序和具体步骤。同时,也要备学生的学法,以便指导学生学习。

4. 编写书面的教学工作计划

(1) 学期(学年)教学进度计划。这种计划应在学期或学年开始前制订出来。

它的内容包括:学生情况的简要分析,本学期或本学年教学的要求,各章节(或课题)的教学时数和时间的具体安排,各课题所主要采用的教学方法以及需要的教具或材料等,以及考查、考试和教学实践等活动的具体安排等。这一计划有利于教师对教学工作的整体设计和安排。

(2) 课题(单元)计划。订好学年或学期教学进度计划后,教师还要对教材中的一章、一课或一个较大的单元,进行全盘考虑,并在此基础上,写出课题(单元)计划。内容包括:课题名称、本课题教学目的、任务、课时划分及各课时的主要内容,本课题各课的类型和整体方法结构,以及本课题知识的巩固、运用和检查的具体安排等。这个计划一般都要考虑,但不一定非

（3）课时计划。课时计划也叫教案，它是一节课（小学一般 40 分钟，中学一般 45 分钟）的教学计划或流程安排。它是直接与学生见面的，直接关系到课堂教学效果和教学质量。一个完整的课时计划，一般包括以下几个内容：年级班级、学科名称、授课时间、题目、教学目的、课的类型、教学方法、教具、教学进程、备注。其中教学进程包括一堂课的教学内容和详细安排、教学方法的具体运用和时间分配，这是课时计划的主要部分。

二、上课

（一）课的类型与结构

1. 课程的类型

即课的分类，一般的分类有两种：

一种是根据教学的任务来划分，可以划分为新授课、巩固课、技能课、检查课。在实际教学中，有时一节课只完成一个任务，有时是完成多项任务。所以，根据一节课所完成的任务数量，又可分为单一课和综合课。

另一种是根据使用的主要教学方法来划分，可以划分为讲授课、演示课、练习课、实验课、复习课。

2. 课的结构

指一节课包含那些组成部分以及各部分的顺序、时限和相互关系。一般讲，课的结构包括：

（1）组织教学

这是教师上课进行管理和组织学生注意的过程。其目的在于稳定上课秩序，使学生做好上课准备，激发学生学习的积极性和求知欲望。组织教学应从一节课开始时进行并贯穿课的始终。

（2）检查复习

目的在于对已学教材进行复习、巩固，了解学生掌握知识的质量，加强新旧知识的联系，培养学生对课业的责任感和按时完成作业的习惯。检查复习方式有口头答问、书面作业、板演和实践操作等。

（3）学习新教材

这是一节课中最重要的组成部分，是中心环节。其目的是使学生掌握新知识，促进学生智力发展。

（4）巩固新教材

其目的是使学生当堂理解、消化和巩固。教师可运用提问、复述、重点讲解、当堂练习等方法。要注意重点突出，纲目分明，做到温故而知新，防止简单地重复学过的内容，要注意了解各类学生学习情况的反馈。

（5）布置作业

其目的是使学生进一步巩固所学的知识、技能，培养学生独立作业的能力。

（二）上好课的具体要求

教师要上好一堂课，必须做到以下几点，这也是评课的一般标准。

1. 目的明确，重点突出

教师和学生对这堂课要完成什么任务，达到什么目的，心里都要明确。如传授什么知识，培养什么能力,根据教材特点进行哪些思想品德教育等。教学活动必须围绕教学目的进行。同时,一堂课要重点突出,重点突出了,难点解决了,任务也就基本上完成了。

2. 内容正确,掌握熟练

教学的内容必须是正确的,这样才能保证教学的科学性和思想性。但教师还要熟练地掌握所教的内容,这样才能表达自如,更好地同学生进行交流,并给学生以美的享受,从而保证教学的良好效果。切忌低头念讲稿,但对新教师也不能苛求,逐步做到丢开讲稿,熟练掌握。

3. 方法恰当,启发思维

教师必须根据教学目的、内容和学生特点运用恰当的方法,这是保证课堂教学取得良好效果的重要条件。但切忌一堂课只用一种教学方法,尽可能将多种方法有机结合,灵活使用,这既可以调动学生学习的积极性,也有利于发挥各方法的整体效益。教师还应通过恰当的方法,在传授知识的过程中,启发学生去思考,去发现,以发展他们的智力,尤其是创造力。

4. 语言清晰,教态自如

教师的语言要清晰,要能使学生一听就懂。一方面,语音语调要清晰、动听;另一方面,语言所表达的思路要清晰,富有逻辑性;再就是黑板上的板书要清晰,要精心设计,突出教学重点和教学逻辑。这不仅有利于学生掌握教师所教的内容,也有利于发展学生的思维能力和语言表达能力。同时教师的仪表要自然、端庄,要给人以力量,给人以信心;教师的表情、动作要恰到好处,要富有感染力,能促进学生对教师所教内容的掌握。

5. 教书育人,调动全体

在整个教学过程中,教师和学生都应处在积极状态,充分发挥教师主导作用和学生能动作用,教师不能唱独角戏,使学生昏昏欲睡,而要面向全体学生。不能只注意少数几个"尖子"学生,提问老是面向那几个人,而对"后进"生不闻不问。要注意学生个别差异,调动所有学生的积极性,使所有学生都在教师的视野中、在教师的监控下,做到教书育人,使教学发挥最佳效果。

6. 结构合理,组织得好

整堂课的进程有严密的计划性,结构合理,尤其是各阶段的时间分配合理。各种教学活动安排妥当,有条不紊,始终抓住学生的注意力。组织教学贯穿在整个教学活动过程中,能有效地利用课堂上的每一分钟,并能妥善地处理课堂上随时出现的各种问题,富有教育机智。

三、作业的布置与批改

作业的布置与批改,是课堂教学的继续与补充,也是整个教学过程中的一个有机组成部分。

学生的作业一般有两种:一种是课堂作业,在教师直接指导下完成;另一种是课外作业,在自习课或回家完成。

对教师布置和批改作业的要求是:

(1)作业的内容要符合教学大纲和教科书的要求;

(2)作业的分量要适当,难易要适度,防止负担过重;

(3)布置作业时要提出明确的质量要求,限定完成时间,必要时要有适当的指导;

(4)教师要及时检查和批改作业,以便及时了解学生掌握知识技能的情况,作为改进教学的依据。

四、课外辅导

(一) 课外辅导的定义

课外辅导是课堂教学的一种补充形式,是使教学适应学生个别差异,贯彻因材施教的重要措施。

(二) 课外辅导的内容

课外辅导主要有个别辅导、小组辅导和集体辅导(包括班级辅导和小组辅导)三种形式。课外辅导的主要内容有:指导学生的学习方法、学习目的、学习态度;给差生和缺课生补缺补差;给优生和有特长的学生开"小灶",满足其求知欲;指导学生作业和答疑;对学生进行思想品德教育等。

(三) 课外辅导的要求

教师进行课外辅导时应注意的是:首先,要耐心细致地了解学生,辅导要有针对性,应强调独立钻研,以自学为主,教师不要越俎代庖,也不应加重学生的负担;其次,辅导差生时也可以吸收优生参加辅导,以增进同学们之间的友谊和培养具相互帮助的好品德;第三,有条件的家庭,教师应指导其父母科学地辅导子女学习或聘请家庭教师担任课外辅导任务。

五、学业评价

(一) 学业评价的涵义

学业评价是指以国家的教育教学目标为依据,运用恰当的、有效的工具和途径,系统地收集学生在各门学科教学和自学的影响下认知行为上的变化信息和证据,并对学生的知识和能力水平进行价值判断的过程。

(二) 学业评价的目标

学业评价是教师根据教学目标检查和测试教学效果,对教学过程进行调节、控制,帮助教师改进教学,促进学生提高学业成绩的一个重要评价与反馈环节。它有利于教师对教学工作进行反思与调节,有利于提高教师的教学水平与教学质量。对学生而言,有利于学生了解自己学业进展的真实状况,从而自觉地、有针对性地调节学习行为,提高学习质量。同时也是对学校的管理以及家庭教育情况的大检查。它对于全面提高教学质量有着重要的意义。

(三) 学业评价方法

1. 观察法

观察法是直接认知被评价者的最好方法。它适用于在教学中评价那些不易量化的行为表现(如兴趣、爱好、态度、习惯、性格)和技能性的成绩(如兴趣、绘画、体育技巧和手工制成品)。

2. 测验法

测验主要以笔试进行,是考核、测定学生成绩的最基本的方法。

3. 调查法

调查法是了解学生的情况,为进行学生成绩评定收集资料的一种方法。它一般通过问卷、交谈进行。

4. 自我评价法

自我评价法是学生自己对自己的评价。它的主要方法有:运用标准答案,运用核对表,运用录音机、录像机等对自己做出评价。

（四）学业评价的要求

教师进行学业成绩评价时应做到：

（1）客观公正，必须严格遵循评定标准。

（2）方向明确，要向学生指出学习上的优缺点和努力方向，这是评定学生学业成绩的主要目的。

（3）鼓励学生创新，在评定中，不仅要看答案，而且要看思路，要重视学生思维的创造性。

理解·反思·探究

1. 如何理解课堂教学过程的本质？

2. 为什么要进行课堂教学改革？

3. 充分利用当地的社区资源，3～5 人一组，进行研究性学习的尝试，并将自己的心得体会记录下来。

拓展阅读导航

1.《美国教学论流派》，钟启泉、黄志成，陕西人民教育出版社，1993 年版。

2.《中学教学论》，[苏]斯特卡金主编，赵维贤等译，人民教育出版社，1995 年版。

3.《教育学》，[苏]巴班斯基主编，李子卓等译，人民教育出版社，1986 年版。

4.《德国教学论流派》，李其龙，陕西人民教育出版社，1993 年版。

5.《教学论稿》，王策三，人民教育出版社，1985 年版。

6.《基础教育课程改革纲要（试行）》，教育部[2001]17 号文件。

7.《教育学案例教学教程》，吴云鹏，华东师范大学出版社，2015 年版。

参考文献

1. 王道俊，王汉澜.教育学[M].人民教育出版社，1999 年。

2. 丁锦宏.教育学[M].南京大学出版社，2002 年。

3. 袁振国.教育原理[M].华东师范大学出版社，2001 年。

4. 施良方，崔允漷.教学理论：课堂教学的原理、策略与研究[M].华东师范大学出版社，1999 年。

5. 田慧生，李如密.教学论[M].河北教育出版社，1995 年。

6. 袁振国.当代国外教学理论[M].教育科学出版社，2004 年。

第九章 德 育

【内容摘要】

德育在学校全面发展教育工作中居于首要地位,它既体现了学校教育的社会性质,又关系到中学生的成长方向。作为未来的中学教师,学习和掌握有关中学德育工作的理论和方法,不仅能为中学德育工作提供科学的理论指导,而且能加强中学德育工作的自觉性、科学性和实效性。

【学习目标】

1. 掌握德育的概念、目标、内容;
2. 理解德育过程的规律;
3. 运用德育原则和方法分析中小学德育工作案例。

第一节 德育与品德

加强中学德育工作,要求教师必须首先清楚德育的涵义,德育与道德、品德、教育的关系以及德育的意义、目标、内容以及道德发展的理论等。

一、德育的概念

德育是思想品德教育的简称,是教育者按照一定社会要求,有目的、有计划地对受教育者施加系统影响,把一定社会的思想观点、政治准则、道德规范等转化为受教育者思想品德的过程。

德育主要包括政治教育、思想教育、道德教育三方面内容。政治教育旨在引导学生形成一定社会政治经济制度下,统治阶级所要求的政治态度、政治信仰和政治立场;思想教育旨在按统治阶级要求,培养学生的世界观、人生观;道德教育则在于指导中小学生掌握社会道德规范,形成一定的道德品质,养成良好的道德行为习惯,自觉履行道德义务。这三者相互联系、相互影响,共同构成德育整体。

二、道德、品德、德育与教育

明确了德育的涵义,还有必要弄清它与道德、品德、教育的关系。如此,我们才能全面理解德育的意义,掌握德育规律。

(一) 道德与品德

道德是调整人与人、人与社会、人与国家间关系的,以是非善恶为标准的,特殊的社会意识形态和行为规范。它属于社会现象,反映一定社会的经济基础并为其服务,不同社会、阶级、民族、时代有不同的道德准则和要求；道德是社会生活的产物，它依存于社会，以行为规范方式反映社会生活，而不以个体存在与否、个体有无符合社会要求的道德品质为转移。因此，道德是社会学、伦理学研究的主要内容之一。

品德是个人调节处理对自己、对他人、对社会、对事物的稳定态度、信念、行为特征与倾向，表现为道德观念、道德情感和道德行为，是个体人格的核心。品德是个体现象，它依赖于个体存在；品德是社会道德准则、规范在个体身上的部分反映，其发展、形成受社会发展和个体发展规律制约。因此，它是心理学、教育学研究的主要内容之一。

但是，一方面，品德的形成、发展离不开社会道德标准。品德是社会道德准则在个体身上的具体体现，评价个人的道德品质总是依据社会道德规范，离开社会道德准则就谈不上个体的道德品质。因此，阶级社会的统治阶级总是要求个体品德必须与社会道德准则保持一致。另一方面，品德受家庭、学校、社会影响，在个体社会实践活动中，逐步将社会道德准则和要求内化后形成。品德是社会道德准则和要求在个体头脑中的反映。另一方面，个体品德形成既受社会道德风气影响，又影响社会道德风气。

（二）道德与德育

道德规范是调整各种社会关系的社会意识形态和行为准则，它借助于社会舆论、传统习俗、良心（道德信念），以是非善恶为标准来调节个人行为，而不像社会政治规范、法律规范要借助于国家机器来维护社会秩序。道德与思想、政治相互联系、相互渗透，不可分割地交织在一起，这就是将政治教育、思想教育、道德教育统称为德育的原因。但又不能将这三者混为一谈。因为个体品德发展、思想观念形成、政治觉悟提高，其过程和机制是有区别的，各属于不同层面的问题。所以，不可能用相同的途径、方法、手段和原则来分别实施政治教育、思想教育、道德教育。

人类社会生活包括三个方面，即私人生活、国家与社会公共生活和职业生活。道德作为调整和维持人类社会生活的基本行为规范和准则，就必须用来调节人们的私人生活、国家与社会公共生活、职业生活。这样就可以将道德分为私德、公德、职业道德三个层次。

私德是个体私人生活中应遵循的道德规范，公德是个体在国家和社会生活中必须遵循的道德规范，职业道德是个体在自己所从事的职业生活领域中应遵循的道德规范。那么学校德育至少就应包括私德、公德、职业道德三方面教育。在学校德育中，私德教育应培养学生私人生活的道德意识，养成与他人交往的良好道德行为习惯，特别是在恋爱、婚姻、家庭生活中的良好道德行为习惯；公德教育应培养学生的国民公德和社会公德，养成遵守社会秩序、文明礼貌、爱护公物、讲究卫生、保护环境、见义勇为、维护民族尊严和团结等良好道德行为习惯；职业道德教育应培养学生职业道德意识，养成忠于职守、勤奋工作、诚实劳动、廉洁奉公、团结合作、维护行业形象的良好道德行为习惯。学校德育的三个层次在内容、形式、作用方面是不同的，但也存在许多交叉、重叠的地方。因此，在德育过程中同样不能人为地将它们割裂开来对待。

20 世纪 80 年代以来，我国德育概念逐步涵盖了整个社会意识形态内容，如日常行为规范养成教育、文明礼貌教育、法纪教育、环境教育、人口教育、劳动实践教育、国防教育、理想教育、审美教育、青春期教育、心理健康教育等都成为我国学校德育的基本内容。这实质上是一种"大德育"观。

（三）品德与德育

从心理结构上看，品德是道德认识、道德情感、道德意志、道德行为构成的综合整体。这四个方面相互联系、相互促进、相互转化。道德认识是道德情感、道德意志、道德行为的基础，道德认识转化为道德行为是个体品德发展的根本,道德情感、道德意志是道德认识向道德行为转化的内在动力。培养学生良好的行为习惯,仅重视行为训练是不够的。学校德育必须加强道德教育,既要提高学生的道德认识水平,又要陶冶学生的道德情感,还要培养学生的道德意志和道德行为习惯。

市场经济促成了人们价值观念、生活方式、行为方式等的多元化。在急速发展变化的社会生活中,人们时刻面临着种种矛盾、冲突和选择。对此,我国学校德育不仅要发扬传统德育的优势,继续加强系统道德知识的传授和良好行为习惯的养成,更要重视训练学生的道德思维能力,培养学生的道德判断能力、道德推理能力和道德抉择能力。这样,学校教育才能培养出具有较强社会适应能力的人才。

(四) 教育与德育

教育是有意识地影响个体身心的实践活动。但这种有意识的影响,其出发点是否善意,其内容有无符合社会需要的价值,其影响手段、方式、方法是否道德,往往会决定个体能否健康成长、能否成为社会有用之材。因此,教育活动必须包含三个相互联系的道德标准,即教育的出发点是善意的,不仅有助于个体身心健康成长,也有助于维护社会秩序;教育内容是有价值的,既满足个体发展需要,又满足社会发展需要;教育手段和方式方法是道德的,既符合个体身心特点和接受能力,又能培养个体良好德行。

学校德育正是从学生发展和社会发展需要出发,采用符合学生身心特点、接受能力的手段、方式、方法,将学生培养成为具有科学的世界观和人生观、坚定的政治信仰和立场、品德高尚的社会建设者。

三、德育的意义

(一) 德育是社会主义现代化建设的重要条件和保证

我国社会主义现代化建设包括社会主义物质文明建设和精神文明建设两个方面,我们在建设社会主义物质文明的同时,还要努力建设高度的社会主义精神文明,因为精神文明建设对物质文明建设起着巨大的推动作用,能保持物质文明建设的正确发展方向。德育是精神文明建设的重要组成部分,同时又贯穿于物质文明和民主政治的建设之中。社会主义学校是培养建设人才的必要场所,是进行社会主义精神文明建设的重要阵地。

从长远看,学校德育具有战略意义,因为现在的学生是社会主义事业未来的建设者和接班人,把他们培养成有社会主义思想道德的一代新人,将对我国未来的社会风气、民族精神和社会主义现代化建设产生决定性影响。

(二) 德育是青少年健康成长的条件和保证

青少年正处在长身体、长知识的时期和思想道德品质形成、发展的时期,他们思想单纯,爱学习,追求上进,充满幻想,富于理想,可塑性强,但知识经验少,辨别是非能力差,容易受各种思想道德影响。因此,必须运用正确的思想和方法对他们进行教育,以使他们形成良好的品德,增强抵制错误思想道德影响的能力,引导他们沿着社会主义要求的方向发展,促使他们健康成长,否则就可能误入歧途。

(三) 德育是实现教育目的的条件和保证

社会主义的教育目的是培养德、智、体等全面发展的社会主义建设者和接班人。我国《宪法》规定:"国家培养青年、少年、儿童在品德、智力、体质等方面全面发展。"人的德、智、体等是相互联系、影响、制约、促进的辩证统一体。德育可以促进青少年、儿童的品德发展,为他们体、智等的发展提供保证和动力。

四、德育目标

德育目标是教育目标在德育方面的具体化。所谓德育目标是指一定社会对教育所要造就的社会个体在品德方面的质量、规格的总体设想和规定。德育目标具有历史性、国家性、阶级性和客观性特点，一般由国家或政府依据一定历史时期社会发展对儿童青少年品德要求和受教育者身心全面发展的客观需要提出，对学校德育工作具有导向、选择、激励和评价作用。我国中学德育目标包括思想、政治、道德等方面。

（一）初中阶段的德育目标

热爱祖国，具有民族自尊心、自信心、自豪感，立志为祖国的社会主义现代化而努力学习；初步树立公民的国家观念、道德观念、法制观念；具有良好的道德品质、劳动习惯和文明行为习惯；尊纪守法，懂得用法律保护自己；讲科学，不迷信；具有自尊自爱、诚实正直、积极进取、不怕困难等心理品质和一定的分辨是非、抵制不良影响的能力。

（二）高中阶段的德育目标

热爱祖国，具有报效祖国的精神，拥护党在社会主义初级阶段的基本路线；初步树立为建设有中国特色的社会主义现代化事业而奋斗的理想志向和正确的人生观，具有公民的社会责任感；自觉遵守社会公德和宪法、法律；养成良好的劳动习惯、健康文明的生活方式和科学的思想方法，具有自尊自爱、自立自强、开拓进取、坚毅勇敢等心理品质和一定的道德评价能力、自我教育能力。

五、德育内容

德育内容是指实施德育工作的具体材料的主体设计，是形成受教育者品德的社会思想政治准则和道德规范的总和。它关系到用什么道德规范、政治观、人生观、世界观来教育学生的重大问题。德育目标确定了培养人的总体规格和要求，但必须落实到德育内容上，唯有选择合适的内容并进行科学的课程设计，才能进行有效的德育活动，达到预期目标。

（一）政治教育

政治教育主要是按照特定国家的政治观和社会对公民的一般要求，对公民进行系统的政治理论教育和法制教育以及社会行为规范教育。

（二）思想教育

思想教育是有关人生观、世界观以及相应思想观念方面的教育，包括辩证唯物主义和历史唯物主义世界观和人生观教育、革命理想和革命传统教育、劳动教育、自觉纪律教育等。

（三）道德教育

道德教育注重受教育者的良好个性塑造培养，包括有关道德知识学习、传统美德教育、审美及情操教育、社会公德教育，以及道德思维能力、道德情感和信念、良好的行为习惯等。

道德知识和传统美德教育是青少年人格发展的重要内容。懂得一般的道德知识，对真、善、美有正确的认识，尤其对民族传统有深刻的体会，能较好地促进学生积极向上。

（四）心理健康教育

心理健康教育是指通过对学生进行心理健康知识的教育和训练，培养学生良好的心理素质，预防心理障碍和心理疾病的发生，促进学生身心全面和谐发展。

心理健康教育的基本任务是：①针对大多数心理健康的学生而言，心理健康教育的目标是培养学生良好的心理素质,预防心理障碍的发生,促进学生心理机能、人格的发展与完善。②就有心理障碍的学生而言,心理健康教育的目标是排除学生的心理障碍,预防心理疾病的发生,提高学生的心理健康水平。③针对少数有心理疾病的学生,进行心理咨询与治疗。

心理健康教育的内容主要分三个方面,即学习辅导、生活辅导和择业辅导。随着社会的发展、心理问题的增多,人们对心理健康教育越来越重视。现在有一种趋势,即把心理健康教育独立于德育之外,成为青少年、儿童教育的一个重要内容。

六、道德发展理论

(一) 皮亚杰的道德发展阶段理论

1. 皮亚杰的儿童道德发展阶段论

皮亚杰认为,儿童的道德发展是一个由他律逐步向自律、由客观责任感逐步向主观责任感的转化过程。根据公正观念的发展水平,分四个阶段:

第一阶段:前道德阶段(1~2岁)。儿童处于感觉运动时期,行为多与生理本能的满足有关,无任何规则意识,因而谈不上任何道德观念发展。

第二阶段:他律道德阶段(2~8岁)。儿童主要表现为以服从成人为主要特征的他律道德,故又称为服从的阶段。又可分两个阶段:(1)自我中心阶段(2~5岁):这一阶段儿童处于前运算思维阶段。其特点是单向、不可逆的自我中心主义,片面强调个人存在及个人的意见和要求。(2)权威阶段(5~8岁):思维正由前运算思维向具体运算思维过渡,以表象思维为主,但仍不具备可逆性和守恒性。因此,这一时期儿童的道德判断是以他律的、绝对的规则及对权威的绝对服从和崇拜为特征。他们了解规则对行为的作用,但不了解其意义。他们常以表面的、实际的结果来判断行为的好坏。认为服从成人就是最好的道德观念,服从成人的意志就是公正。如果违背成人的法则,不管动机如何都应该受抵罪的惩罚,而且惩罚越厉害越公平。

第三阶段:自律或合作道德阶段(8~11、12岁)。儿童思维已达到具有可逆性的具体运算,有了自律的萌芽,公正感不再是以"服从"为特征,而是以"平等"的观念为主要特征,逐渐代替了前一阶段服从成人权威的支配地位。意识到准则是一种保证共同利益、契约性的、自愿接受的行为准则,并表现出合作互惠的精神。开始以动机作为道德判断的依据,认为公平的行为都是好的。关于惩罚,认为只有回报的惩罚才是合理的。

第四阶段:公正道德阶段(11、12岁以后)。这时儿童的思维广度、深度及灵活性都有了质的飞跃,此时才真正到了自律阶段。这一阶段的儿童开始出现了利他主义。他们基于公正感作出的判断已经不再是平等基础上的法定关系,而是人与人之间的道德关系。将规则同整个社会和人类利益联系起来,形成具有人类关心和同情心的深层品质。

2. 皮亚杰在儿童道德发展规律的研究方面的杰出贡献

(1)在认知发展与道德发展的关系方面,肯定了认知发展是道德发展的必要条件,认为道德情感的激发有赖于道德认识,价值判断有赖于事实判断。(2)关于儿童的道德发展的规律问题及道德发展过程中的质和量的问题,皮亚杰提出儿童的道德发展是一个连续的整体过程,在这个连续的过程中,由于心理结构的变化而表现出明显的阶段性特征。(3)关于教育在儿童道德发展中的作用,皮亚杰认为认知发展是道德发展的一个必要条件,可以通过教育的手段加以促进。

3. 皮亚杰的道德发展阶段理论的局限性

(1)随着儿童年龄的增长以及同伴间相互关系的不断发展,儿童道德判断的基础便从考虑后果转为考虑意图,在这个转变过程中,起重要作用的是同伴的协作,而不是成人的教育或榜样,从而否定了榜样的作用,这是不对的。(2)皮亚杰虽然揭示了道德认识在儿童道德发展中的作用,也注意了情感和意志的发展在儿童道德发展中的作用,却忽视了"行"的因素,也是错误的。(3)关于成人的强制或约束以及协作在儿童道德发展过程中的作用,皮亚杰绝对否定成人约束对儿童道德发展可能具有的积极作用,这是错误的。

(二)科尔伯格的道德发展理论

科尔伯格是美国当代发展心理学家,科尔伯格的道德发展理论受到瑞士儿童心理学家皮亚杰的观点的影响,被称为是皮亚杰在道德发展领域的继承人。他的研究建立在大量的实验分析基础上,引起了西方心理学界,特别是美国和德国的教育界的很大反响。

科尔伯格主要是从发展心理学的角度来论述道德发展的,他强调道德发展是认知发展的一部分;强调道德判断同逻辑思维能力有关;强调社会环境对道德发展有着巨大的刺激作用。

科尔伯格采用的研究方法主要是道德两难论法。他编制了九个道德两难故事和问题,如常用的一个故事便是海因茨偷药的故事:欧洲有个妇女患了癌症,生命垂危。医生认为只有一种药能救她,即本城一个药剂师新研制的镭锭。配制这种药成本为200元,但售价却要2000元。病妇的丈夫海因茨到处借钱,但最终只凑得1000元。海因茨恳求药剂师说:他的妻子快要死了,能否将药便宜点卖给他,或者允许他赊账。但遭到药剂师的拒绝,并且还说:"我研制的这种药,正是为了赚钱"。海因茨没别的办法,于是破门进入药剂师的仓库把药偷走。问:这个丈夫该这么做吗?为什么?

利用这类两难故事,科尔伯格研究了75名10～16岁的被试。以后每隔三年重复一次,直至22～28岁。他让被试听了故事后判断是非,然后提出一系列的问题让他们回答,再根据他们的回答划分道德判断发展的水平。同时又根据一系列的回答,编制了各种不同水平的量表,再来测定其他儿童的道德发展水平。

科尔伯格从被试的陈述中区分出30个普遍的道德属性,如公正、权利、义务、道德责任、道德动机和后果等等。每一个属性可分为6个等级,合计180项,然后把谈话中儿童的道德观念归属到180项,最后把谈话中儿童的道德观念归属到180项分类表的一个小项下作为得分。儿童在某一阶段的得分在其全部表述数中所占的百分比,便是儿童在该阶段的道德判断水平。据称其信度高达0.68～0.84。

这种方法是科尔伯格研究人的道德判断发展的重要手段,根据研究结果,科尔伯格发现人的道德判断存在着一个渐进的发展过程,可分为三种水平,每种水平各有两个阶段,共六个阶段。

(1)前习俗水平(preconventional level),年龄在4～10岁。

阶段1:惩罚定向。强调对权力的服从,行为无所谓好坏,由可能受到的惩罚来评价。例如,"他不应该偷药,因为他会被警察抓起来,送进监狱。""他事先请求过,又不是偷大东西,他不会受重罚。"

阶段2:寻求快乐定向。行为是否正确由一个人自身的需要决定。对他人需要的关心一般是出于互惠的目的,而不是出于忠诚、感激或公正。例如,"要是妻子一直对他不好,海因茨没有必要自寻烦恼,冒险偷药。""要是妻子一向对他好,海因茨就该关心妻子,为救她的命去偷药。"

(2)习俗水平(conventional level),年龄在10～13岁。

阶段3:好孩子定向。强调"好的表现",好的行为是使群体中的其他人感到愉快,或者是能受到表扬的行为。例如，"他不应该偷药，他会被当成罪犯，给自己的家人带来耻辱，他的妻子不会用偷来的东西救自己的命。""不管妻子过去对他好不好，他都得对妻子负责。为救妻子去偷药，只不过做了丈夫该做的事。"

阶段4：权威定向。强调遵守法律、执行命令、服从权威、履行职责以及符合社会规范。例如，"尽管他的妻子需要这种药，但偷别人的东西犯法，法律面前人人平等，他妻子的情况并不能使盗窃变得合法。""偷东西是不对，可不这么做的话，海因茨就没有尽到做丈夫的义务。"

（3）后习俗水平（postconventional level），年龄在13岁以后。

阶段5：社会契约定向。规范是可以质疑的，是为了群体利益和民主而存在的。对法律和规范的支持是基于理性的分析和相互的协定。例如，"他不应该去偷药。丈夫没有偷药救妻子的义务，这不是正常的夫妻关系契约中的组成部分。药剂师应该受到谴责，但还是应该保持对他人权利的尊重。""法律禁止人偷窃，却没有考虑到为救人性命而偷东西的这种情况。海因茨偷药救命如果不对的话，需要改正是现行的法律。"

阶段6：普遍的伦理原则定向。以自己选择的伦理准则指导行为，这些准则有着综合性、全面性和普遍性。公正、尊严和平等被赋予很高的价值。例如，"对于任何一个有道德性的人来说，人的生命最可宝贵，生命的价值提供了唯一可能的无条件的道德义务的源泉。他偷药也许会受到惩罚，但是他挽救了一个人的生命，值得。""海因茨设法救自己妻子的性命无可非议，但他没有考虑所有人生命的价值，别人也可能急需这种药。他这么做，对别人是不公正的。"

科尔伯格指出，儿童的道德构建是分阶段的有序过程。儿童是与社会和文化环境相互作用而发展起来道德认知结构，而不是简单地通过成人解释、惩罚，将道德准则同化和内化为儿童的一部分。儿童不仅仅是在学习道德标准，而且是在建构道德标准。这就意味着在完成前一水平的道德认知建构前，儿童根本无法理解和使用后一阶段的道德推理。只有经历而且建构了前一阶段的内在道德模式，儿童才会使用该阶段的概念来解决道德两难问题。科尔伯格认为，并不是每个人都会经历所有的三水平六阶段，有些人直到成年也没有超越顺从权威阶段，只有极少数人能够完全达到第六阶段。

第二节 德 育 过 程

德育过程的理论揭示了德育过程本质和基本规律，它是制定德育原则、组织德育活动、选择德育方法的理论和依据。作为未来的中学教师，学习、掌握德育过程的基本理论，有助于我们正确理解德育规律、选择和运用德育方法，提高学校德育的科学化程度和实效性。

一、德育过程的本质

德育过程是教师依据一定社会要求和学生品德发展规律，实施的有目的、有计划的培养学生品德的教育活动过程。我国学校德育过程就是要根据社会主义社会对学生的德育要求，通过教师施加各种积极影响，帮助学生掌握社会主义政治、思想、道德规范，发展学生品德心理，培养学生的品德能力。

（一）德育过程与品德形成过程的关系

德育过程与品德形成过程是两个不能混淆的概念。德育过程属于教育活动范畴，既是教师按社会要求影响学生、培养学生良好品德的过程，也是学生与外界环境相互作用、形成自身品德的过程。品德形成过程则是学生品德素质的发展范畴，既是学生内化外部影响为自己人格的过程，又是学生将内化的外部影响外化为个体行为方式和习惯的过程。

影响学生品德发展、形成的因素是多方面的，这些影响能否发挥作用，取决于学生与影响因素相互作用的结果。学生的品德不会自发形成，它是在教育和自我教育过程中实现的。因此，学校德育工作必须遵循德育规律，帮助学生实现两个转化：一是指导学生将社会政治、思想、道德规范内化为政治信仰、思想观点、道德观念；二是指导学生将社会政治、思想、道德观念和规范外化为思想、情感和行为。

（二）德育过程结构

德育过程结构是构成德育过程的各个要素及其相互关系、相互作用方式。德育过程是教师借助于一定方式影响中小学生品德发展、形成的过程，因此，德育过程的结构必须包含三个不可或缺的基本要素。

1. 教师及其活动

不论是教师个体还是团体，都是代表社会，用社会倡导的政治、思想、道德观念和规范来影响中小学生，他们是德育过程的主体，其活动在于组织、控制德育过程，启发、引导、促进中小学生的品德向德育目标规定的方向发展。

2. 中小学生及其活动

中小学生是德育的对象，但在德育过程中，他们是积极的、能动的参与者，往往根据自己的实际需要和能力，选择性地接受教师的教育影响，并在教师指导下进行自我教育。

3. 德育内容和方法

德育内容和方法是教师用来影响中小学生的中介手段，它们与教师的人格、情感、意志、思想作风、言行举止等融合在一起影响中小学生。

以上三个要素是相互联系的。教师借助于德育内容、方法来影响中小学生，中小学生则通过发挥自己的主动性来参与德育过程。由此可见，学校德育活动不能割裂这三个要素，仅仅考虑其中某一方面需要。

二、德育过程的基本规律

德育过程是教师引导、培养和促进中小学生品德发展的过程。德育过程不同于中小学生的品德发展过程，有自身的规律。主要表现在：

（一）德育过程是具有多种开端的对学生知、情、意、行的培养提高过程

从心理学方面看，个体的品德结构包含道德认识、道德情感、道德意志和道德行为四个相互联系的方面。

道德认识，简称知，是个体对一定社会的思想、政治、道德规范及其意义的认识、理解和掌握，是个体对客观事物以及他人行为做出的是非、美丑、善恶认识和评价，以及在此基础上形成的道德观念、道德评价能力。道德认识是个体品德形成的基础，中小学生的道德认识越深刻、越全面，道德观念就越明确、越坚定。所以，学校德育必须要有计划地向中小学生传授基本的道德知识、理论和行为规范，逐步提高中小学生辨别能力，形成正确的道德观念。

道德情感，简称情，是个体对客观事物和他人行为做出某种判断时产生的内心感受和主观态度。道德情感是道德认识转化为道德观念的必要前提，是产生道德意志行为的内部动力，它随着道德认识的发展而提高。学校德育应重视道德情感培养，善于激发中小学生对高尚德行的敬佩爱慕之情，引导中小学生在各种有益活动中去体验各种肯定性道德情感。

道德意志，简称意，是个体在实现一定目标的道德行为中，为克服困难而做出的自觉努力。

道德意志是调节个体行为的精神力量。道德意志坚强的人，能自觉而坚决地履行道德义务，实现道德目标。

道德行为，简称行，是个体在道德认识、道德情感、道德意志支配下，对社会、对他人等做出的行为反应，是衡量品德好坏的根本标志。培养中小学生良好的道德行为在于加强行为训练。

上述四个因素是相互联系、相互促进、相互转化的整体。道德认识是基础，道德行为是关键，道德认识转化为道德行为是品德发展的根本，道德情感、道德意志是道德认识向道德行为转化的内在动力。因此，学校德育过程不能偏废于任何一方面，必须注意发挥其整体功能。这是因为，提高道德认识有助于培养道德情感和道德意志；良好的道德情感和坚强的道德意志又能提高道德认识，养成良好的道德行为习惯。反过来，道德行为实践又能提高和加深道德认识水平，增进道德情感，磨练道德意志。但在品德的心理结构中，这四个因素一方面具有相对独立性，另一方面又具有发展的不平衡性，容易出现薄弱环节或严重脱节现象。故而，学校德育过程必须从中小学生实际出发，从薄弱环节入手，有的放矢，注意抓住一方面以带动其他方面发展。

(二) 德育过程是组织学生的活动和交往，对学生多方面教育影响的过程

中小学生品德不完全是学校教育的结果，它是中小学生接受各种现实影响并将其内化的结果，其社会性相当明显。中小学生的社会活动和交往是其品德形成、发展的源泉和基础。一方面，学生在其早期的自发性活动和交往中，往往会自觉或不自觉地获得某些道德认识，形成一定的道德观念、道德行为习惯。所以在儿童早期，家庭是儿童活动和交往的中心场所，父母作为子女的第一任教师，是子女模仿学习的最有效榜样，其思想观念、行为方式、兴趣爱好、道德品质等潜移默化中影响子女，对其品德发展、形成起奠基作用。另一方面，儿童进入学校后，各种自发性的活动、交往开始变为有目的、自觉的教育性活动与交往。在教育影响下，他们不断接受社会政治、思想和道德观念、规范，并逐步形成自我教育能力。此时，学校教育成为中小学生品德发展的主导力量。

但中小学生并非消极被动地接受教育影响。他们往往根据已有的经验和倾向，对各种影响进行辨别，选择符合自己需要的影响因素，主动将其纳入原有的认知结构，内化为自己的人格，并在以后的各种活动中表现出来，成为其品德表现。可见，中小学生接受德育影响是一个动态过程。对此，德育过程一方面要建立良好的师生关系，发挥师生交往与活动的教育影响功能；另一方面要善于组织、开发教育性活动和交往，让中小学生在各种公益性的、集体性的活动与交往中，提高认识、养成良好道德行为习惯。

(三) 德育过程是促使学生思想内部矛盾运动的过程

德育过程是教师代表一定社会，把社会倡导的政治、思想、道德意识和观念传递给中小学生，帮助中小学生形成社会期望的品德。然而，中小学生的品德发展受多方面因素影响。这样，德育过程就面临着诸多矛盾，如德育过程与外部环境的矛盾、德育过程内部的矛盾、德育过程主体自身的矛盾等等。解决好这些矛盾是促进中小学生品德发展的前提。

1. 德育过程与外部环境的矛盾

学校是一个社会存在实体，与社会方方面面存在千丝万缕的联系。尽管学校教育具有目的性、层次性、系统性、可控性、科学性和权威性特点，但它不能脱离社会环境而独立发挥作用，学校德育过程尤其如此。外部环境对学校、对教师、对学生的影响并非都是积极的，有时消极影响比积极影响更为突出，所以，我们必须看到外部环境对德育过程影响的两面性。

德育过程与外部环境矛盾的产生主要是由于家庭、社会影响与学校德育要求不一致而造成的。培养中小学生良好品德,首先要充分发挥学校德育优势,积极利用外部环境的有利因素影响中小学生,既不粉饰生活也不回避问题。其次,努力建构社区内学校、家庭、社会结合的德育网络,形成强有力的德育合力。再次,德育过程必须致力于培养中小学生的辨别能力和自我教育能力。

2. 德育过程内部的矛盾

德育过程内部的矛盾是德育各要素的对立统一关系,其矛盾表现为教师与学生的矛盾,教师与德育内容、方法的矛盾,学生与德育内容、方法的矛盾。其中,教师与学生的矛盾是德育过程内部的基本矛盾,而教师的德育要求与学生品德水平间的矛盾是德育过程的主要矛盾。解决这一主要矛盾,需要根据中小学生的实际,提出符合其品德发展水平的教育要求,通过引导中小学生参加活动与交往,把中小学生已有品德水平提高到德育要求的新水平上。然而,中小学生能否接受新的德育要求,关键取决于他们主动性的发挥。教师要善于激发中小学生的积极性和主动性,使他们能自觉接受德育。

3. 中小学生的内部矛盾

中小学生的品德是在主体与客体、内因与外因的相互作用下形成的。他们一般存在许多内部矛盾,其主要矛盾是教师的德育要求与学生品德水平间的矛盾。这种主要矛盾实质上是外部矛盾在中小学生内心世界的反映,即中小学生品德现状与社会要求、社会道德规范关系的反映,是中小学生个人与他人、集体、社会关系的反映。由于不同中小学生有不同的内心世界,因此他们对教师的德育要求存在不同的主观态度,对任何德育影响都会进行主动的选择、加工。要将教师德育要求转化为中小学生个体品德发展动力,其基本条件是德育要求必须符合中小学生品德发展现状,既不过高,也不太低,这样才能充分调动中小学生的积极性、主动性,促进中小学生在自我教育中不断提高自己。

总之,德育过程的矛盾是十分复杂的。一个时期学生品德的某个或某几个矛盾解决了,并不等于其他矛盾的解决,也不意味着就没有新矛盾的产生。所以,教师在德育过程中要深入全面地研究、分析中小学生成长中的问题,防止工作中的片面性和简单化,采用正确的方法,确保中小学生品德向正确的方向发展。

(四) 德育过程是一个长期的、反复的、不断前进的过程

实现了某一德育目标,仅仅表明一个具体德育过程的结束,并不意味着品德形成过程的结束,更不能说明中小学生品德已经形成。中小学生品德的形成是一个渐进的、螺旋式上升过程,是量变到质变的过程。德育过程总是通过教育性活动与交往来促成中小学生的内部矛盾运动并形成新的品质,再通过新的活动与交往促成新矛盾的产生,再形成新的品质。

从个体发展来看,一方面,中小学生的世界观、人生观尚未定型,需要长期的培养、磨练;另一方面,中小学生每一新观念、新行为的发展形成都具有不稳定性,需要经过多次反复实践才能巩固;再一方面,构成品德的知、情、意、行四个因素是在不断的矛盾斗争中达到暂时平衡的;最后,儿童、青少年的可塑性大,已形成的品德在不断发展变化的环境中,容易受到消极因素的影响而发生改变。所有这些,都决定了德育过程具有长期性、曲折性等特点。

从环境影响来看,尽管社会影响广泛、家庭影响深刻、学校影响系统,但如果三者中任何一方面影响不利或教育不力,都会使中小学生品德发展出现种种问题。更何况生活在现实中的中小学生还时刻受到各种消极影响。而克服各种消极影响,并非是一朝一夕就能解决的简单问题。这也说明德育过程具有长期性、复杂性特点。

总之,中小学生的品德形成是长期、曲折、复杂的过程,学校德育过程不可能"一蹴而就"、"立

简明教育学教程

160

竿见影",既需要教师做大量工作,又需要家庭、社会广泛支持,才能培养中小学生良好品德。

第三节　德育原则和方法

加强德育的针对性和实效性,在探求德育过程的规律的基础上,总结出行之有效的德育原则,选择合适的途径与方法是非常必要的。

一、德育原则

德育原则是指教育者对受教育者进行德育时必须遵循的基本准则和要求。德育原则是根据德育的任务和学生思想品德形成的规律提出来的,也是德育实践经验的总结概况。我国中小学常用的德育原则主要有以下几条。

(一) 导向性原则

导向性原则是指德育要有一定的理想性和方向性,以指导学生向正确的方向发展。导向性原则是德育的一条重要原则,因为学生正处在品德迅速发展的关键时期,一方面他们的可塑性大,另一方面他们又年轻,缺乏社会经验与识别力,易受外界社会的影响。学校德育要坚持导向性原则,为学生的品德健康发展指明方向。

贯彻导向性原则的基本要求是:

1. 坚定正确的政治方向

坚定正确的政治方向是社会主义学校德育的根本原则,德育受制于社会的主流意识形态,社会主义学校的性质、任务决定了学校必须坚持四项基本原则,把坚持正确的政治方向放在首位,培养学生科学的世界观、人生观。

2. 德育目标必须符合新时期的方针、政策和总任务的要求

德育工作只有根植于实际,才能落到实处,取得实效。新时期党的教育方针政策和总任务反映了这一时期社会发展的方向和要求。德育工作要依据此制定目标,使学生具有社会发展所需要的品德,并树立建设中国特色社会主义的理想。

3. 要把德育的理想性和现实性相结合起来

德育工作既要用共产主义思想体系教育学生,又要从社会主义的现实出发,同时还要结合学生现有的思想水平,不能以对先进分子的要求作为评价一般学生道德行为的标准,把德育的思想方向性与现实可能性结合起来,使德育工作既充满理想,为社会发展指明方向,同时又切合实际,落到实处。

(二) 因材施教原则

从实际出发原则是指学校德育从中小学生年龄特征、个性差异及思想实际出发,有的放矢地确定德育内容,提出德育要求,恰当运用方法对中小学生进行品德教育。这一原则是依据教育必须适应儿童、青少年身心发展规律和教育影响通过内因发生作用规律提出的。

中小学生在不同年龄阶段有不同年龄特征,即使同一年龄阶段的中小学生也有不同的个性差异。德育过程只有从实际出发,才能促成中小学生内部矛盾的转化,才能使德育工作获得实效。因此在德育过程中,一方面,全面了解和研究每个中小学生的情况、特点、动向,积累中小学生的各种情况,使德育工作有的放矢,防止主观性、片面性,克服拘泥于传统和经验而套用固定模式的做法。另一方面,研究中小学生的年龄特征和个别差异,按中小学生发展规律提出恰当的德育要求,选择适当的德育方法,真正做到"一把钥匙开一把锁"。再一方面,研究中小

学生思想实际,提高德育工作的针对性,防止学校德育"成人化"、"公式化"、"一刀切"。

(三)知行统一原则

知行统一原则是指学校德育既重视基本理论和规范教育以提高中小学生认识水平,又重视中小学生的行为实践,将品德认识转化为品德行为习惯。这一原则是马列主义关于认识与实践统一原理在德育过程中的具体运用,是依据德育过程是形成中小学生知、情、意、行的过程和活动与交往是品德形成的基础等规律提出的。

中小学生良好的思想政治意识、道德观念和行为习惯是在教育训练中逐步形成的。因此,一方面要进行系统理论和道德规范教育,指导中小学生初步领会、掌握马列主义基本观点,掌握社会主义道德规范,树立共产主义世界观和人生观。另一方面要培养中小学生高尚德行,创造有利条件,培养良好的道德行为习惯、集体主义意识、集体观念、劳动态度和文明守纪习惯,学会有规律性地生活,正确处理各种社会关系。此外,教师要言传身教,严格要求中小学生言行一致、身体力行,坚决反对"假大空"等不良作风。

【资料】

学生一入学,魏书生老师就给学生讲张海迪、奥斯特洛夫斯基等人的事迹,以提高学生对意志训练的认识。当学生从这些感人的故事中,领悟到意志的巨大力量和意志是成功的法宝时,魏老师又进一步告诫说:"当你感到最苦、最累、最困难,快要坚持不下去的时候,再咬咬牙坚持下去,这就是意志的力量。这样刻苦的事情做多了,你的意志就坚强了"。

班上的学生有了渴望磨练意志的要求,魏老师及时进行了严格的训练。首先,把意志训练渗透到学生的学习活动中,他规定全班学生每天抄一段名人的格言、警句,每天写一篇日记和500字的语文练习,每年读5 000页的课外书……天天如此坚持不懈,为达到预定的目的,魏老师还为学生准备了必要的条件。如为完成每年读5 000页书的要求,班级建立了400多册书的图书箱,设立了借书等级簿和图书管理员。

魏老师还通过一些活动来训练学生的意志。他提出每人每天跑5里路,做50个仰卧起坐、50个俯卧撑。每天早晨五点,他带领学生长跑,寒冬炎暑坚持不辍。

意志训练也要因人而异。班上有个最矮的女学生叫王惠玲,就怕上体育课,最不愿意长跑。魏老师就带着她参加长跑,有意让她锻炼。王惠玲咬着牙,吃力地跑着,一天两天,一月两月……她获得了成功的法宝,在校1 500米长跑比赛中得了第六名,参加全县3 000米比赛获得第三名。

(四)集体教育与个别教育相结合原则

集体教育与个别教育相结合原则有三层涵义:一方面,社会主义教育的重要特征之一就是培养中小学生的集体主义思想,所以教师既要面向中小学生集体进行教育,创建良好的集体教育;另一方面,教师又要充分发挥集体力量教育每个中小学生;再一方面,教师还要重视培养每个中小学生的自我教育能力。这一原则就是依据社会主义教育性质提出的。

中小学生集体既是教育对象又是教育主体。把中小学生培养成为现代化建设人才,只有通过集体教育才能实现。中小学生生活在集体中,活动与交往对他们的品德形成具有特殊意义,良好的集体既能充分发挥中小学生的智慧力量,又能给中小学生进步的信心和动力,激励中小学生不断进步。苏联著名教育家马卡连柯认为:教师要教育好个别学生,首先就要教育好集体,再通过集体力量去影响他们。所以,一方面要建立好班集体,使中小学生在共同目标指引下,形成严格的组织纪律、良好的班风和集体舆论倾向。另一方面要充分发挥集体教育作用,增强中小学生的友谊感、责任感,培养中小学生的自我教育能力。再一方面要加强个别教育,针对中小学生不同特点提出不同要求、采用不同方法,使每个中小学生都能生动活泼地发展。

(五) 疏导原则

疏导原则指学校德育必须坚持正面的说服教育引导,启发自觉性,调动中小学生积极向上;同时又坚持必要的纪律约束,引导中小学生品德向正确、健康方向发展。这一原则是依据中小学生心理矛盾是品德发展的根本动力提出的。

促进中小学生内部心理矛盾转化既需要教师做大量耐心细致的说服教育工作,又要有一定纪律约束。所以,学校德育一方面必须坚持以正面说服教育为主,摆事实讲道理,提高中小学生的认识,切忌"我说你服"、"我压你服"、"我打你服",伤害中小学生自尊心、自信心;另一方面必须用榜样模范人物激励中小学生进步;再一方面学校还不能放弃必要的纪律要求。纪律要求能使中小学生行为有章可循,正面教育能保证中小学生自觉履行规章制度。因此,必须建立合理的规章制度,严格管理督促,帮助中小学生养成良好的行为习惯。

【资料】

有个学生,在老师上课板书时,常用两手食指敲打桌沿,发出"哒哒哒"的响声。有的老师警告说:是谁! 查出来要处分。可是总是禁而不绝。

后来,一位音乐老师找到了这个学生。他怯生生地站在老师面前,等待批评和处分。但老师没有责备他,笑着说:"你参加乐队打鼓好吗?"学生愣了,以为老师讽刺他,不敢答话。老师接着说:"我们乐队缺一名鼓手,觉得你有条件当。但是,你上课时要认真听课,遵守课堂纪律,以后不要再敲桌子了,好吗?"学生点点头,泪水却扑扑地掉下来。后来,这个学生敲鼓进步很快,上课再也不敲桌沿了。

(六) 发扬积极因素克服消极因素原则

发扬积极因素克服消极因素原则指教师在德育过程中善于依靠和发扬中小学生优点,因势利导,发挥自我教育的积极性,限制和克服消极因素,长善救失,促使中小学生不断前进。这一原则是矛盾对立统一规律在德育过程中的反映和运用。

没有无优点的学生,也没有无缺点的学生,学生的优缺点在一定条件下能够相互转化。实践经验证明:通过发扬学生优点、长处,克服其缺点、不足,比直接批评学生错误、缺点更能起良好的教育作用。首先,教师要一分为二对待中小学生。教师既善于发现中小学生优点、长处,又能看到其缺点、不足;既看到他们的过去,又要看到他们的现在和将来;既看到优秀学生的不足,做到"响鼓重捶"、"防微杜渐",又善于发现差生的"闪光点",倍加爱护,给予充分信任和鼓励,保护其自尊心、自信心,创造条件促使其成为转化动力。其次,调动中小学生积极进行思想斗争的自觉性。教师要善于根据学生实际,用先进理论武装学生头脑;善于向学生提出有利于他们深思的问题和要求,引导他们正确认识自己,积极开展思想斗争,把教师的教育变为学生的自我教育,把教师的监督控制变为学生的自我要求和自我控制,培养自我教育能力。再次,指导学生学会正确认识和评价自己。最后,因势利导,化消极因素为积极因素。教师要善于从消极因素中发现积极因素,从缺点中发现优点,正确利用表扬、鼓励手段促成学生品德发展。

【资料】

小李入中学的第一天,就使班主任十分恼火。

教室里静悄悄,同学们在认真地上第一节课。忽然,从一个同学的书包里窜出一只青蛙,"叭,叭"地叫着蹦向讲台。全班顿时乱了,班主任一查,是小李干的。一气之下,狠狠地批评了他一顿。可是,第二天,教室里又带进了一只小猫,接着小狗、老鼠、麻雀……天哪,有一次他竟把一条蚯蚓放到了讲台上。从此,小李在班主任心目中成了不可救药的"调皮大王"。为了监督他,班主任专门安排了一个干部,注意小李的行动。但是批评、监督、处罚,都没能使小李转变。好不容易捱过了一年,他升入八年级,班主任长长透了口气,包袱终于送出去了。

进入八年级,小李还是那么调皮捣蛋。新班主任没有给他什么"下马威",而是仔细观察他,思考着……不久,就发现有一门课小李不但上课认真听,下课还要盯着老师问这问那,这就是动物课。

班主任把小李找来。小李怀着惴惴不安的心情走进办公室,准备承受暴风骤雨般的批评。可是出乎意料,班主任没有批评他,而是问他:"你喜欢动物?"

他点点头。

"那很好。我们班要成立一个动物兴趣小组,你来当组长,好吗?"

他惊愕了。当组长?从小学到中学,从来都是挨批评的对象,从没有想过还有人叫他当干部。刚想拒绝,看到班主任老师那信任的目光,他点头应诺了。

动物小组开展了昆虫考察活动,小李在课余和同学们一起捕捉昆虫,制作标本。各种各样的昆虫,有许多种他都认识,可这蝴蝶、螳螂、蝗虫……各种各样的名字怎么写?他碰到了难题。他问生物课老师,老师说:"我告诉你一个、两个名字的写法,今后遇到别的名字怎么办呢?你学会查字典就方便了。"查字典,过去语文老师教过,可是自己没有好好听,他去问语文老师,认真学习查字典的方法。兴趣小组准备观察蚯蚓的再生能力,要记观察日记。小李不知道怎样记,只好再去找语文老师请教,语文老师耐心地指导,他如饥似渴地学。

半年过去了,小李在班主任的引导下,从昆虫考察中,懂得了各门功课的重要性,对学习产生了浓厚的兴趣,也逐渐改掉了散漫的坏习惯,认真学习,取得了很大进步。在全市昆虫考察比赛中,动物小组制作的标本获得了鼓励奖。小李还写了科学小论文《蚯蚓对农业生产的作用》。

(七)尊重学生与严格要求相结合原则

尊重学生与严格要求相结合原则是教师在德育过程中把热爱、尊重、信任中小学生同严格要求学生相结合,使德育要求转化为中小学生的自觉行动。

热爱、尊重与信任学生是教师职业道德的基本要求,也是教师教育责任感的高度体现。满足学生对爱和尊重的需要,能发挥学生接受教育要求的积极性、主动性。热爱、尊重、信任学生与严格要求学生是辩证的统一。热爱、尊重与信任学生是严格要求学生的基础,严格要求学生是热爱、尊重与信任学生的体现。缺乏热爱、尊重与信任会对学生吹毛求疵,伤害学生的自尊心、自信心;缺乏严格要求又会无原则地迁就、放纵学生。所以,教育学生必须做到"严中有爱、爱中有严"。

【资料】

一次课堂上,我发现一位女生在座位上偷照镜子。于是,快速轻步地走上前,一把缴过镜子,朝讲台上一丢,口里讽刺道:"不要照了,够漂亮的了!"话音未落,小圆镜"啪"地一下,从讲台上摔到了地上,破了。

"……老师,难道您认为摔破的仅仅是一面镜子?不,您摔破的是一位同学的心,一位自尊心很强的女同学的心;您的那句话,刺伤了一个爱美的灵魂……是的,这是一件小事,可是,老师可曾想过,这件小事造成的裂痕,以后能愈合得完好如初吗,……"放学后,我办公桌上平平整整地放着这么一封批评信,信末署名:李德廉。

我感到诧异,李德廉是我的"高足",一向待他不薄,怎么也来这一套?

把他找来,我问:"对这件事,你认为应怎样对待?"

他似乎成竹在胸,望了望我,大方地说:"一、可以用提问的方式,把这位女同学叫起来,以示提醒;二、可以用维持课堂纪律的方法,暗中警告:请认真听课,个别同学低头瞅着课桌下面,是在看课外书吗?三、可以在课后找她单独谈谈……"

这段话,句句在理。我直直地望着李德廉,心想,小小年纪的学生,你们考虑问题还能这么成熟。以前,我总认为你们单纯、幼稚,没当一回事,这是多么大的偏见!

"那么,你能帮我出个主意吗?"我热情地问。

"老师是不是可以找这个女同学谈谈,并赔她一面镜子……"他不好意思地说。

我照李德廉同学的意见办了,果然,师生感情的裂痕弥合了。

(八) 教育的一致性和连贯性原则

教育的一致性和连贯性原则是指学校、家庭、社会必须按国家教育方针、教育目的,协调一致、前后连贯性地教育影响学生,以提高学校德育的整体效果。这一原则是依据品德形成的长期性和影响品德发展因素的多方面性的规律提出的。

中小学生品德形成受多方面因素影响,如果各方面教育影响不一致甚至矛盾冲突,会使学生无所适从。所以,首先,学校要帮助家庭、社会正确认识理解德育大纲,形成统一的教育合力,使德育影响保持一致。其次,加强校内德育影响的一致性和连贯性,互通情况,定期研究中小学生品德发展状况,制定教育方案和措施,共同搞好德育工作。再次,抓好各阶段德育的衔接工作,防止一曝十寒现象的出现。

总之,各德育原则相互联系、相互影响,共同构成一个完整体系。德育过程不能孤立看待,运用某一原则而忽视其他原则,必须将它们结合起来创造性运用,才能提高德育效果,促进学生品德发展。

二、德育方法

(一) 德育方法的概念

德育方法是实现学校德育目标的重要保证,它直接或间接地影响德育过程的效果。学校德育目标的广泛性、影响学生品德发展因素的复杂性等决定了学校德育途径的多样性,如思想政治课、各学科教学、社会实践、课外校外活动、团队活动、班主任工作等等。但无论采用什么德育途径,其方法都必须建立在科学性基础之上。

所谓德育方法,是指为实现学校德育目标和任务,教师依据德育过程规律所采用的手段、方式的总称,它是师生共同活动的方法。

(二)学校常用的德育方法

1. 说服教育法

说服教育法是教师借助语言和事实,通过摆事实讲道理,使中小学生明辨是非,提高认识,形成正确观念和道德评价能力的教育方法,是学校德育的最主要方法。这种方法包括口头语言说服方法(讲解、报告、谈话)、书面材料说服方法(指导学生阅读书籍报刊)、生动事实说服方法(讨论、参观、访问、调查等)等形式。

说服教育法的作用在于提高中小学生思想、政治、道德认识,形成正确的观点、方法;提高中小学生的辨别能力和道德评价能力。因此,运用说服教育法需要注意:

(1)有明确的目的性和针对性

目的性和针对性是提高说服教育有效性的前提。首先,说服要从实际出发,尊重中小学生的思想实际、年龄特征、个别差异、心理状态等,针对要解决的实际问题,有的放矢,切中要害,既不"唱高调"、"隔靴搔痒",又不搞"一刀切"、"模式化"。其次,说服教育切忌唠叨和一般化,防止中小学生产生厌烦和抵触情绪。

(2)具有感染性

"情通则理达",情感在说服教育中起催化作用。如果教师能用自己的热情和坚定的信念唤起中小学生情感共鸣,就能为他们接受教师的教育创造条件。所以,说服要注意启发,触动学生心灵。必须反对言不由衷、矫揉造作和装腔作势的说服教育。

(3)具有知识性、趣味性

儿童、青少年学生渴求知识,希望了解社会、人生。说服要注意让中小学生获得科学知识;选择的内容和表述方式应该生动有趣、为中小学生喜闻乐见并乐于实践;所讲道理符合客观实际,所举事例真实而非杜撰、歪曲,既不粉饰错误,又不回避缺点和问题。

(4)具有民主性

说服教育要以诚相待,发扬民主,广开言路,循循善诱,帮助中小学生分析、认识问题,提高认识。切忌以教育者自居,盛气凌人,"抓辫子"、"打棍子"、"扣帽子",采用"我说你听"、"我压你服"、"我打你通"的强制手段压制中小学生。即使学生有暂时想不通的问题,也要允许保留个人看法和意见,通过组织各种活动,让他们在活动中去改变认识。

(5)善于抓住说服时机

说服教育的效果并不取决于教师花费的时间和讲了多少道理,而是取决于说服时机,是否引起中小学生的情感共鸣,乐于接受教师教育。

2. 榜样示范法

榜样示范法是指教师运用他人的高尚思想、模范行为、优异成就等影响学生品德发展的教育方法。这种方法能通过模范人物把抽象的思想、政治、道德概念和理论具体化、人格化,使中小学生受到感染、熏陶和激励,从而提高中小学生思想认识,陶冶情操,磨练意志,训练品行。榜样示范法包括教师示范、伟人典范、优秀学生典型等多种形式。

榜样具有激励和导向作用。儿童、青少年学生崇拜英雄模范人物,榜样示范法正是向中小学生提供模仿榜样的生动有效的方法。通过模仿学习,能促进中小学生自我反省,自觉克服不良思想,矫正不良言行,积极向上。所以,运用榜样示范法应引导中小学生深刻理解榜样的精神实质,不能停留在一般的、表面的模仿上,激发中小学生对榜样的敬慕之情,从内心产生对榜样的爱慕、敬佩,增强学习自觉性。因此,运用这一方法要注意以下问题。

（1）树立榜样威信

榜样的威信与其教育作用成正比。教师应实事求是地选择来自生活、具有广泛群众基础的榜样，使中小学生感到榜样的真实性。必须反对捏造或歪曲事实的做法，防止中小学生对榜样的片面理解，降低榜样的教育效果。

（2）选择好中小学生学习的榜样

儿童、青少年学生涉世不深、缺乏经验，缺少对人生的思考和远大理想，容易模仿坏形象，教师必须为他们选择好具有真实性、先进性、时代性的学习榜样，促成中小学生进步。

（3）增强中小学生学习榜样的自觉性

榜样的教育效果既取决于外部环境，又依赖于中小学生内部条件。激发中小学生学习榜样的动机，使其成为自身的需要和动力是榜样示范法必须重视的问题。首先，教师要大力宣扬榜样，让中小学生了解榜样身世、奋斗经历、卓越成就和高尚行为，产生仰慕之情，激发他们不甘落后的自尊心、自信心、自强心，奋发向上；其次，结合榜样的先进事迹提出具体要求，使中小学生明确为什么学、学什么、怎么学，增强学习的目的性、自觉性。

（4）要求中小学生学榜样见行动

中小学生效法榜样的过程是由被动到主动的过程，教师要积极引导中小学生认识榜样，解决愿不愿学习榜样的问题；开展各种有益活动，磨练中小学生意志；及时反馈学习效果，增强实践品德行为的自觉力量。

3. 实际锻炼法

实际锻炼法是教师组织中小学生通过各种社会实践活动，训练和培养良好品行的教育方法。这种方法包括日常行为实践和专门行为训练。

长期以来，学校德育重言轻行、重说理轻锻炼现象突出，致使学生言行不一、言不由衷，没有达到相应效果。说服教育旨在提高学生的认识，而实际锻炼法则在于加深学生对思想、政治、道德准则的理解，丰富学生道德情感，磨练学生意志，养成良好的道德行为习惯，培养学生品德践行能力。因此，运用这种方法有以下要求：

（1）锻炼目的明确、要求严格

不仅让中小学生知道为什么锻炼？怎么锻炼？还要严格要求每个中小学生，不能有丝毫马虎。

（2）调动参与锻炼的积极性，因材施教

锻炼符合中小学生实际，保证学生力所能及。

（3）鼓励中小学生长期坚持锻炼

品德形成是长期的过程，实际锻炼法不能时冷时热、前紧后松，否则会一曝十寒，不仅不能培养良好品德，反而养成不良习气。为此，必须要求中小学生长期坚持并有必要的督促检查。

4. 情感陶冶法

情感陶冶法是指通过自觉创设良好环境，潜移默化影响和熏陶学生，培养良好品行的教育方法。这种方法没有强制性，而是寓教于生活情景，生动形象，具有愉悦性、隐蔽性和无意识性。情感陶冶法有人格感化、环境熏陶、艺术感染三种形式。运用情感陶冶法要注意：

（1）行不言之教

环境影响具有自发性，良好的环境能激发中小学生的美感、道德感、理智感。所以要善于创建良好的校园环境，形成良好校风、班风。

（2）教师要加强人格修养

教师人格是影响中小学生的潜在力量，必须以身作则，与学生建立良好的师生关系；既重视显性课程的正式影响，又注意隐蔽课程的潜移默化。

（3）与说服教育相结合

情感陶冶法不能忽视与说服教育的结合，一定要启发中小学生自觉接受美好环境的积极影响。

5. 自我教育法

自我教育法是学生在教师指导下，通过自觉学习、自我反省和调节，不断完善其品行的教育方法。这种方法包括自我认识、自我体验、自我控制等多种形式。

自我教育法旨在协调、提高教师教育和学生自我教育的效果，培养中小学生的自我教育能力。因此，运用这一方法要注意几个问题：

（1）启发中小学生自我教育的自觉性

教师有必要向中小学生介绍一些榜样人物的奋斗经历，使他们产生自我提高的兴趣，指导他们在实践中强化兴趣，提高自我教育的自觉性。

（2）指导中小学生掌握自我修养标准

用什么标准指导学生自我修养，决定着学生品德发展性质和方向。教师应坚持不懈地教育中小学生掌握社会主义思想、政治、道德规范，并用它们指导、调节行为，鼓励他们同错误思想言行做斗争，提高其辨别能力和自我教育能力。

（3）引导中小学生参与社会实践，在实践中发现并改正缺点、错误

6. 品德评价法

品德评价法是根据一定德育目标要求和标准，对中小学生在一定时期内的品德表现作出肯定或否定评价，促使学生发扬优点、克服缺点，激励其不断进步的教育方法。品德评价法是德育不可缺少的辅助方法，包括表扬、奖励、批评、惩罚和操行评定等方式。

恰当运用品德评价法能激发中小学生不断发扬优点与长处，克服缺点、错误与不足，积极向上。所以，运用这一方法时需要注意如下几点。

（1）评价目的明确

评价是为了帮助中小学生长善救失，是教育手段而非目的。无论采用何种方式评价学生，都应恰如其分地肯定进步，委婉指出缺点与不足，提出努力方向和具体建议。

（2）评价必须公正客观

教师评价学生一定要实事求是、客观公正、合情合理。

（3）评价有集体舆论的支持

教师评价学生要发扬民主，既要尊重学生意见，又要统一认识。

（4）重视中小学生差异和年龄特征

（三）德育方法的选择与运用

教师能否灵活选择与正确运用德育方法，不仅取决于教师教育观与学生观、事业心与责任感，还取决于教师教育理论素养、教育机智、开拓创新精神等。上述各种德育方法是相互联系、相互渗透、相互促进的一个完整科学方法体系。任何一种德育方法如果脱离整个方法体系单独使用，都不可能获得良好的德育效果。选择和运用德育方法必须从德育目标、德育内容、德育对象出发，同时还注意下列几个问题：

首先，克服德育中的形式主义。片面追求德育的表面形式、不按德育规律办事、不顾德育实际效果等现象在我国学校工作中十分常见，如德育计划不符合实际、空洞的说教、包办代替、

生搬硬套、装潢门面、突击式运动等。克服德育中的形式主义,要求教师必须充分认识德育的重要意义,学习掌握德育理论,自觉按德育规律办事。

其次,重视教育与自我教育的结合,加强中小学生道德自主性培养。师生都是德育活动的共同参与者,如果只重视教师的主导性而忽视学生的自主性,就不能发挥学生的积极性、主动性和创造性。因此,在强调理论"灌输"的同时,还必须激发学生的自我教育要求,培养学生自我教育的能力和习惯。

再次,重视品德规范教育,加强品德能力培养。品德能力是个体顺利完成一定社会思想、政治、道德活动的能力。培养中小学生品德能力必须重视思想、政治、道德规范、准则和理论教育,为中小学生创造参与实践锻炼的种种机会,在实践中提高学生的是非辨别能力、道德判断和评价能力、自我教育能力。

最后,重视说服教育与行为锻炼结合,培养中小学生的品德践行能力。品德践行能力即品德实践能力,是个体将掌握的思想、政治、道德准则、规范落实到实际行动中去的能力。培养学生的品德践行能力既是德育的目的也是德育的手段。因此,一方面要加强说服教育;另一方面有必须将说服教育与学生自觉学习、遵守校规校纪、参与实践活动等结合起来,培养学生的品德践行能力。

理解·反思·探究

1. 什么是德育? 如何确定德育的目标与内容?
2. 简述皮亚杰的道德发展理论和科尔伯格的道德发展理论。
3. 德育过程的规律有哪些?
4. 分析以下案例,陈老师在教育过程中主要运用了哪些德育原则和方法?

开学不久,陈老师发现杨郎同学有许多毛病。陈老师心想,像杨郎这样的同学缺少的不是批评而是肯定和鼓励。一次,陈老师找他谈话说:"你有缺点,但你也有不少优点,可能你自己还没有发现。这样吧,我限你在两天内找到自己的一些长处,不然我可要批评你了。"第3天,杨郎很不好意思地找到陈老师,满脸通红地说:"我心肠好,力气大,毕业后想当兵。"陈老师听了说:"这就是了不起的长处。心肠好,乐于助人,到那里都需要这种人。你力气大,想当兵,保家卫国,是很光荣的事,你的理想很实在。不过当兵同样需要科学文化知识,需要有真才实学。"听了老师的话,杨郎高兴极了,脸上露出了微笑。

拓展阅读导航

《教学与发展》

本书是苏联著名教育家赞科夫对教学与发展问题进行了将近二十年的实验研究的总结性著作。全书阐述了作者在实验过程中创建的小学教学新教学论体系,指出其指导思想是教学要在学生的一般发展上取得尽可能大的效果。书中论述了安排教学过程的五项教学论原则,即高难度进行教学的原则、高速度进行教学的原则、理论知识起指导作用的原则、使学生理解学习过程的原则、使全体学生都得到一般发展的原则,还研究了学生发展进程的具体途径等。本书的一大写作特点在于用理论解释实验中学校教学现象,分析教学中的案例,这给教师把握教什么、如何教、怎样有效教学提供了很多值得借鉴的地方。

参考文献

1. 张荣伟,任海宾.教育基本原理[M].福建教育出版社,2007 年。
2. 黄向阳.德育原理[M].华东师范大学出版社,2000 年。
3. 鲁洁.道德教育的当代论域[M].人民出版社,2005 年。
4. 胡斌武.学校德育的现代化[M].中央编译出版社,2006 年。

第十章　班级管理

【内容摘要】

本章的内容主要有：班级与班集体建设，班主任，中学课堂管理，课外活动的组织与管理。

【学习目标】

本章要求熟悉班集体的发展阶段；了解班主任工作的内容和方法，掌握培养班集体的方法；了解课堂管理的原则，理解影响课堂管理的因素；了解课堂气氛的类型，理解影响课堂气氛的因素，掌握创设良好课堂气氛的条件；了解课堂纪律的类型，理解课堂结构，能有效管理课堂；了解课堂问题行为的性质、类型，分析课堂问题行为产生的主要原因，掌握处置与矫正课堂问题行为的方法；了解课外活动组织和管理的有关知识，包括课外活动的意义、主要内容、特点、组织形式以及课外活动组织管理的要求；理解协调学校与家庭联系的基本内容和方式，了解协调学校与社会教育机构联系的方式等。

第一节　班级与班集体建设

一、班级的概述

班级是学校的基本单位，也是学校行政管理的最基层组织。班级教学是现代最具代表性的一种教育形态。一个班级通常是由一位或几位学科教师与一群学生共同组成，整个学校教育功能的发挥主要是在班级活动中实现的。

班级是学校为实现一定的教育目的，将年龄相同、文化程度大体相同的学生按一定的人数规模建立起来的教育组织。班级不仅是学生接受知识教育的资源，也是学生社会化和进行自我教育的资源。

二、班集体

（一）班集体概述

1. 班级群体

群体是一种社会现象，它是由于某些相同的思想认识、价值观念、品德、心理和社会历史原因，以特定方式组合在一起进行活动且相互依赖、相互影响、相互制约的人群或人们的共同体。根据群体是否实际存在可划分为实际群体和假设群体，根据群体构成原则和方式又可划分为正式群体和非正式群体。毫无疑问，班级是正式的实际群体。说它是实际群体，是因为它首先是一个以儿童、青少年学生为主体的社会群体，在这一社会群体中的人们有活动、有交往，而且建立了一定的关系，如师生关系、同学关系；说它是正式群体，是因为它是社会为了有目的、有计划、有系统地对年轻一代进行教育，根据一定的原则和规范有意识地编组而成的，且得到了教育行政部门及学校领导的认可。

在学校的班级中，除了有班级群体这个大群体之外，还有若干个小群体。这些小群体大致可分为两类：正式群体和非正式群体。

正式群体是有领导的，按一定要求组织起来的学生群体。如在中学班级中的共青团支部、少先队、中队委员会、班委会以及小组或小队等。正式群体不仅对学生的学习生活起着重要作用，而且是创建班集体的组织基础。班主任要特别重视发挥这些正式群体的作用。非正式群体是学生自发形成的群体。形成非正式群体的原因很多，例如有共同的兴趣爱好、学习水平相近、住家较近、家庭环境相当等等。这些群体一般是自愿组合，没有正式的领导，没有明确的活动计划。这些小群体的存在是客观、正常的，有其积极的一面，对学生的身心发展有一定的影响，是学生学习、生活、交往、活动所必需的。但是它也有消极的一面，有的小群体具有散漫性，常常与班集体步调不一致；有的小群体有排他性，造成班级同学的不团结；等等。对于非正式群体在班级中所起的作用，班主任应予以重视。

2. 班集体及班集体的形成

班集体，是与班级不同、却极易被混淆的概念。它不是学生的简单集合，是不会自发形成的。若说班级是一个有组织的学生正式群体，那么，班集体则是班级群体的高级形式，班集体的形成须要全班学生和班主任以及各学科教师的共同努力。

因此，我们一般将班集体界定为：在教育目的规范下的、由具有明确的奋斗目标、坚强的领导核心及良好纪律和舆论的班级学生所组成的活动共同体。

班集体一经形成，一般具有以下特征。

（1）共同的奋斗目标

共同的奋斗目标，是班集体发展的方向和动力，是班集体形成的基础条件。它使集体成员在认同目标的基础上，保持行动的一致性，并在实现目标的过程中，相互配合，团结奋进。

（2）有力的领导集体

班级领导集体包括班委会、小组长和各学科代表，以及班级团队组织等。实践研究表明，在班集体建设中，班级学生干部是班主任工作的得力助手，团结有力的班干部是组织实施班级活动的重要保证力量，也是良好班级舆论与班风形成的保障。

（3）健全的规章制度

健全的规章制度对集体成员的行为具有规范和约束作用，使大家在行动上达到一致，有利于班级共同目标的实现。当然，在实践中，良好的班级制度与纪律应为班级成员认同并自觉遵守，能将外在规范内化到每个成员的思想中，完成"他律"向"自律"的转变。

（4）健康的舆论和良好的班风

集体舆论是集体中形成的为大多数成员赞同的意见和思维取向。健康的舆论是影响学生发展的巨大精神力量，对学生有潜移默化的作用。通过感染与熏陶的方式，使学生明辨是非、美丑与善恶，对集体成员具有约束力。

班风是班级中多数成员所表现出的共同思想和行为倾向，包含情绪状态、言行习惯、道德面貌等，它是经过一定时间的相互影响而逐渐形成的，是班集体形成的重要标志。良好的班风是班集体发展的结果，是一种强大的教育力量，对于全班学生都具有无声的全面教育作用。

（5）学生个性的充分发展

班集体的形成虽然强调共同的奋斗目标和集体的规章制度，但并非以压制学生的个性为代价。一个班级几十个学生一定会有不同的兴趣爱好，也会有不同的学习方式和审美情趣，必然也有不同的人生目标与理想追求。因此,班集体建设成功与否,很大程度上取决于学生参与班集体建设的积极性发挥程度,取决于学生个性的发展结果。

(6)团结、友爱、和谐的人际关系

人际关系是指人与人交往过程中形成比较稳定的心理关系。班级集体中的教育活动都是以人际交往的形式进行信息沟通的,建立良好的人际关系对班级建设具有重要的意义。班级集体中和谐融洽的人际关系,是形成团结向上具有凝聚力的纽带,是发展学生积极个性的有效手段,是提高学校教育、教学质量的基础。健全的班集体不是自发产生的,而是班主任、班级任课教师和全班学生按照一定的教育目的和任务、工作计划和要求,齐心协力逐步建设形成的。

从班集体的形成过程看,一般来讲,主要经历以下几个阶段。

(1)松散的群体阶段

班级刚组成时,同学之间、师生之间都很陌生,班级共同的价值目标和行为规范尚未形成,自我管理机制尚未建立,处处依赖班主任的决策和指挥,学生自身无自律性的要求。

(2)班集体初步形成阶段

经过一段时间,通过各种活动,班级成员之间彼此有了了解,涌现出一些热心集体工作的积极分子,通过选举,组建起班干部系统,在班主任的指导下发挥组织管理的作用。虽然初步形成了班级核心,但班级的行为规范尚未变成全班同学的共同需要,集体舆论没有形成,班级奋斗目标尚未成为全班同学的共同追求和行动的动力。

(3)班集体的确定阶段

这时,班级已有了比较稳定的领导核心,班干部各司其职,独立而有计划地开展工作;集体有了共同的奋斗目标,并为全体成员所确认而内化为个人的目标;班内形成了正确的舆论和有特色的班风;班级有严格的组织性和纪律性,人际交往环境良好;学生有较强的集体荣誉感,能主动承担集体交给的任务。

(4)班集体巩固、发展阶段

班集体一旦形成,班主任就要提出更高的要求,使班集体能创造性地开展丰富多彩的活动,集体的核心、骨干力量不断扩大,涌现出更多的积极分子,乃至人人关心热爱班集体,使优良的班风逐步得以形成和巩固,使集体真正成为促进全班学生自我教育、健康成长的力量。

由于班集体的形成受多方面因素的影响,所以班集体形成过程所需要的时间是难以确定的,这就需要班主任充分了解和把握班集体形成的规律,全面分析影响班集体形成的因素,从实际出发及时采取相应措施,尽快使班级工作步入正轨,形成良好的班集体,并推动班集体不断进步。

(二)班集体建设的策略

班集体的建设和发展是一个教育培养过程,是一种复杂的工作过程。从班级初建到成为一个良好的班集体,一般从以下几方面进行。

1. 建立共同愿景和努力目标策略

具有集体共同愿景和努力目标,是良好班集体的重要特征,也是唤起集体内在发展动力和形成共识的重要手段。建立集体共同愿景应在了解和唤起本班学生需要和愿望基础上,整合成集体愿景,集体愿景不一定要求远大和崇高,但应当积极、生动和富有感召力,并成为学生集体的一种具体化的精神追求。集体目标是在共同愿景引领下,某一阶段集体行动的具体要求与指向。集体目标对集体发展具有激励和导向的作用。集体目标,可分为远期目标、中期目标和近期目标,远期目标常常和集体愿景相通,是集体愿景的具体表达。近期目标通常是指本月本周或本次活动的目标。中期目标则是介于远期目标和近期目标之间的过程目标。

建立集体目标,要从班级实际出发,注重唤起集体成员的积极需要和愿望,让学生参与目标形成过程,目标要考虑集体的潜力和现有水平,是集体成员通过努力可以实现的。目标实施过程应成为凝聚集体力量,发挥集体主体性的过程。

2. 变革班级管理机制和调整角色结构

班集体的管理机制,包括组织机构设置、管理制度和运作方式。角色结构,是班级成员在集体生活中承担的角色的总体。班级管理机制和角色结构很大程度上决定了集体及其成员在班级生活中的权利、责任、地位和行事方式,深刻地影响着集体及每个成员的态度和行为。建立一个与集体发展水平相适应并能促进集体及成员发展的管理机制,是班集体建设的重要策略之一。

在班集体建设中,当已有的管理机制和角色结构不能适应班集体及其成员发展时,应考虑加以变革和调整。首先,要在深入了解本班情况的基础上,对现有班集体管理机制、角色结构与集体中存在的问题作相关分析,再确立变革的目标。其次,要对班集体管理机制和角色结构进行科学合理的设计。设计时,要从实际出发,一般不宜进行太大的变革和调整,以造成集体的不适应。变革可以从以下几方面考虑:一是完善现有组织机构和制度,以提高管理效能及学生参与度;二是改变班级职能部门的权限,使集体成员拥有更大的权利和责任;三是创新班级管理机制,激活集体成员的内动力;四是改变集体成员的角色,调整集体的角色结构,使每一个成员能发挥更大的作用,增加成员之间的良性互动。

同时,在实施时应努力使集体成员都参与变革,形成共识,真正把变革落到每一个成员的发展上。

3. 协调班级人际关系

班级人际关系包括班级成员之间、个体与集体、小组与小组、教师与学生、正式组织和非正式组织之间的关系。和谐丰富的人际关系是班集体建设的重要内容,又是集体与个体相互促进的条件。随着班级集体及其成员需求的发展变化及环境的影响,班级人际关系需要不断加以调整和引导。调整班级人际关系是一项十分细致和复杂的工作。首先,应通过各种方式了解班级人际关系水平及存在的问题,找到影响班级人际关系的因素;其次,要及时调整教师和班集体之间的关系,使这种关系与学生集体发展水平相适应;再次,建立集体成员之间真诚交流、合作互助的活动平台,并创设良好的集体心理氛围;最后,要及时解决集体人际关系中的矛盾,以积极的价值引领和规范班级人际关系。对个别不适应集体的学生,应加强人际关系辅导,使之能积极融入集体人际关系系统。

4. 开展班级主题教育活动

活动是班集体建设的根本途径。主题教育活动以班集体及成员发展中的关键性教育内容为主题,通过发挥学生集体主体性和互动作用的多样化的活动方式,实现班级集体的自我教育与发展。因而,运用系列化的班级主题教育活动是进行班集体建设的重要策略。

设计和组织班级主题教育活动,首先要把握本班集体及成员发展中的关键性问题,设计系列化的教育主题。教育主题切忌成人化、大而空,而应是从学生发展的视角切入,并明确每个主题的目标及所要解决的问题,使主题具有针对性;其次,在组织班级主题教育活动时,应根据活动目的设计活动方式,努力把活动转变为集体成员之间相互作用和主动参与的自我教育过程。活动中要摆脱教育预设过多过细及活动的形式主义等倾向,注重教育活动内涵;再次,要善于创设主题教育的情境,强化集体成员在活动中的情感体验;最后,教师在活动中应适时对集体进行价值引领,拓展和深化主题活动的教育价值。

5. 强化集体问题解决过程

由于各种主客观因素,班级集体在发展中总会面临各种问题,并在集体行为上暴露出来。如人际关系冲突、学生学习积极性不高、班级规范失控等等。班集体总是在各种集体问题解决过程中得以成长发展的。因此,班集体建设应把集体问题的诊断解决过程作为基本策略。通过集体问题解决,激发集体的反思意识、提高集体解决问题的能力,实现班集体的自我教育和发展。

解决集体问题,首先要求教育者以积极客观的态度看待集体问题,把集体问题视作集体教育和发展的重要契机;其次,要深入了解和分析集体问题,透过现象看本质。切忌简单把问题归因为学生的问题;再次,解决集体问题应唤起集体的内在需求,在集体成员之间展开真诚和富有建设性的对话,在相互理解的基础上形成新的集体共识,使问题解决成为集体(包括教师)成长的过程。运用集体问题解决策略,有时需要班主任抓住时机,适时组织集体问题解决;有时则需要创造有利时机,使潜在的集体问题显性化,进而引发集体解决问题的内在需求。

6. 集体性评价策略

集体性评价,是引导集体成员对班内发生的事件或集体自身进行评价的过程。通过集体性评价,唤起集体的反思意识,发挥集体自我教育的潜力,形成集体积极的舆论和价值共识。因而,集体性评价是班集体建设的重要策略。

组织集体性评价,首先应注意在班级生活中创造各种集体性评价的机会,使集体性评价经常化,并成为集体生活的一种重要方式;其次,在组织集体性评价中,应创造一种平等、坦诚的气氛。教师应尊重集体,不要把自己的意愿凌驾于集体之上,只能因势利导。

集体性评价包括班级常规性的集体评价(如班级卫生、纪律等的评价)和各种即时性的集体性评价。总之,通过集体性评价,引导学生关心集体,参与集体生活,创造有意义的集体生活。

第二节　班　主　任

一、班主任的概念

班主任是近现代学校教育中随着班级授课制的出现而产生和设置的一种工作岗位的称谓。班主任是学校中全面负责一个班学生的思想、学习、健康和生活等工作的教师,是一个班级的组织者、领导者和教育者,是一个班级中全体任课教师教学、教育工作的协调者,是沟通学校、家庭和社会的桥梁。

二、班主任的角色与素养

(一) 班主任的角色

角色指个体在特定的社会关系中的身份以及由此而决定的行为规范和行为模式的总和。班主任角色包括以下三方面的内涵:一是班主任的角色就是班主任的行为,二是班主任角色表示的班主任的地位和身份,三是班主任角色意指对班主任的期望。

(二) 班主任的素质

班主任素养是指班主任在班级工作中发挥作用所应具备的素质水平。主要包括班主任的专业素养、文化素养、能力素养以及个性品质等四个方面。

1. 专业素养

从专业水平审视班主任素质，班主任首先应当具备专业素养，才可以使班主任工作符合未来新时期的要求。它主要包括两个方面：教育素养、道德素质。

（1）教育素养

这里主要指的是作为班主任应该具备教育学、心理学等方面的知识。班主任掌握教育学知识，可以帮助他们了解学生学习、生活方面的一些规律性的东西，进而对学生的学习、道德修养、闲暇生活、职业和升学等方面进行指导。这里我们可以发现，班主任掌握教育学方面的知识，其要求和运用程度与一般的科任教师有着较大的差别。班主任除了要掌握一般的教育学知识，还要具备一定的教育社会学、教育伦理学和教育哲学方面的知识。班主任掌握心理学知识，其目的在于掌握与教育现象有关的心理现象和心理规律。一般说来，班主任应该具备普通心理学知识、教育心理学知识，另外，考虑到班主任要更多与学生所处的家庭、社区等接触，考虑到班主任对学生的生理、心理发展的阶段性特点和规律要深入了解，因而班主任还要认真学习社会心理学和发展心理学方面的知识。

（2）道德素质

这里主要指的是与班主任专业相关的道德素质。其核心内容是班主任要忠于教育事业，对教育事业要有奉献精神，要热爱学生，诲人不倦，要严于律己，为人师表等。

2. 文化素养

班主任在促进学生德、智、体、美等全方面发展中肩负着重要的使命。而要使学生能够按照教育目的的规定实现全面发展，作为教育者的班主任本身具备普遍的文化素养是很重要的。

首先，班主任作为整体教师的一员，在教学上应该是一名出色的科任老师，能上好课，在一门甚至几门学科上应该有较深的造诣。班主任只有通过教学工作，才能更深刻、更全面地了解学生，了解班级，也只有在学习上能够给予学生一定的指导，才能把班级工作搞得更好。教学上卓有成效，对于树立班主任在学生中的威信十分重要。教学是学校的一项中心工作，只有把班级工作与学校的教学活动有机结合起来，两者互相促进，才能更加有效地开展班主任工作。

其次，班主任工作毕竟和学科教学活动不同，这就对班主任的文化素养提出了特殊要求。

（1）马克思主义的理论素养

班主任要促进学生全面发展，使他们成为有理想、有道德、有文化、有纪律的人才，只有努力提高自己的马克思主义理论素养，树立科学的世界观和方法论，才能担负起班级的指导工作。这是由班主任的基本任务所规定的。

（2）广泛而扎实的基础知识

随着知识经济时代的到来，知识增长的速度加快，各学科知识不断综合和分化。这一趋势对班主任工作提出了两方面的挑战。第一，知识的增加和变化使得基础知识在个体知识结构中的位置显得越来越重要。基础知识越扎实，知识的拓展性也越强，越能举一反三。第二，知识的增加和变化，要求班主任要不断更新知识，拓展知识面，知识面越宽，越有助于理解和接受新知识。

作为工作对象的当代中学生，思想活泼而又开放，他们对新生事物最敏感、最容易接受新生事物；他们善于积极思考问题，提出问题，从自然领域的物理、生物、化学、医学、天文、气象等等，到社会领域的政治、经济、历史、文化、道德、风俗等等，都是他们很感兴趣的方面。但往往又似懂非懂，迫切希望能够理解和说明这些问题。班主任要能够适应工作对象的需要，必须具有广泛而扎实的基础知识。

3. 能力素养

能力素养是指人们完成一定活动的本领。一定的能力素养是每一位班主任应具备的。

（1）组织能力

组织能力对班主任来说显得特别重要，主要原因在于班主任面对几十名学生，而这些学生在各个方面都存在很大差异，要使大家团结一致、齐心协力，没有班主任所表现出来的非凡的组织能力是不可想象的。

（2）表达能力

表达能力是指班主任在教育过程中能清晰、生动而有说服力地向学生表达自己的思想，以此教育和影响学生的能力。表达能力包括言语表达能力和非言语表达能力。

关于班主任的语言表达能力，有人总结归纳为以下几个特点：①要言之有物，真实可信，富有针对性；②要言之有理，充满哲理，富有教育性；③要情理交融，声情并茂，富有启发性；④要用语恰当，观点鲜明，富有准确性；⑤要结构严谨，言之成理，富有逻辑性；⑥要疏密得当，快慢适中，富有节奏性；⑦要简洁明了，一语中的，富有精练性；⑧要形象生动，妙语连珠，富有艺术性；⑨要言之有新，引人入胜，富有时代性。

非言语表达能力是指运用姿态、动作、表情和手势等来传递信息的技巧与能力。班主任不仅要善于运用言语来教育学生，还应善于巧妙地运用非言语表达来影响学生。有时候一个微笑、一个暗示的眼神往往会产生意想不到的效果。

（3）活动能力

活动能力是指班主任在工作中与各方面交往与协调，以保证班级工作顺利开展，从而达到教育学生的目的的能力。

与学生的交往是班主任最经常和最重要的交往活动。通过与学生的交往可以了解学生各方面的情况，如学生的思想品德水平、学习态度、知识基础、身体状况、生活经历、兴趣爱好、个性特征以及家庭情况等等。这是开展有针对性教育的前提。通过与学生交往，从而达到教育和影响学生。在与学生接触中，班主任要关心学生，引导学生正确分析所遇到的问题，帮助学生解决实际困难，并用自己的言传身教影响学生。与学生交往中要以民主平等、和蔼亲切的态度对待学生，以朋友的姿态与学生谈心、交心。在与学生交往中还要做到言而有信，宽容谅解。言而有信，才能在学生中树立起威信；宽容谅解，才能反映出班主任良好的教养和宽广的胸怀。

与家长建立经常性的联系，在教育上进行合作，提高教育效果，也是班主任工作的重要方面。在与家长的协调中，要尊重家长。班主任是教育的专业工作者，熟悉教育知识，懂得教育规律。但对家长不能居高临下，特别是与家长的看法有分歧时，也应以理服人，班主任要主动与家长联系、沟通，克服教育上的不一致。

班主任要积极争取学科任课教师以及学校其他部门对班级工作的支持。教育过程是一个集体合作的过程，需要教师及管理等部门的相互配合、支持和协调。班主任还要尽可能地争取社区等社会有关部门的支持，为学生接触社会，开展社会实践创造条件。

在上述各种交往、联系与协调过程中，需要班主任有很强的社会活动能力，这种活动能力是使班级工作正常、有效进行的重要条件。

4. 个性品质

健全的个性品质是班主任应具备的基本素养的一个重要方面。个性品质涉及许多方面，这里着重分析情感、意志、兴趣爱好和性格等几个方面。

（1）情感是人们对客观事物的态度的体验。当客观事物符合人的需要时，人就表现肯定的态度,产生满足、愉快等内心情感体验;相反,就表现否定态度,产生不满、愤怒等内心情感体验。情感又是与人的意识紧密联系的内心体验,是人在认识世界和改造世界的社会实践过程中产生和发展起来的,因此,与人的社会性需要、思想意识水平有关。班主任应该有高度而丰富的情感。具体表现为:①积极向上、轻松愉快的心境。这种心境会使班主任对工作、生活、学习充满信心,感到乐观。②昂扬振奋、朝气蓬勃的精神。这种精神会激励班主任对工作、学习、生活充满激情和热情。③平静幽默的情绪。班主任应该善于控制和调整自己的情绪,特别是在工作不顺利,甚至遭受失败的时候,要能够用一种平静的富有幽默的心情来对待。班主任高尚而丰富的情感不仅作为一种个人的心理素质,同时它是一种十分有效的教育力量。班主任对工作、学习、生活乐观的态度,振奋的精神,平静的心境和幽默的谈吐都会感染学生,使学生也产生相同的情感体验。

(2)意志是人们在变革现实的过程中,自觉调节自己的行动去克服困难以达到预定的目的而产生的心理过程。意志与认识、情感有密切的关系。认识是意志活动的前提,情感对克服困难、达到预定目的的意志活动起着一定的作用。班主任在工作实践过程中会遇到很多困难,如工作条件差、领导不支持、学生不配合、家长不理解,还有自己本身的知识经验不足等等。此外,教育学生往往是一个长期的过程,在短时期内可能看不到任何成功的迹象。如教育后进生、转变差班级等,需要班主任长期不懈、持之以恒、不怕困难、知难而进,才能很好地完成教育任务。同感情一样,班主任的意志力的强弱也会影响学生。只有班主任具有坚强的意志力,用自身榜样去感染、教育学生,才能培养出学生的意志力。

(3)兴趣是指人们对某一事物所抱有的积极态度和特殊倾向。这种态度和倾向是通过人的实践活动形成、发展起来的。兴趣对于人的学习、科研、发挥创造才能等起着积极的推动作用。班主任应有广泛的兴趣爱好,兴趣爱好在一定程度上体现了班主任的知识修养和能力倾向;广泛的兴趣爱好可促进班主任的学习,因为兴趣是学习的要素,兴趣越浓厚,学习也就越努力;广泛的兴趣爱好,特别是对文体娱乐活动的兴趣爱好,还能陶冶班主任的情操。最重要的是班主任具有广泛的兴趣爱好,有利于对班级工作的指导和影响学生以及班级素质教育的开展。同时,班主任要引导学生以正确的态度对待兴趣爱好,发挥兴趣爱好的积极作用。

(4)性格是人在生活过程中所形成的对现实的态度和习惯化的行为方式所表现出来的比较稳定的心理特征的总称。性格是个性的重要组成部分,表示一个人与他人不同的、最明显和最主要的心理特征。班主任性格特征对班级工作和学生个体都有极大的影响。班主任应该有良好的性格特征:①真诚、坦率。班主任对学生要真心实意,说实话,不做表面文章。②热情、活泼。这样的班主任容易形成融洽的师生关系。③心地善良。要善于理解学生,关心学生,成为学生的知心朋友。④沉着、冷静。在班级工作中遇到突发事件时,班主任要有自制力,不能对学生采取粗暴态度,这是对班主任教育修养的一种考验。

三、班主任工作的内容与方法

(一) 班主任工作的内容

1. 全面了解和研究学生

(1)了解学生个体:研究学生特点,掌握教育规律;了解学生的成长环境;了解学生的发展情况;了解学生的性格、气质;了解学生的心理状态等。

(2)了解班级集体:了解班级的成员结构、班级组织的情况、班级德智体发展状况等。

2. 组织和培养班集体

一个真正的班集体,有明确的奋斗目标、健全的组织系统、严格的规章制度与纪律、强有力的领导核心、正确的舆论和优良的作风与传统。

3. 组织课外活动、校外活动

开展丰富多彩的课外与校外活动活动,丰富学生的课余生活,引领学生全面发展。

4. 做好学生的个别教育工作

它是教师根据学生个人的特点、需要和问题而单独进行的教育。一般包括个别谈心、道德谈话、个别指导、辅导和帮助等。

5. 协调和统一多方面的教育力量

学生生活在家庭、学校、社会的环境中,必然受到来自各方面的影响,班主任要做好学生的教育工作,必须和家长、团队干部、各科教师及社会有关方面密切配合,形成教育合力。

6. 做好班主任工作的计划和总结

班主任工作复杂、细致,涉及面广,为了使工作有条不紊地进行,就要注意总结工作的经验教训,因此,做好计划和总结是搞好班主任工作不可或缺的重要一环。

7. 组织班会活动

班会是班集体全体成员的会议,是班主任向班集体及全体学生进行教育的重要途径,是学生民主生活的一种重要形式。中学生班会主要有两种:(1)班级例会;(2)主题班会。

(二)班主任的工作方法

1. 说服教育法

说服教育法是指通过摆事实、讲道理,启发学生积极思考,从而提高思想认识的一种工作方法。说服教育要有针对性,要从学生的思想实际出发,有的放矢地进行。说服教育要有真实性,班主任所阐述的道理要符合客观真理,所举的事例要符合实际,实事求是,对事物的真相不得掩盖和歪曲,引导学生进行科学地分析,形成正确的思想观念。说服教育要有感染性,班主任要善于激发学生内在的积极情感,从爱护和关心学生出发,师生之间坦诚相见,推心置腹,在情理交融中使学生接受教师的观点,自觉地按照教育要求去做,同时说理在语言上要防止枯燥、乏味、单调、唠叨,而应生动活泼,富有感染力。

2. 榜样示范法

榜样示范法是以他人的优良品德和模范言行影响学生的思想、情感和行为的一种教育法。青少年学生学习的榜样很多,对他们影响较大的主要有以下几种:

(1)革命领袖和英雄模范人物:革命领袖、革命先烈、历史伟人、民族英雄、思想家、科学家和其他各方面杰出模范人物,他们情操高尚,形象、思想和事迹典型性强,是学生心目中最敬仰、热爱的榜样。

(2)家长和教师:家长和教师对学生的影响最经常、最直接。家长是学生最先模仿的对象,加之与学生长期生活在一起,其言谈举止无疑在潜移默化中发生变化。教师是学生的师表,他们与学生学习、活动在一起,其思想言行对学生具有示范、身教的作用。

(3)优秀同学或同龄人:如"三好"学生、优秀学生干部、优秀集体等,这些榜样与学生们生活在一起,年龄相近,经历相似,环境影响也差不多,所表现出来的好思想、好行为是学生们比较熟悉的,容易为大家所理解和信服,也易于他们效仿和学习。

(4)电影、电视、戏剧、文学作品中的英雄模范人物的典型形象,也给学生以深刻的激励和影响,是他们学习的榜样。

3. 陶冶教育法

陶冶教育法是指班主任自觉地利用环境和自身的教育因素,让学生在潜移默化中受到熏陶和感染,使其在耳濡目染中心灵受到感化,进而促进其身心发展的方法。一般常用的主要方式有以下三种:(1)师爱感化。班主任自身的人格威望及其对学生的真诚热爱和期望,对学生具有强烈的陶冶作用。(2)环境陶冶,指学生主要学习和生活的场所,即学校、班级和家庭,它们各自的环境、氛围对学生产生的陶冶作用。(3)艺术陶冶。主要指音乐、美术、舞蹈、雕塑、诗歌、文学、影视等对学生性情的熏陶作用。

4. 指导自我教育法

指导自我教育法是班主任指导学生在自我认识的基础上,自觉进行思想转化和行为控制的方法。指导自我教育的方式可分为两类,即指导集体自我教育和指导个体自我教育。指导集体自我教育的形式有集体讨论、参观调查、民主生活会、向先进典型学习、开展竞赛等。指导个体自我教育的形式有读书、写日记、自我总结、自我鉴定、自我批评等。这些具体形式之间是相互联系、相互补充的,班主任要灵活加以使用。

5. 品德评价法

品德评价法是班主任通过对学生品德进行肯定或否定的评价,以促进良好品德的形成和巩固,预防和克服不良品德,从而促进学生的全面发展的方法。品德评价法的方式很多,主要有奖励与惩罚、评比、操行评定等。

6. 实际锻炼法

实际锻炼法是班主任指导学生参加实际活动,在实践中进行修养锻炼,以提高思想认识和实际工作能力,形成良好的行为习惯的方法。实际锻炼法的方式很多,概括起来,可以分为两种:一种是让学生按照一定的规章制度进行锻炼,这实质上就是进行经常性的常规行为训练。由班主任按照《中学生守则》、《中学生日常行为规范》及学校制定的各项规章制度向中学生提出相应的行为要求,经过反复训练和练习,使之形成良好的行为习惯。另一种是让学生参加各种实际活动进行锻炼。这种方式的特点在于可以充分发挥学生的主体作用,调动学生参加思想锻炼的积极性,培养学生知行结合、言行一致的良好品质以及独立工作的能力和自我教育的能力。实际锻炼的形式主要有学习活动、社会劳动、生产劳动、课外文体科技活动等。

7. 心理咨询法

心理咨询法是运用心理科学知识和方法,通过询问、解答、劝告等方式,在心理方面给学生以辅导、帮助和教育,解决他们在学习、生活及人际关系等方面的心理问题,保持其心理健康,以促进他们在德、智、体等方面获得全面发展。具体方式有个别或团体咨询、门诊咨询、书信咨询、电话咨询、现场咨询、宣传咨询等多种形式。

四、学校与家庭和社会的协调

在现代社会,每个孩子的成长,必然受到家庭、学校与社会的共同影响,而且这三方面的影响,在时间上延续、空间上互补,但相互不可替代地共同构成了孩子成长的整体环境与教育资源。正如美国霍普金斯大学的"家庭—学校—社区"研究专家艾普斯坦所指出,学校、家庭、社区合作,三者对孩子的教育和发展负有共同的责任,同时三者对孩子的教育和发展是相互影响的。

(一)学校与家庭的协调

班主任与家长合作是指班主任与家长之间双向互动、相互信任,以协调家长与学校的关

简明教育学教程

180

系,使家庭教育与学校教育协同步调,形成教育合力,通过彼此配合、协作促进孩子的健康成长。

班主任与家长的有效合作,不仅能保证学校教育效能的充分实现,避免彼此因教育理念或内容方式的冲突与对立,导致对孩子的教育影响的相互抵消。而且有利于孩子在教育合力作用下,迅速地健康成长,形成健全人格品质。并且也有利于在组织班级活动中,挖掘利用校外教育资源,使活动顺利进行并达成预期教育目标。

一般而言,家校协调的常用方式主要包括家访、班级家长会、家长学校、家长委员会、家长沙龙、班级网络。

(二) 学校与社会的协调

随着社会的发展,人们对社会教育资源的认识和利用也逐步拓展。尤其是在现代社会的学校教育中,广泛地开发利用社会教育资源,已成为实现学校教育目的、有效办学的重要保障。整合社会教育资源,自然也成为班主任教育管理班级的重要工作内容。

社会教育资源,总体上包括社会文化资源、社区资源、网络资源等三种。对于班主任而言,与社会协调,整合社会教育资源,应通过“走出去、请进来”的方式,保持与社会的密切联系,具体可归结为以下两种方式:(1)依托社区的教育委员会;(2)建立校外教育基地。

第三节 课堂管理

一、课堂管理概述

(一) 课堂管理的内涵

课堂管理是指教师为了有效利用时间、创设良好的学习环境、减少不良行为而采取的各种活动和措施。在课堂教学中,教师除了“教”的任务外,还有一个“管”的任务,也就是协调、控制课堂中各种教学因素及其关系,使之形成一个有序的整体,以保证教学活动的顺利进行。这一活动即为通常所说的课堂管理。

课堂管理的任务比较复杂。一般认为,课堂管理包括课堂人际关系管理、课堂环境管理、课堂纪律管理等方面。课堂人际关系的管理指的是对课堂中的师生关系、同伴关系的管理,包括建立良好的师生关系、确立群体规范、营造和谐的同伴关系等;课堂环境管理是指对课堂中的教学环境的管理,包括物理环境的安排、社会心理环境的营造等;课堂纪律管理指的是课堂行为规范、准则的制订与实施,应对学生的问题行为等活动。

(二) 课堂管理的影响因素

1. 学校管理水平

班级是学校的一个组成部分,学校管理水平,管理质量直接决定着课堂管理。有什么样的学校管理就有什么样的课堂管理。

2. 教师管理能力

教师是课堂管理的核心,教师的专业水平、个人素质、工作能力、教学态度、组织管理经验都直接决定着课堂管理水平。

3. 学生学习行为

学生既是课堂管理的对象,又是课堂管理的主体。学生的学习目的明确,态度端正,基础知识扎实,学习能力强,行为习惯规范,主体自律管理强,课堂管理自然就规范。反之,则会产生课堂管理混乱。

4. 班级规模

班级集体的大小影响着课堂管理方式,班级集体的规模不同,课堂管理的方式也不同。

首先,班级集体的大小会影响学生间的情感联系,集体越大,情感纽带的力量就越弱。

其次,班内的学生越多,学生间的个别差异就越大,难免发生争论,产生利害冲突。

再次,班级集体的大小也会影响交往模式。班级越大,学生内部之间交往频率小,师生间相互关系相对冷淡,相互间的了解就越少。

最后,班级集体越大,学生由于受交往时空的限制,往往容易形成各种非正式小群体。

5. 班级的性质

班级的性质也影响着课堂管理。不同的班级往往有不同的群体规范和不同的凝聚力,教师不能用固定不变的课堂管理模式对待不同性质的班级。如有的班级本来就比较优秀,对于这样的班级,教师可以利用其固有的凝聚力,充分发挥学生的自觉性和主动性,侧重于让学生自控自理。而对于那些纪律相对涣散的班级,教师则要更多地发挥权威作用,给予学生足够的监督和指导。因此,教师应该在深入了解的基础上,掌握班级集体的特点,运用促进和维持的高度技巧,获得理想的管理效果。

(三) 课堂管理的原则

1. 目标导向性原则

良好的课堂教学管理目标可使师生的心理同步、思维同向,使师生的活动有共同的指向,成为教学中的行为方向。

2. 规范性原则

课堂教学管理的规范化、常规化、过程化和科学化,有利于课堂教学活动的开展,有利于学生积极主动地参加课堂活动,有利于学生完成课堂活动计划。

3. 整体性原则

课堂教学活动是由教师、学生和环境共同组成的小型社会,课堂是学习活动的大环境,任何课堂活动都应该以谋求课堂整体发展为导向,无论是课堂教学环境的设置、课堂教学时空的安排、课堂事务的处理、课堂活动的进行,都要顾及课堂的整体效应,追求课堂管理的质量。

4. 灵活性原则

课堂教学管理应根据学生条件、教学方法、教学内容的变化而进行必要的调整。要把课堂教学的灵活性与真实性、多样性与有效性有机结合。

5. 发展性原则

课堂教学管理的目的在于促进学生素质发展,教学质量提高。要坚持以人为本、以学生的发展为核心,根据学生的认知能力和心理特点,来确定课堂教学管理的目标,立足于引导全体学生全面发展,营造师生互动的氛围,促进学生主动地学习和探索。

二、良好课堂气氛的营造

(一) 课堂气氛的概念

课堂气氛作为教学过程的软环境,通常是指课堂里某些占优势的态度与情感的综合状态。这种综合的心理状态是教师与学生在教学活动中形成的某种稳定而积极的情感体验,及对待教学活动的态度和行为的综合反映,它具有认知和情感的特征。这种综合的心理状态,总与教学过程密切联系在一起,一方面它具有稳定性,同时也具有可变性,在一定条件下,课堂气氛会形成某种占优势的稳定状态。这种稳定的群体心理状态,在教学过程中,始终会受到教师、学生、教学内容等诸多因素的影响。

(二) 课堂气氛的类型

课堂气氛是在课堂中呈现的一种综合性的心理状态,它可以用一定的心理、行为指标来衡量。如果我们以秩序、参与、交流三个指标为依据,就会把课堂气氛划分为三种主要类型:积极的课堂气氛、消极的课堂气氛、对抗的课堂气氛。

1. 积极的课堂气氛是一种理想状态的课堂气氛

它主要表现为以下明显特征:师生双方有饱满的热情,教与学态度端正、目标明确;课堂活动井然有序;学生求知欲强烈、注意力集中、思维活跃;师生间情感交流充分,学生参与面广,双方处于互动积极的状态;师生共同洋溢着为实现教学目标而获得成功的喜悦与满足感。

总之,积极的课堂气氛,其主要标志是严肃认真、宽与严、热与冷、张与弛的有机统一。这种课堂气氛使教师教的主导作用和学生学的主体作用发挥得到了和谐的统一。

2. 消极的课堂气氛常常以学生的紧张拘谨、心不在焉、反应迟钝为基本特征

在课堂学习过程中,学生情绪压抑、无精打采、注意力分散、小动作多,有的甚至打瞌睡。对教师的要求,学生一般采取应付态度,很少主动发言,学生害怕上课或提心吊胆地上课。

3. 对抗的课堂气氛是一种失控的、混乱的课堂气氛

这种课堂气氛主要表现为:师生之间关系紧张,大部分学生不信任教师;教师驾驭课堂和调动学生积极性的能力较差;相当一部分学生讨厌上课,注意力分散,各行其是,课堂秩序一片混乱;使得正常的教学活动难以开展,教与学的任务常常不能完成;师生都把教与学视为一种精神负担。

(三) 课堂气氛的影响因素

影响课堂气氛的因素很多,其中主要有教师、学生、教材、教学方法和手段及校风、班风。我们认为起决定性作用的因素是教师。主要有以下几个方面:

1. 教师的人格魅力、业务水平、教学风格

教师的劳动不仅是"传道、授业、解惑",还具有以人格来培育人格、以灵魂来塑造灵魂的特点。其中教师的人格力量是第一教育力量。俄国教育家乌申斯基说过:"在教育工作中,一切都应以教师的人格为依据,因为,教育力量只能从人格的活的源泉中产生出来,任何规章制度,任何人为的机关,无论想得如何巧妙,都不能代替教育事业中教师人格的作用。"每一个教师都要不断塑造高尚的人格、完美的形象,储备合理的知识结构、扎实的专业知识水平,提高教学业务能力。只有这样,才能使广大学生亲其师、信其道、承其志。

教师的教学作风对课堂气氛形成有重要影响。国内外心理学家认为,教师的教学领导作风主要有三种典型类型:专制型、民主型、放任型。良好的课堂气氛需要教师以民主教学领导作风去组织教与学活动。这种教学作风,有利于培养学生热爱学习的内在积极性,挖掘学生的学习潜能;有利于师生之间感情双向交流与反馈,唤起学生学习的兴趣和热情;有利于学生参与教学过程,教师对学生参与教学活动进行更多的认可和赞赏,使学生产生成功的满足感。

2. 师生关系

课堂中的师生关系,直接制约影响课堂气氛,因此,建立和谐的师生关系是优化课堂气氛的重要条件之一。

建立和谐的师生关系要求教师加强师生关系的研究,树立正确的师生观;努力提高教师的

综合素质,特别是业务能力,扩大"非权力"影响;了解当代中学生的生理、心理和思想特点;淡化教师作为教育者的角色痕迹;重视师生间的非正式交往和非语言交流;等等。

在建立和谐的师生关系过程中,教师要善于发挥"情感效应"的作用,教师对学生的真挚深厚的情感,是开启学生智力和美好心灵的钥匙,是激发学生追求真理的动力,更是建立和谐师生关系的关键。教师积极的教学情感,可以使教学活动别开生面,生机盎然。因此,教师必须在情感教育研究上下功夫。

3. 课堂教学的组织

在整个教学过程中,包括导课、中间、收尾都需要教师精心设计,力求上课达到三个境界:开头,引人入胜;中间,波澜起伏;收尾,"余音不绝"。这样的课堂教学组织必然形成严肃而活泼、愉悦而紧张的课堂气氛。

4. 教师的控制

没有控制就没有教学艺术,良好的教学气氛的创设,需要教师进行多方面的控制。

5. 教师的自我控制

教师是创设良好课堂气氛的关键人物。一位教育家说过,当教师一跨入校门,他就应该把个人的所有不快和烦恼留在门外,因为在学校里他整个人是属于教育的。因此,当教师一踏入学校和教室,这种自我控制就变得尤为必要了。作为一个教师,必须善于控制自己的情感、语言、教态和行为,主动创造生动活泼的课堂气氛。

6. 对偶发事件的控制

在课堂教学中,不可避免会出现偶发事件,机智果断地处理课堂出现的偶发事件是优化课堂气氛不可缺少的手段。当偶发事件出现时,作为这个课堂教学的掌舵人,应因势利导,以变应变,确保教学顺利进行。在处理偶发事件时,教师要遵循以下要求:化消极因素为积极因素,不要激化矛盾,"冷处理"为主,切忌造成师生情绪上的对立。

7. 焦虑水平的控制

在教学过程中,适度的焦虑对学生学业成绩的提高、良好课堂气氛的形成具有积极的作用。教师在教学过程中,一方面要防止紧张过度,另一方面要防止活泼过剩。教师要善于控制学生学习的焦虑,使课堂紧张而热烈,同时也宽松冷静,使课堂气氛有张有弛。教师要善于创设成功教育的情境,经常对学生作出肯定性的评价,使学生体验到成功的欢乐,只有这样,才能形成学生学习的适度焦虑。

总之,创设的良好的积极的课堂气氛,需要教师从多层面加以考虑,多种手段综合运用,更需要教师的悟性、创造性劳动的积累。

(四)良好课堂气氛的营造

课堂气氛影响学生的学习效率和人格发展。教师是课堂教学的组织者、领导者和管理者,良好课堂气氛的营造需要教师精心组织与主动创设。

1. 教师的课堂运作能力

教师要创造良好的课堂气氛,必须具备课堂运作的能力。课堂运作即强调课堂中有效的管理与有效的教学之间紧密的联系。课堂运作能力是通过教师的一系列课堂学习管理能力实现的。美国教育心理学家库尼经过多年的研究认为,教师要实现良好的课堂运作,必须具备以下六个方面的能力。

(1)洞悉。洞悉指教师在教学的同时,能注意到课堂上发生的所有情况,并用言语或非言语予以适当处理的能力。

（2）兼顾。兼顾是教师在同一时间内能注意或处理两个以上事件的能力，也就是在同一时间内，既能照顾到全班学生的学习活动，又能回答个别学生的问题。

（3）把握分段教学环节的顺利过渡。在教学过程中，有时教学活动还必须分段进行。在分段教学中，教师要具有能按计划组织学生，使他们迅速而有序地从一个阶段向另一个阶段过渡的能力。

（4）使全班学生始终参与学习活动。

（5）创设生动活泼、多样化的教学情境。生动活泼、多样化的教学情境可激发学生的动机与兴趣。

（6）责罚学生时避免微波效应。在教学过程中，教师有时要在全班学生面前批评或责罚某个学生。但在责罚个别学生时，要避免产生微波效应。库尼认为，微波效应指教师责罚某一学生后，对班级中其他学生所产生的负面影响，如有的教师在责罚学生时，由于情绪比较激动，不能冷静对待，有时言辞过于偏激，甚至说出过头话，有损学生的人格，这样不但不能使犯错误的学生受到教育，反而会引起其他学生对这个学生的同情，甚至对教师产生反感。而如果被责罚的学生在班上部分学生中有一定的影响力，那么，教师的这种做法会引起严重的负面影响。所以，库尼提出，教师处理个别学生问题时，应避免微波效应。

2. 教师的移情能力

移情指在人际交往中，当一个人感知对方的某种情绪时，他自己也能体验相应的情绪，即设身处地从对方的角度去体察其心情。在课堂学习管理中，教师要有体察情感反应的能力，使自己在情感上和理解上都能处于学生的地位，多为学生着想。因此，移情是师生之间的一座桥梁，它可将教师和学生的意图、观点和情感连接起来，创造良好的课堂气氛。

3. 教师的期望

期望是人们在对外界信息不断反应的经验基础上，或是在推动人们行为的内在力量需求基础上，所产生的对自己或他人行为结果的某种预测性认知。教师如果能充分了解每个学生的认知能力和人格特征，形成对每个学生恰如其分的高期望，那么，教师的这种期望可能对学生产生良好的自我实现预言效应，促使学生向好的方向发展，并形成和谐的课堂气氛。否则，如果教师对学生带有偏见，看不到他们的优点而形成低期望，那么学生可能会自暴自弃，学习成绩越来越差，并严重影响课堂气氛，这种期望效应产生的方向性，以及它对学生行为和课堂气氛的影响，基本上是一致的。

4. 教师的焦虑

焦虑是个体由于不能达到目标或不能克服障碍，致使自尊心与自信心受挫，或使失败感和内疚感增加，形成一种紧张不安、带有恐惧的情绪状态。教师对教学能力和知识水平的自我评估，常常使自己感受到对自尊心的威胁而产生焦虑。教师的焦虑水平是不同的，一般认为，过高或过低的焦虑对于发挥教师的能力是不利的，只有维持在中等焦虑水平，才有利于教师的水平和能力的充分发挥。在创设课堂气氛中，如果教师的焦虑水平过低，则他对教学、对学生就容易采取无所谓的态度，师生之间很难引起情感共鸣，容易形成消极的课堂气氛，而如果教师的焦虑过度，在课堂上总是忧心忡忡，唯恐学生失控，害怕自己教学失败，那么，一旦学生出现问题行为，就可能缺乏随机应变的能力，作出不适当的反应，使课堂气氛紧张。所以只有当教师的焦虑处在中等程度时，他才会努力改变课堂状况，有效而灵活地处理课堂上出现的问题，不断努力创设最佳课堂气氛。

三、课堂纪律

(一) 课堂纪律的涵义与特征

课堂纪律是指为了维持正常的教学秩序,协调学生行为,不干扰教师上课,保证课堂目标的实现,要求学生共同遵守的课堂行为规范。

良好的课堂纪律是课堂教学得以顺利进行的重要保障条件。课堂纪律具有约束性、标准性、自律性三大特征。

(二) 课堂纪律类型

1. 教师促成的纪律

所谓教师促成的纪律,主要指在教师帮助指导下形成的班级行为规范。这类纪律在不同年龄阶段所发挥的作用是有所不同的。刚入学的一年级学生需要较多的监督和指导,因为他们不知道如何在一个大的团体中学习和游戏,没有教师的适当帮助,很难形成适合于有组织集体活动的行为准则。年龄越小,学生对教师的依赖越强,教师促成的纪律所发挥的作用也越大。随着年龄的增长和自我意识的增强,学生一方面会反对教师的过多限制,另一方面又需要教师对他们的行为提供一定指导和帮助。因此,这类纪律虽然在不同年龄阶段发挥作用的程度不同,但它始终是课堂纪律中的一个重要类型。

2. 集体促成的纪律

所谓集体促成的纪律,主要指在集体舆论和集体压力的作用下形成的群体行为规范。从儿童入学开始,同辈人的集体在使儿童社会化方面就开始发挥愈来愈重要的作用。随着学生年龄的增长,同伴群体对学生个体的影响会越来越大。当一个儿童从对成年人的依赖中逐渐解放出来时,他同时开始对他的同学和同辈人察言观色以便决定应该如何行事、如何思考和如何信仰。小学生常以"别人也都这么"为理由而从事某件事情,在一定时期他们的信奉、见解、爱好、憎恶甚至偏见也都视集体而定。由于同辈集体的行为准则为小学生提供了价值判断和日常行为的新的参照点,结束了小学生在思想、情感和行为方面的不确定性、无决断力、内疚感和焦虑,所以他们往往过高地估计同伴集体行为准则的价值,并积极地认同和服从它。

3. 自我促成的纪律

所谓自我促成的纪律,简单说就是自律,它是在个体自觉努力下由外部纪律内化而成的个体内部约束力。自我促成的纪律是课堂纪律管理的最终目的,当一个学生能够自律并客观评价他自己的和集体的行为标准时,便意味着能够为新的更好的集体标准的发展做出贡献,同时也标志着学生的成熟水平大大提高了一步。

4. 任务促成的纪律

所谓任务促成的纪律,主要指某一具体任务对学生行为提出的具体要求。这类纪律在学生的学习过程中占有重要地位。在日常学习过程中,每项学习任务都有它特定的要求,或者说特定的纪律,例如课堂讨论、野外观察、制作标本等任务都有各自的纪律要求。任务促成的纪律是以学生对任务的充分理解为前提的,学生对任务的意义理解越深刻,就越能自觉遵守任务的纪律要求,即使遇到困难挫折也不会轻易退却。所以,学生完成任务的过程,就是接受纪律约束的过程。教师如能很好地用学习任务来引导学生,加深学生对任务的理解,不仅可以有效减少课堂纪律问题,还可以大大提高学习效率。

(三) 课堂纪律涣散的原因

课堂纪律松弛极大地影响学生的学习,其原因是多方面的,主要表现在以下几方面。

（一）学生方面的原因

1. 学生年龄特征方面的影响

学生年龄特征方面的因素可能导致违反课堂纪律。例如，有的学生身体易疲倦，注意力易分散，不能坚持学习；有的学生情绪易冲动，生性活泼好动，易受暗示，行为盲目性大、模仿力强等，学生这些特征都有可能导致违反课堂纪律。

2. 心理方面的原因

学生存在心理障碍而违反课堂纪律，如学生对课堂纪律认识不够、不明确或对教师的具体要求把握不准；因情绪不佳违反课堂纪律，如学生在课堂上产生了消极的情感体验，导致违反纪律的行为；因意志力薄弱而违反纪律，如学生自制力、坚持性差，上课时间一久便分散注意力而违反纪律；因不良个性而违反纪律，如学生个性强，因任性、固执而违反课堂纪律等。

3. 学生学习习惯方面的原因

学生的不良习惯是违反课堂纪律的一种潜在因素。例如，有些学生没有养成良好的遵守课堂纪律的习惯，听课时喜欢做小动作、交头接耳，缺乏安静、认真学习的习惯；有些学生染上各种恶习，形成不良品德；等等，都可能导致违反课堂纪律。

4. 学业方面的原因

有些学生学习成绩差，完不成作业，听不懂讲课，缺乏学习兴趣，不能得到教师和同学们的注意和认可，并发现在课堂教学中，教师为了维持教学秩序对问题行为比较注意，于是就以违反课堂纪律来引起教师和同学们的注意，以赢得自己在班级中的地位。

（二）教师方面的原因

学生违反课堂纪律，教师往往归咎于学生，而较少反省自己，这是片面的。实际上，造成学生违纪现象，有时也有教师自身的因素。这主要表现在以下几个方面。

1. 教学态度方面的原因

教师教学态度不端正、不负责任，对学生课堂问题行为放任不管；或教师态度生硬、急躁、粗暴，动辄批评训斥或变相体罚引起学生反感；或教师对课堂纪律缺乏正确的认识，只把纪律作为手段，形式主义地抓纪律；等等；都可能导致学生违纪。

2. 教学要求方面的原因

教师的教学要求不适度，严而无度，作风不民主，不尊重学生，可能导致学生违纪，教师的要求不合理，不与课堂纪律区别开来，也可能导致学生违纪。

3. 教学能力方面的原因

教师教学组织能力差，抓不好课堂组织教学，处理不好学生的课堂问题行为；教师教学评价能力差，评价学生的课堂表现和学习情况不公正、不客观，都可能导致学生违纪。

4. 教学关系方面的原因

教师与学生心理不相容，学生不乐意执行教师的要求、甚至存有逆反心理；教师与教师之间关系不融洽，缺乏合作性，对学生的要求缺乏一致性和连贯性，也都可能导致学生违纪。

（三）维持课堂纪律的基本策略

在处理日常的课堂违纪行为时，最为重要的，就是要以"最少干预"为原则，即用最简短的干预纠正学生的行为。许多研究发现，花在保证学生纪律上的时间量与学生的成绩呈现出负相关。处理日常不良行为时，教师要尽量做到既有效又不需打断上课。如果有可能，在处理不良行为时，课还能照常进行。

教师维持课堂纪律应从以下几方面入手。

1. 维持全班学习兴趣

预防是最好的良药。教师要尽量做到以预防为主，以处理为辅。这就要求教师把课组织好，使之能引起并维持全班学生的学习兴趣，只要全班学生的兴趣与注意集中于学习，他们就不会分心去从事其他有碍于教师教学的活动。

2. 非言语线索的运用

许多课堂不良行为，不必中断上课，只用非言语线索就能消除。这些非言语线索包括目光接触、手势、身体靠近和触摸等，如与表现不良的学生保持目光的接触就能制止其不良行为。

3. 表扬正当行为

对许多学生来说，表扬是强有力的鼓励，能增加他们的自信心。教师要想减少学生的不良行为，不妨表扬他们所做出的与不良行为相反的行为。

4. 表扬其他学生

表扬别的学生的行为，常会促使另一个学生做出这一行为。

5. 言语提示

简单的言语提示，有助于把学生拉回到学习上来。教师在学生犯规之后要马上给以提示，延缓的提示通常是无效的。如有可能，应当立即提示学生遵守规则，做你想要他做的事，而不是纠缠他正在做的错事。

6. 反复提示

当一个学生拒绝听从简单的提示时，教师就要反复地给予提示。

四、课堂问题行为

(一) 课堂问题行为的概念

课堂问题行为是指学生不能遵守公认的行为规范和道德标准，不能正常与人交往和参与学习的行为。

(二) 课堂问题行为的原因

学生课堂问题行为的产生主要有学生自身、教师和外界环境因素三个方面的原因：

1. 学生原因

需要是人行为的内在驱动力。大量的课堂问题行为的产生是由于学生试图满足自己的需要的结果。德雷克斯、格伦渥德和拍普(1982)提出，不管学生有没有意识到，他们做出的不良行为是为了满足四个基本需要：想引起他人注意、想显示自己的力量、寻求报复和想要逃避失败。

2. 教师原因

课堂上的问题行为不仅仅是学生为了满足自己的需要，事实上，教师也要负相当一部分的责任。首先，教师的教学准备不足、教学能力欠缺恐怕是最常见的因素。有的教师不认真备课或根本不备课，教学方法单一、枯燥，表达能力差，缺乏活力。这样的课堂很容易导致教师在学生心目中的威信降低，引起课堂问题行为。其次，教师教育观、学生观的偏差也会导致学生课堂问题行为。如教师把分数作为唯一目标，重智轻德，搞题海战术，歧视差生等，都容易引起学生厌倦情绪，产生逆反行为，甚至对抗行为。最后，如果学生感到教师对问题行为的解决方式不公平，这种行为也会继续发生。

3. 外界原因

课堂问题行为的产生，除了取决于学生和教师方面的因素外，还与外界环境有关，具体包括家庭、学校、大众媒体和课堂内部环境等因素的影响。

有研究表明,单亲家庭的孩子、父母不和家庭的孩子以及专制型、放纵型家庭的孩子往往更容易产生各种各样的课堂问题行为。大众传媒传播的信息也并非都是积极、正向的。一些暴力、色情、凶杀、追求感官刺激等内容充斥学生周围,部分学生受这些内容影响,盲目模仿、尝试,并把这类行为延伸到课堂。除此之外,课堂内部环境中的温度、色彩、课堂座位的编排方式和课堂心理气氛等都会对学生的课堂行为产生十分明显的影响。

(三) 课堂问题行为的处置策略

1. 人际沟通策略

作为一种课堂管理策略,人际沟通旨在实现师生真诚地理解彼此行为的真实理由,消除师生之间因交流而出现的对彼此行为的误读,并达成对彼此行为的谅解与共识。课堂管理的人际沟通策略主要包括倾听和诉说、信任和责任等环节。人际沟通的关键在于:积极地倾听,了解课堂问题行为发生的真实原因;信任学生有改进自己行为的能力,并让其承担起行为改进的真实责任。

2. 强化策略

作为一种课堂管理策略,强化的基本假设是:课堂行为是强化的产物。课堂行为的维持或矫正,可以通过对强化的操纵实现。主要是正强化和负强化的相互转化。因为学生良好的行为一旦得到鼓励或赞扬,就会得到强化,并逐步巩固下来,这是正强化。同时,通过鼓励和强化良好行为,有意忽视课堂问题行为可以抑制或终止其他问题行为,这是负强化。通过正强化与负强化的相互转化,实现对课堂问题行为的管理。

具体方法有很多,当学生产生良好行为时,教师可以通过口头表扬、身体接触(如摸摸头、拍拍肩膀等)、提供较好条件或更多机会等方式鼓励和强化学生;当学生出现问题行为时,教师可采用转移学生注意力、移除媒介、有意忽视、信号暗示、使用幽默等方法及时终止问题行为。对于一些较严重而又难以制止的问题行为,可适当采用一些惩罚措施。

总之,对于学生的问题行为,教师应根据具体行为分析其产生的原因及后果,选择适宜的方法、策略,并在实践中创造性地运用。

第四节 课外活动的组织与管理

一、课外活动概述

(一) 课外活动的概念

课外活动是学校根据培养目标,有计划、有组织地在不受课程计划、课程标准和教科书限制的条件下,利用课余时间和空间,在学生中开展的多种多样的教育活动。

课外活动是培养全面发展人才的不可缺少的途径,是课堂教学的必要补充,是丰富学生精神生活的重要组成部分。课外活动与课堂教学是一个完整的教育系统,课外活动是课堂教学的必要补充,二者相互作用、相辅相成,对完成教育任务、实现教育目的具有同样重要的作用。它对解决受教育者的全面发展与因材施教、一般发展与特殊发展、间接经验与直接经验等矛盾具有重要的意义。

(二) 课外活动的特点

课外活动与课堂教学虽然都是实现教育目的重要途径,但由于课外活动在活动内容、组织形式、活动方式上等又不同于课堂教学,因此,又具备了它自身的特点。

1. 自主性

课外活动是在课堂教学以外进行的活动,组织者根据教育教学的实际需要,可随时随地经常组织形式多种多样、内容丰富多彩的活动,课外活动有时是学校或校外教育机关统一组织的活动,还有很多时候是在学校或校外教育机关的指导下,受教育者根据自己的兴趣、爱好、特长以及实际的需要,自愿地组织、选择和参加的活动。这样,不仅能发挥受教育者的积极性和主动性,而且能使受教育者的才能、个性得到充分发展,有利于受教育者的优良个性品质的培养。

2. 灵活性

课外活动的开展,可以根据学校的实际情况和受教育者的身心发展状况等来确定。活动规模的大小、活动时间的长短、活动内容的选择等都可以灵活掌握,生动活泼,灵活多样,没有固定模式。

3. 实践性

课外活动与课堂教学相比,具有很强的实践性。课堂教学中,受教育者可以获得知识,培养思想品德,提高审美能力等。在课外活动中,受教育者有直接动手的机会,在其亲自参与、组织、设计的各项实践中,获得了实际知识,提高了思想品德和身体素质,各方面的能力都在实践活动中获得了发展。

(三) 课外活动的意义

课外活动具有区别于课堂教学所具有的自身特点,在整个教育活动中,它的影响是广泛而深刻的。作为教育途径中一条十分重要的途径,它在人的身心发展中有着重要的意义。

1. 促进学生全面发展,促进学生社会化

课外活动由于强调学生自主参与、自愿组合,充分发挥了学生的个性。在活动过程中,学生的主体作用得到了充分发挥,才能得到了施展,学生的独立性、责任心、参与意识等也进一步发展。有人认为"交往和社交策略尤其可以通过参与课外活动而获得",校内外活动为学生提供了一个理想的环境,在这里,学生渐渐习得一些成人社会的行为,同时,学生还要解决一些与同伴相处的问题,这些都有助于学生从童年向成人转化。

2. 促使学生在社会化过程中个性化

没有个性化,所谓个性的社会化就失去了现实意义,甚至是不可能的。社会需要各种各样的人才,在这一点上,个体的社会化与个性化是一致的,课外活动恰好能够在促进个体社会化的过程中最大限度地满足个体在个性化方面的需要。

3. 课外活动给学习生活增添了乐趣

一般来说,课外活动是学生自愿参加的,他们没有多少心理负担,有的只是探索的愉悦;另外,相对于课内学习,课外活动内容比较新颖,容易给人以新鲜刺激,使人身心得到享受;课外活动也能帮助学生学会利用闲暇,培养健康的兴趣爱好,丰富其精神生活。

4. 课外活动在发挥学生特长方面也有重要作用

在普及层次的课外活动中,通过有计划的丰富多彩的活动,使每个学生都能找到发展自己特长的领域,尤其对一些差生来说。另外,在提高层次的课外活动中,一部分学生可以脱颖而出。国内外许多著名的科学家、学者都有这样的经历:学校教育虽然给他们的发展奠定了坚实的基础,但专业方面的成就,往往是与他们在青少年时代的课外兴趣和活动相联系的。

二、课外活动的内容和形式

(一) 课外活动的内容

中学生课外活动的内容,按性质一般可分为以下几种。

1. 学科活动

这是一种学科性的课外学习和研究活动,一般都按学科分别组织活动。学科小组活动与课堂教学联系紧密,它以课堂讲授的知识为基础,但不是课堂教学的重复,也不局限于教学大纲范围之内。活动的内容主要是各学科的知识性作业和对某一学科领域中的某些专题进行比较深入地讨论和研究,如阅读有关的书籍和资料,调查、实验、听专题报告、组织协会等。学科活动能加深学生对知识的理解,扩大学生的知识面,发展学生的智力和培养学生的各种能力。这类活动是学校课外活动的主体部分,学校应高度重视,分科组织落实。

2. 科技活动

这是学习现代科学技术知识、进行各种科技实践性作业的活动。如学习无线电、制作科技小模型、气象观测、采集标本,动物小观察、小饲养,小种植实验,良种培育、教具制作,以及举办科技知识讲座和科学家故事会、科技表演、竞赛等。科技活动的宗旨在于使学生掌握一定的科学知识,获取科技信息,掌握一定的技能技巧,培养学生科学态度和创造精神以及初步的科学研究能力。形成爱科学、学科学、用科学的良好风气。

3. 社会实践活动

社会实践活动是让学生走出学校接触社会,了解科学技术的发展,了解社会生活、经济建设的实际的教育活动。如组织学生进行社会调查、参观、考察、访问、社会服务(社会公益活动),以及远足、游览等。近几年来,中学生社会实践活动愈益被提到了十分重要的位置,这是课外活动的新进展,应该引起高度的重视。

4. 文学艺术活动

文学艺术活动以发展学生对文学艺术的兴趣爱好、培养审美情趣、发展文艺方面的才能为主要目的。如对小说、诗歌、音乐、舞蹈、戏剧、绘画、雕刻、书法、刺绣、摄影、花卉、盆景等,进行欣赏、评论或演练、创作。

5. 文娱、体育活动

这是最广泛的群众性活动,如文艺汇演、歌咏比赛、看电影、组织球赛、棋赛等。这些活动可使学生身心愉快,增加生活的乐趣,增进体质,并尽可能满足文体爱好者的需要,及早发现和培养文体专业人才。

6. 劳动技术活动

这种活动是根据劳动技术教育的需要而进行的课外劳动实践,主要包括劳动技术训练、农业、园艺等科学实验、公益劳动等。如电器维修、电工、植物栽培等方面的技术性、技巧性训练;结合劳动课确定一些小型的科学实验项目(如科学饲养、作物品种高产对比、无土种植等),建立实验田、实验角、实验园,开展各种力所能及的科学试验活动;组织学生参加社会公益劳动(如校园绿化、整理图书桌椅、帮助烈军属等)。

(二) 课外活动的组织形式

课外活动的组织形式是多种多样的,按活动人数和规模,可分为群众性活动、小组活动和个人活动三类。

1. 群众性活动

它是组织多数或全体学生参加的一种带有普及性质的活动。它可以在较短的时间内使较多的学生受到教育,对活跃学校生活有较大的帮助。这种活动有全校性的或校际性的,有全班性的或班际性的,参加活动的具体人数,则根据活动的目的、内容而定。具体的活动方式有报告会、讲座、演讲、社团、纪念日活动、文艺主题会、晚会、墙报和黑板报、收听收看广播电视、看电影、参观、访问、游览、表演、各项竞赛、公益劳动、文娱训练、体育锻炼等。

2. 小组活动

小组活动是课外活动的主要组织形式。它是根据部分学生的兴趣、爱好和要求以及学校的具体条件,就某一活动内容组成小组,进行有目的、有计划、经常性的活动。它小型分散,便于开展多种多样的活动,满足学生不同的兴趣、爱好,发展学生的才能,使学生得到更多的学习和锻炼的机会。它的种类有:学科小组(文学、数学、历史、地理等)、科技小组(无线电、航模等)、艺术小组(音乐、绘画、书法、舞蹈等)、体育小组(体操、球类、武术等)、劳动技术小组(电工、电器维修、刺绣、公益服务)等。

小组活动在层次上有校级的和年级或班级的。小组人数根据活动的性质和参加者的愿望而定,一般10~20人为宜,有的活动小组要求参加者众多,可分成若干小组。小组在吸收成员时,应以对该项活动有比较稳定兴趣的学生为对象,愿意参加的学生不要以课内成绩为条件加以限制。在组建小组时,要动员每个学生都至少参加一个项目的活动,但不宜同时参加过多的小组活动,以免造成负担过重。小组活动要制定活动计划,有固定的活动日和活动时间,有辅导员的具体指导,有严格的纪律制度。

3. 个人活动

个人活动是学生在课外进行单独活动的形式。它往往与小组或群众性活动相结合,由小组或班级分配任务,根据个人的兴趣、才能,个别单独地进行。个人活动的主要内容是:阅读课外书刊、写读书心得、记日记、练习创作、书法、绘画、演奏、摄影、采集标本,发动各自进行小发明、小制作、小论文、小实验、小改革活动,以及进行各种体育锻炼等。其作用在于充分发挥每个学生的积极性和创造性,丰富学生的个人生活,培养他们独立工作的能力,扩大和加深他们的知识,养成读书的兴趣和习惯,提高独立从事艺术创作和体育锻炼的能力。此外,尤其是对学生了解社会和科学技术的新信息显得更为重要。在现代信息传播工具日益发达的情况下,学生每天都可从报纸、杂志、课外读物、广播、电视等方面获得大量的社会、科技信息,这些信息对他们的发展起着愈来愈明显的作用。因此,组织和指导好学生的课外个人活动,是课外活动不可忽视的重要形式和方法。

三、课外活动的设计与组织实施

班级课外活动的设计与实施主要可分为三个步骤:(1)选题;(2)制定活动计划;(3)活动实施与总结(活动实施是活动的中心环节)。每个步骤都有一系列具体工作,班主任应从活动的全过程着眼,抓好每一步的工作。

四、课外活动组织管理的要求

1. 要有明确的目的性、计划性

学校领导和教师要充分认识到课外活动在实现全面发展教育目的中的重要作用,明确每一项具体活动的具体教育目标;学校要把课外活动的安排和组织列入学校工作计划,定内容、定地点、定设备、定经费、定指导力量。

2. 要考虑学生的兴趣爱好和特长,符合学生的年龄特征

课外活动应开展得生动活泼、富有趣味,以吸引学生自觉自愿地参加到各项活动中去。这就要求学校组织的课外活动,要充分考虑到参加活动学生的兴趣爱好和特长,符合他们的年龄特征。

3. 活动要丰富多彩、富有吸引力

与青少年学生精力旺盛、兴趣广泛、求知欲强等特征相适应,课外活动应以丰富多彩的内容、学生喜闻乐见的形式,满足他们各自不同的兴趣爱好、才能和要求。

4. 注意发挥学生集体和个人的主动性、独立性和创造性,并与教师指导相结合

课外活动需要教师、辅导员进行具体指导,从帮助学生选定活动项目、成立活动小组、制订活动计划到具体的活动过程,都可给予具体、切实的帮助和指导。但这种帮助和指导,应当表现为积极进行启发、引导、指点,切不可包办代替。应在活动中让学生学会独立思考,形成独立工作的能力,尤其是鼓励学生在运用知识、锻炼能力、掌握技能的过程中积极动脑筋、想办法,养成学生的创造精神和创造能力。

5. 课堂教学与课外活动互相配合、互相促进

课外活动与课堂教学有着密切的联系,二者都是实现教育目的的途径,因此,二者应当互相配合、互相促进。通过课堂教学,学生掌握了一定的、系统的文化科学知识、技能和思想理论,发展了智力和体力;通过课外活动,可以使学生对课堂上学到的知识加深理解和运用,可以扩大视野,丰富知识、提高认识,并能大大提高实践能力。

6. 因地、因校制宜

我国幅员辽阔,各地情况千差万别。发达地区和边远地区、城市和农村、示范性学校与一般学校,在经济文化背景、学校物质条件和师资水平等方面相差很大。因此,开展课外活动要因地制宜、因校制宜。

理解·反思·探究

1. 何为班集体? 班集体的形成和发展经历了哪些阶段?

2. 作为一名班主任,应如何组织和培养班集体?

3. 班主任应具备哪些素养?

4. 课堂管理的影响因素和原则有哪些?

5. 何为课堂气氛? 课堂气氛的影响因素有哪些? 如何营造良好的课堂气氛?

6. 课堂纪律涣散的原因有哪些? 维持课堂纪律的基本策略有哪些?

7. 班主任如何组织丰富多彩的课外活动?

拓展阅读导航

1.《班主任工作漫谈——献给青年班主任》,魏书生著,漓江出版社,1993年版。

2.《教育改革家——魏书生》,肖琪坤著,北京教育出版社,1991年版。

3.《做最好的班主任》,李镇西著,漓江出版社,2008年版。

4.《爱心与教育》,李镇西编著,漓江出版社,2008年版。

5.《初中教师职业道德实践》,钱焕琦、黄菊香主编,华东师范大学出版社,2014年版。

6.《高中教师职业道德实践》,钱焕琦、黄菊香主编,华东师范大学出版社,2014年版。

7.《和老师的谈话》,[苏]赞科夫著,杜殿坤译,教育科学出版社,1980 年版。

8.《苏霍姆林斯基选集》,[苏]苏霍姆林斯基著,蔡汀译、王义高、祖晶主编,科学出版社,2001年版。

参考文献

1. 檀传宝.德育与班级管理[M].教育科学出版社,2007 年。

2. 诸东涛,周龙军.班主任工作理论与实践[M].首都师范大学出版社,2013 年。

3. 齐学红,袁子意.新编班主任工作技能训练[M].华东师范大学出版社,2011 年。

简明教育学教程